Bernard Lewis
Die Juden in der islamischen Welt

Bernard Lewis

Die Juden in der islamischen Welt

Vom frühen Mittelalter
bis ins 20. Jahrhundert

Aus dem Englischen übersetzt von Liselotte Julius

VERLAG C.H.BECK MÜNCHEN

Der Übersetzung liegt folgende Ausgabe zugrunde:
Bernard Lewis, The Jews of Islam
Princeton University Press

Mit 21 Abbildungen auf Tafeln

CIP-Kurztitelaufnahme der Deutschen Bibliothek

Lewis, Bernard:
Die Juden in der islamischen Welt : Vom frühen Mittelalter bis ins 20. Jh. / Bernard Lewis. Aus d. Engl. übers. von Liselotte Julius. – München : Beck, 1987.
Einheitssacht.: The Jews of Islam ‹dt.›
ISBN 3 406 32037 6

ISBN 3 406 32037 6

Für die deutsche Ausgabe:

Satz und Druck: C. H. Beck'sche Buchdruckerei, Nördlingen
Printed in Germany

Für Y, der es verstehen wird

¿No ha de haber un espíritu valiente?
¿Siempre se ha de sentir lo que se dice?
¿Nunca se ha de decir lo que se siente?
Francisco de Quevedo

Inhaltsverzeichnis

Vorwort

Wer sich mit der jüdischen Geschichte des Mittelalters und der Neuzeit befaßt, gewinnt den Eindruck, als sei es den Juden in der Diaspora nur unter der Schirmherrschaft einer der beiden Tochterreligionen – Christentum oder Islam – möglich gewesen, sich zu entfalten, in gewisser Weise auch bloß irgendwie sinnvoll zu überleben. Faktisch vollzieht sich der gesamte Ablauf der jüdischen Geschichte oder zumindest jener Teil, dem zwischen der Zerstörung der alten jüdischen Zentren und der Gründung des neuen jüdischen Staates Bedeutung zukommt, entweder auf islamischem oder auf christlichem Territorium. Gelegentlich gab es auch jüdische Siedlungen in Gebieten, in denen andere Kulturen und Religionen dominierten; so zum Beispiel in Indien und China, aber sie vermochten sich dort nicht zu entfalten, obwohl sie ein erhebliches Maß an Toleranz genossen. Sie leisteten keinen nennenswerten Beitrag zum Leben und zur Kultur dieser Länder oder des jüdischen Volkes und scheinen weder da noch dort irgend etwas wirklich Bedeutendes beigesteuert zu haben. Erst mit dem Aufkommen des Islam fanden die kleinen jüdischen Gemeinden in Indien ein wenig Beachtung und begannen eine bescheidene Rolle zu spielen. In den Bereichen des Hinduismus, Buddhismus und der fernöstlichen Religionen trat die spärliche Anzahl von Juden aktiv gar nicht in Erscheinung, sie wurden weder verfolgt noch mit Wohlwollen behandelt noch mit Aufmerksamkeit bedacht. Im hinduistischen Teil Indiens und in China verkümmerte das Judentum gänzlich. Als Arnold Toynbee für die Juden und einige andere Minderheitengruppen den Begriff „Fossilien" gebrauchte, die die alte Welt überlebt hätten, wurde er heftig kritisiert. In der Tat erscheint es absurd, das so kraftvoll pulsierende jüdische Leben im Vorderen Orient, in Europa und auf dem amerikanischen Kontinent als fossil zu bezeichnen. Auf die isolierten, erstarrten jüdischem Gemeinden Süd- und Westasiens bezogen, ist dieser Terminus allerdings gar nicht mehr so abwegig.

Die Hauptzentren jüdischen Lebens und jüdischer Aktivität waren seit dem frühen Mittelalter die islamischen und christlichen Länder. Anscheinend besitzen diese beiden Religionen eine Eigenschaft, die dem aktiven jüdischen Leben förderlich ist und die den vom Hinduismus, Buddhismus und anderen Religionen dominierten Gesellschaften fehlt, wozu man heutzutage vielleicht auch den Kommunismus rechnen müßte. Unter christlicher und muslimischer Herrschaft ist das jüdische Leben nicht immer reibungslos verlaufen. Ob die Juden Geringschätzung oder Haß erfahren, ob man sie verachtet, unterdrückt oder dahinmetzelt – ignoriert werden sie niemals. Für das Christentum ebenso wie für den Islam und damit sowohl für Christen als auch für Muslime sind die Juden in einem gewissen Sinn eine kosmische Größe. Sie sind bekannt, sie nehmen einen wahrhaft bedeutenden Platz sowohl im theologischen als auch im historischen Bezugssystem ein. Auf Gedeih und Verderb gelten sie als wichtiger Faktor. Die Christen haben sogar die Heilige Schrift von den Juden übernommen. So weit sind die Muslime zwar nicht gegangen, aber sie waren immerhin bereit, das Alte Testament als verfälschtes Relikt einer authentischen Offenbarung anzuerkennen. Für Christ wie Muslim war die jüdische Religion weder fremd noch abwegig, sondern ein Glaube, dem ihrigen ähnlich, nur in einer älteren, überholten Version. Auch wenn sie den Juden dafür bestraften, daß er nicht ihre eigene Endfassung von Gottes Botschaft übernahm, so verstießen sie ihn dennoch nicht als Anhänger einer der vielen unbedeutenden Sekten oder Kulte. Für den Gläubigen ist Verfolgung leichter zu ertragen als Nichtbeachtung.

Anscheinend bedarf es bestimmter Voraussetzungen, um jene Art von kultureller Symbiose – und mehr noch die wechselseitigen kulturellen Einflüsse – entstehen zu lassen, die zu dem führte, was man heute in der westlichen Welt allgemein als jüdisch-christliche Tradition bezeichnet, und zu ihrem Äquivalent im Islam. Bis zum 20. Jahrhundert, als die Positionen von Juden und Muslimen eine radikale Veränderung erfuhren, ist der Begriff „jüdisch-islamisch" zumindest ebenso aussagekräftig und gültig wie „jüdisch-christlich", um damit eine parallele und in vielfacher Hinsicht vergleichbare Tradition zu umschreiben.

Meines Wissens ist der Terminus „jüdisch-islamisch" nur von westlichen Wissenschaftlern benutzt und weder von Juden noch von Muslimen in den islamischen Ländern übernommen worden, da keine der beiden Seiten ihre Beziehung unter diesem Aspekt betrachtete. Gegenwärtig hat dieser Begriff rein historische Relevanz, da die jüdisch-islamische Tradition als lebendige Kraft nicht mehr existiert. Die Tradition ist zerstört, worden, und ihre Exponenten sind ins Exil oder nach Israel gegangen, wo die beiden großen Zweige des jüdischen Volkes, die Juden des Islam und die Juden des Christentums, sich seit Jahrhunderten erstmals wieder begegnen und darum ringen, auf der Grundlage ihres gemeinsamen Judentums eine neue Synthese zu schaffen. Ihr Zusammentreffen ist eine Wiederholung en miniature des Zusammenpralls der zwei Kulturen, denen sie entstammen, und das Ziel der Einheit ist vermutlich nicht leicht zu verwirklichen. Gekoppelt mit diesem Versuch ist das bisher weitgehend erfolglose Bestreben, zwischen Israel und seiner islamischen Umwelt eine neue symbiotische Beziehung zu schaffen, wobei der eine Prozeß den anderen bestimmt und umgekehrt.

Im folgenden habe ich versucht, die Ursprünge, die Blütezeit und das

Ende der jüdisch-islamischen Tradition darzustellen und diese Abläufe gegen den Hintergrund der jüdischen wie der islamischen Geschichte zu setzen. Zeitlich und örtlich betrachtet waren die Juden des Christentums zumeist die einzige nichtchristliche Minderheit in einem sonst durch und durch christlichen Land. Im Herrschaftsbereich des Islam dagegen stellten sie normalerweise eine von mehreren religiösen Minderheiten, gewöhnlich nicht die bedeutendste. Somit ist die Einstellung des Islam dem Judentum gegenüber nur ein Aspekt eines breiter gefächerteren, komplexeren Problems. Das erste Kapitel befaßt sich daher mit einer allgemeinen Betrachtung der Beziehungen zwischen dem Islam und anderen Religionen – in Theologie und Gesetz, in Theorie und Praxis. Das zweite Kapitel beschäftigt sich mit den Anfängen und der Entwicklung der jüdisch-islamischen Tradition und ist hauptsächlich der Aufbauphase und den klassischen Perioden des mittelalterlichen Islam gewidmet. Das dritte Kapitel konzentriert sich auf das Osmanische Reich, das letzte der großen islamischen Imperien und Heimstatt umfangreicher, bedeutender jüdischer Gemeinden; außerdem geht es in kürzerer Form auf die übrigen muslimischen Staaten in Nordafrika und Asien ein. Im vierten und letzten Kapitel werden das 19. und 20. Jahrhundert abgehandelt, die Ära des westlichen Einflusses auf die islamische Welt und die Schlußphase der jüdisch-islamischen Tradition.

Grundlage für dieses Buch bilden die Gustave A. und Mamie W. Efroymson Memorial Lectures am Hebrew Union College in Cincinnati, Ohio, im November 1981. Ich habe den in diesen Vorlesungen verarbeiteten Stoff beträchtlich erweitert und mit Anmerkungen versehen. Ich möchte meinen Gastgebern sowie meinen aufmerksamen, wohlinformierten Zuhörern, deren Fragen und Kommentare mir sehr von Nutzen waren, Dank sagen. Ebenso schulde ich der *Alliance Israélite Universelle* Dank für die Genehmigung, ihr Archiv zu benutzen, und dessen Mitarbeitern für ihre Geduld und ihr Entgegenkommen. Zu großem Dank bin ich mehreren Freunden und Kollegen dafür verpflichtet, daß sie frühere Fassungen dieses Buches gelesen und kommentiert haben: den Professoren S. D. Goitein, Halil İnalcik und Itamar Rabinovitch; ferner den Professoren Judith Goldstein und Amnon Cohen, beide Mitglieder des Institute for Advanced Study im akademischen Jahr 1982–83, die großzügig einen Teil ihrer kostbaren Zeit für die Lektüre meiner Entwürfe geopfert haben. Einige ihrer Vorschläge habe ich dankbar aufgegriffen, andere verworfen, wofür ich mich bei ihnen entschuldige. Mr. Nikola Stavroudakis aus Athen möchte ich für seinen unschätzbaren Rat und seine Hilfe bei Auswahl und Beschaffung der Illustrationen danken. Zum Schluß ein besonderes Wort des Dankes an David Eisenberg, Absolvent der Princeton University und Nahost-Experte, für seinen unermüdlichen Einsatz als wissenschaftlicher Assistent und an Miss Dorothy Rothbard für das klaglose Abtippen unzähliger Korrekturen und Änderungen auf dem langen Weg vom ersten Entwurf der Vorlesungen bis zum endgültigen Buchtext.

Eine französische Fassung von Auszügen aus dem ersten Kapitel wurde in *Annales* (1980) veröffentlicht. Ich möchte den Herausgebern der Zeitschrift dafür meinen Dank aussprechen.

September 1983 B. L.

I. Der Islam und andere Religionen

Zwei Klischees tauchen in den meisten Abhandlungen zum Thema Toleranz und Intoleranz in der islamischen Welt immer wieder auf.[1] Einmal ist es das Bild eines fanatischen Kriegers, eines Arabers, der hoch zu Roß aus der Wüste heranstürmt, in der einen Hand das Schwert, in der anderen den Koran, und seinen Opfern nur die Wahl zwischen beiden läßt. Dieses Bild, durch Edward Gibbon[2] „Geschichte des Verfalls und Unterganges des Römischen Reiches" berühmt geworden, ist nicht nur falsch, sondern schlechthin undenkbar – es sei denn, man akzeptiert ein Volk von linkshändigen Kriegern als gegebene Tatsache. Die linke Hand ist nach den geltenden Vorschriften des Islam ausschließlich für unreine Verrichtungen bestimmt, und kein Muslim, der auf sich hält, würde sie – damals wie heute – dazu benutzen, den Koran zu schwingen. Das andere Bild, kaum weniger absurd, zeichnet eine Utopie vom friedlichen Miteinander verschiedener Glaubensbekenntnisse und Völker; Männer und Frauen unterschiedlicher Abstammung und unterschiedlicher Konfession lebten Seite an Seite in einem Goldenen Zeitalter ungetrübter Harmonie, erfreuten sich gleicher Rechte und Chancen, arbeiteten gemeinsam an der Förderung von Kultur und Zivilisation. Auf jüdische Begriffe gebracht, war der klassische Islam in der einen Version dem neuzeitlichen Amerika vergleichbar, nur besser, und in der anderen Hitler-Deutschland, nur schlimmer, falls man sich das überhaupt vorstellen kann.

Natürlich sind diese Bilder ungeheuer verzerrt; dennoch enthalten beide, wie häufig bei Klischees, ein paar Körnchen Wahrheit. Zwei Merkmale haben sie gemeinsam: Sie sind relativ neueren Datums und westlichen, nicht islamischen Ursprungs. Für Christen ebenso wie für Muslime ist Toleranz eine neue Tugend, Intoleranz ein neues Unrecht. In der Geschichte beider Gemeinschaften wurde Toleranz lange Zeit nicht geschätzt und Intoleranz nicht verurteilt. Bis in die Neuzeit hinein hatte man im christlichen Abendland Toleranz weder geachtet noch geübt, und wenn andere sie vermissen ließen, nahm man das nicht weiter tragisch. Die permanente Beschuldigung gegen den Islam richtete sich nicht gegen die Gewalt, mit der er seine Lehren aufzwang – was man als ganz natürlich und normal ansah –, sondern dagegen, daß diese Lehren falsch wären. Ähnlich ist auch auf muslimischer Seite der Toleranzanspruch, wie ihn muslimische Apologeten und insbesondere Verteidiger des Islam[3] heutzutage häufig propagieren, neueren und fremden Ursprungs. Erst in jüngster Zeit tauchte bei manchen Verteidigern des Islam die Behauptung auf, ihre Gesellschaft habe in der Vergangenheit Nichtmuslimen Gleichberechtigung gewährt. Wortführer des wiedererwachenden Islam erheben diesen Anspruch nicht, womit sie historisch zweifellos recht haben. Traditionelle islamische Gesellschaften gestanden eine solche Gleichberechtigung weder zu noch gaben sie sich den Anschein, als täten sie es. In der alten Ordnung wäre dies auch nicht als Verdienst, sondern als Pflichtvergessenheit gewertet worden. Wie hätte man Anhängern des wahren Glaubens und jenen, die sich ihm hartnäckig verweigerten, gleiche Behandlung zubilligen können? Das wäre widersinnig, vom theologischen ebenso wie vom logischen Gesichtspunkt aus.

Die Wahrheit liegt wie immer irgendwo zwischen den gegensätzlichen Klischees; und sie ist komplizierter, vielschichtiger, nuancierter als beide.

Wie tolerant ist der Islam in der Vergangenheit gewesen? Die Beantwortung dieser Frage hängt weitgehend von der jeweiligen Begriffsdefinition ab. Was verstehen wir unter Islam? Das ist weder so einfach noch so eindeutig, wie es auf Anhieb erscheinen mag. Was verstehen wir unter Toleranz? Hier bieten sich wiederum viele unterschiedliche Definitionen an, erheben sich viele Fragen, nicht zuletzt die nach unserem Vergleichsmaßstab.

Bei der Definition des Islam ergeben sich Probleme, die mittlerweile bekannt sind. Wie schon häufig dargelegt, wird das Wort „Islam" gewöhnlich in mehreren verschiedenen Bedeutungen gebraucht. In erster Linie bezeichnet es nach muslimischem Verständnis die endgültige Offenbarung, die Allah dem Propheten Mohammed zuteil werden ließ und die in dem heiligen Buch namens Koran enthalten ist. Dies könnte man den ursprünglichen Islam nennen – eine Sammlung von Lehren und Geboten, die die Grundlage sowie den Ausgangspunkt der unter diesem Namen bekannte Religion bildet.

Doch das Wort „Islam" wird ebenso wie das Wort „Christentum" auch noch in einer zweiten, weiteren Bedeutung gebraucht; es zeigt die historische Entwicklung jener Religion nach dem Tod ihres Stifters an. In diesem Sinne umfaßt der Begriff „Islam" Theologie und Mystizismus, Kult und Ritual, Gesetz und Politik und den gesamten Komplex dessen, was zahllose Muslime in Namen ihres Glaubens dachten, sagten und taten. Zwischen dem Islam in dieser Definition und dem des Propheten dürfte der gleiche Unterschied bestehen wie zwischen dem Christentum Kaiser Konstantins und der Bischöfe und dem Jesu Christi – oder, so könnte man hinzufügen, wie zwischen dem Judentum des Talmud und dem der Thora oder zwischen dem heutigen Judentum und dem des Talmud.

Insgesamt jedoch war der Unterschied im Islam vermutlich weniger eklatant als im Judentum oder im Christentum, und zwar wegen der grundverschiedenen Erfahrungen, die den Lebenslauf der drei Religionsstifter kennzeichneten. Moses starb, ehe er das Gelobte Land betrat, Christus erlitt den Kreuzestod, Mohammed dagegen erlangte keinen Märtyrerstatus, sondern Macht. Zu seinen Lebzeiten wurde er Staatsoberhaupt, befehligte die Streitkräfte, erhob Steuern, sprach Recht und verkündete Gesetze. Die daraus resultierende wechselseitige Durchdringung von Glauben und Macht, von Religion und Autorität zieht sich wie ein roter Faden nahezu durch die ganze Geschichte des Islam. Freilich geschah sehr vieles nach dem Tod des Propheten, und der Islam entwikkelte sich im Reich der Kalifen ebenso wie das Christentum in den Römischen Reichen und den Nachfolgestaaten zu einer weitaus komplexeren, umfassenderen Institution als die ursprüngliche Ordnung.

Schließlich gibt es eine dritte Bedeutung, in welcher der Terminus „Islam" als Gegenstück nicht zum christlichen Glauben, sondern zur christlichen Welt zu verstehen ist. In diesem Sinne bezeichnet er nicht nur eine Religion, sondern eine ganze Kultur, darunter vieles, was wir nach unseren westlichen Kategorien nicht in jeder Hinsicht als religiös einordnen würden. So meint etwa der Begriff „Islamische Kunst" die Gesamtheit der Kunstwerke, die in der islamischen Welt geschaffen werden und die bestimmte kulturelle, nicht bloß religiöse Merkmale aufweisen. Der Terminus „Christliche Kunst" bezieht sich hingegen lediglich auf fromme und kirchliche Kunst und umfaßt mit Sicherheit nicht alle Kunstwerke, die von Christen hervorgebracht werden, geschweige denn von Nichtchristen innerhalb der christlichen Welt. Ähnlich versteht man unter „islamische Wissenschaft" alles, was in den naturwissenschaftlichen Zweigen – Mathematik, Physik, Chemie und den übrigen – innerhalb des islamischen Kulturkreises erarbeitet und gewöhnlich auf arabisch, mitunter auch in anderen Sprachen des Islam niedergelegt wird. Vieles von dieser Wissenschaft, von dieser Kunst geht nicht auf Muslime zurück, sondern auf Christen und Juden, die in islamischen Ländern leben, die in die islamische Kultur integriert und von ihr geprägt wurden. Im Gegensatz dazu verwendet man den Ausdruck „Christliche Wissenschaft" nicht, um die wissenschaftlichen Leistungen von Christen und anderen innerhalb der christlichen Welt zu bezeichnen. Bis vor relativ kurzer Zeit wurde der Begriff praktisch überhaupt nicht benutzt, und als er aufkam, hatte er eine völlig andere Bedeutung.

Geht man von der zentralen Funktion der Religion aus, die in alle Lebensbereiche, auch in die kulturellen, hineinwirkt, so bleibt festzustellen, daß selbst in dieser dritten Begriffsdefinition das religiöse Element im Islam größer und gewichtiger ist als im Christentum. Doch in diesem Fall bedeutet der Terminus „Islam" nicht göttliches Gebot, sondern Praxis, nicht Lehren und Vorschriften des Islam, sondern eine Zusammenfassung der muslimischen Geschichte – einen Überblick also, der Zeugnis ablegt vom Wirken der Menschen, von ihren Erfolgen und Niederlagen, von ihren Schwächen und Leistungen. Und wie alle anderen erreichen auch Muslime mitunter nicht die angestrebten Ideale und lockern gelegentlich die eigenen strikten Regeln. Wenn wir nach Toleranz und Intoleranz in Theorie wie in Praxis des Islam suchen, können die Antworten unterschiedlich ausfallen, je nachdem, welche Definition des Islam wir uns zu eigen machen. Ebenso kann sich unser Standard und Maßstab für Toleranz unterschiedlich auswirken.

Was verstehen wir nun tatäschlich unter Toleranz? Bei dieser Thematik besteht unvermeidlich die Tendenz, durch Vergleich zu bewerten und kritisch zu beurteilen. Wenn wir von Toleranz im Islam sprechen, werden wir bald feststellen, daß wir sie an der Toleranz in anderen Gesellschaften messen – in der Christenheit, in Indien, in Fernost oder vielleicht im neuzeitlichen Westen. Dies ist eine Form des Vergleichs, die vielfach von Polemikern der verschiedensten Parteien gepflegt wird. Der Polemiker kann sich natürlich seine Aufgabe wesentlich erleichtern, wenn er die Vergleichspunkte wählt, die ihm am besten passen. Zum Beispiel ist es immer einfach, die Überlegenheit der einen Religion über die andere zu demonstrieren, indem man die Lehre der einen der Praxis der anderen gegenüberstellt. Ich erinnere mich an die Lektüre einer köstlichen kleinen Broschüre, in der bewiesen wurde, daß das islamische Kalifat dem amerikanischen Präsidentenamt überlegen sei. Dies geschah mit dem simplen Mittel, für die Definition des Kalifats das Vokabular theologischer und juristischer wissenschaftlicher Abhandlungen heranzuziehen und das Präsidentenamt nach dem Muster der neuesten Skandale aus Washington abzuqualifizieren. Wenn es jemand für der Mühe wert hielte, ließe sich natürlich mit der gleichen Methode ebenso leicht das Gegenteil beweisen – indem man das Präsidentenamt in Begriffen der Verfassung definiert und das Kalifat in der Diktion der Klatschgeschichten aus dem mittelalterlichen Bagdad, wofür die uns zur Verfügung stehenden Quellen reichlich Stoff bieten.

Diese Art des Vergleichs ist zwar durchaus gängig, aber nicht sonderlich hilfreich. Das mag emotional befriedigend sein, intellektuell ist es jedoch unredlich, die Theorie des einen mit der Praxis des anderen zu vergleichen. Nicht minder irreführend ist ein Vergleich zwischen dem Besten der einen und dem Schlechtesten der anderen Seite. Wenn wir als Vergleichsmaßstab für die Christenheit die spanische Inquisition oder die deutschen Todeslager nehmen, dann ist es nicht schwer, beinahe jede Gesellschaft als tolerant hinzustellen. Etwas wie Auschwitz gibt es nicht in der islamischen Geschichte, doch es fiele nicht schwer, muslimische Herrscher oder Führer zu benennen, die auf einer Stufe mit Cotton Mather oder Torquemada stehen, und damit christliche Toleranz zu demonstrieren.

Andere subtilere Formen schiefer Vergleiche lassen sich dadurch erzielen, daß man unterschiedliche Zeiten, Orte und Situationen als Kriterien nimmt. So kann man eine mittelalterliche Gesellschaft einer modernen gegenüberstellen, oder eine gläubige Gesellschaft, in der Religion tief verankert ist und religiöse Toleranz als Prüfstein gilt, einer säkularen, die für Religion nur geringes Interesse aufbringt. In belanglosen Fragen fällt es leicht, Toleranz zu zeigen; in Dingen hingegen, die uns zutiefst berühren, macht es uns erheblich mehr Schwierigkeiten. Ein Blick auf die tatsächlichen Grenzen, die der freien Meinungsäußerung im akademischen Bereich heutzutage selbst in den fortschrittlichsten Demokratien gesetzt sind, dürfte diesen Gesichtspunkt hinreichend belegen.

Zwar ist die Religion als Hauptmotiv für Konflikte und damit für Repression in unserer modernen Gesellschaft durch andere Disparitäten abgelöst worden, doch man benutzt immer noch am häufigsten den Begriff Toleranz, um auszudrücken, daß die vorherrschende Religion das Vorhandensein von anderen akzeptiert. Wir wollen uns hier auf eine Frage beschränken: Wie hat der an der Macht befindliche Islam andere Religionen behandelt? Oder, exakter formuliert, wie behandelten diejenigen, die sich zu unterschiedlichen Zeiten und an unterschiedlichen Orten als Hüter muslimischer Autorität und Ordnung verstanden, ihre nichtmuslimischen Untertanen?

Ob diese Behandlung den Namen Toleranz verdient, hängt, wie bereits erwähnt, von der Begriffsdefinition ab. Verstehen wir unter Toleranz, daß es keine Diskriminierung gibt, so gibt es nur eine Antwort; diese fällt jedoch ganz anders aus, wenn wir davon ausgehen, daß Toleranz bedeutet, daß Verfolgung ausgeschlossen ist. Diskriminierung gab es immer, sie ist permanent vorhanden und faktisch unvermeidlich, weil systemimmanent und in Gesetz und Praxis institutionalisiert. Verfolgung, also gewalttätige, aktive Repression, war selten und atypisch. Unter muslimischer Herrschaft wurde Juden und Christen normalerweise nicht abverlangt, um ihres Glaubens willen den Märtyrertod auf sich zu nehmen. Es geschah nicht oft, daß man sie zu der Entscheidung zwang, mit der Muslime und Juden im Spanien der Reconquista konfrontiert waren – zu wählen zwischen Exil, Apostasie oder Tod. Sie unterlagen keinen wesentlichen örtlichen oder beruflichen Beschränkungen, wie es in Europa bis zur Neuzeit Allgemeinschicksal der Juden war. Es gibt hier zwar einige Ausnahmen, die jedoch das breite Spektrum des Gesamtbildes bis in vergleichsweise moderne Zeiten hinein nicht berühren, und selbst dann nur in bestimmten Gegenden, Perioden und in besonderen Fällen.

Der Islam wurde häufig als gleichmacherische Religion charakterisiert, und in vielerlei Hinsicht ist er das auch. Wenn wir die Veränderungen betrachten, die der Islam bei seinem Aufkommen im Arabien des 7. Jahrhunderts bewirkt hat, und wenn wir dann noch die muslimische Welt des Mittelalters vergleichen mit dem Kastenwesen im östlichen Indien oder mit der unantastbaren Vorrangstellung des Adels im westlichen christlichen Abendland, dann erscheint der Islam tatsächlich als gleichmacherische Religion in einer gleichmacherischen Gesellschaft. Im Prinzip und im Gesetz erkennt er weder Kaste noch Adel an. Und wenn beide gelegentlich dem Machttrieb nachgeben und sich über andere erheben, dann geschieht das trotz des Islam und nicht aus ihm heraus; derartige Verstöße gegen den Gleichheitsgrundsatz wurden sowohl von den Traditionalisten wie von den Radikalen als nichtislamische oder antiislamische Neuerungen wiederholt verurteilt.

Alles in allem erlaubte der Islam eine weitaus größere soziale Mobilität als das christliche Europa oder das hinduistische Indien. Doch diese Status- und Chancengleichheit war in bestimmten wichtigen Punkten eingeschränkt. Der Rang eines vollwertigen Mitglieds der Gesellschaft blieb freien männlichen Muslimen vorbehalten. Diejenigen, denen eine dieser drei wesentlichen Qualifikationen fehlte – also Sklaven, Frauen oder Ungläubige –, galten nicht als gleichwertig. Die dreifache fundamentale Ungleichheit von Herr und Sklave, Mann und Frau, Gläubigem und Ungläubigem wurde nicht lediglich als gegeben anerkannt; sie war festgeschrieben und vom religiösen Gesetz geregelt. Man hielt diese drei tieferstehenden Gruppen für notwendig oder zumindest für nützlich, wenn auch gelegentlich Zweifel in bezug auf die dritte laut wurden. Über die Notwendigkeit von Sklaven und Frauen war man sich einig, während sie im Fall der Ungläubigen öfters fragwürdig erschien. Nach gängiger Auffassung erfüllten sie jedoch in vielen Bereichen ihren Zweck, insbesondere in der Wirtschaft.

Ein wesentlicher Unterschied zwischen den drei Gruppen ist das Element der freien Wahl. Eine Frau kann es sich nicht aussuchen, ob sie lieber ein Mann werden will. Ein Sklave kann freigelassen werden, aber die Entscheidung trifft nicht er, sondern sein Herr. Die Frau wie der Sklave befinden sich also in einer Position unfreiwilliger – für die Frau zudem unabänderlicher – Inferiorität. Der minderwertige Status des Ungläubigen dagegen ist freiwillig gewählt und kann jederzeit von ihm selbst durch einen einfachen Willensakt beendet werden. Durch den Übertritt zum Islam wird er zum Mitglied der herrschenden Gemeinschaft, und damit ist der Status legaler Inferiorität aufgehoben. Sicher, es gab in der islamischen Frühzeit eine gewisse Unterscheidung zwischen den arabischen Muslimen, die das Reich gründeten, und den nichtarabischen Konvertiten, die unter ihren Untertanen auftauchten – eine Unterscheidung, die in den Formulierungen des Gesetzes Spuren hinterlassen hat.[4] Doch im allgemeinen hatten sich diese anfänglichen Differenzierungen verwischt, und wenn man Unterschiede machte zwischen Muslimen alter Tradition und erst kürzlich zum Islam Übergetretenen, so hielten sie sich zumeist in den Grenzen eines familieninternen gesellschaftlichen Snobismus. Der Status der Inferiorität, dem der Ungläubige unterworfen war, beruhte also ganz auf freier Willensentscheidung; aus muslimischer Sicht ließe sich diese Haltung in der Tat als bewußte Halsstarrigkeit bezeichnen. Für den Muslim waren Juden und Christen Menschen, denen die göttliche Wahrheit in ihrer endgültigen, vollkommenen Form geboten wurde, und die dennoch in törichtem Eigensinn an ihrer Religion festhielten, obwohl diese nur eine unzureichende, durch den wahren Glauben hinfällig gewordene Vorstufe darstellte.

Deshalb war der Ungläubige unter den drei Opfern der Inferiorität der einzige, der aus freier Wahl bei seinem Status blieb. Außerdem trafen ihn die damit verbundenen Belastungen am wenigsten hart. Da in anderen Dingen Gleichheit bestand, konnte sich ein freier männlicher Ungläubiger in der muslimischen Gesellschaft insgesamt wohler fühlen als eine Frau oder ein Sklave. Vielleicht hielt man es aus eben diesem Grund bei ihm für notwendiger, in dieser Hinsicht konsequent vorzugehen oder zumindest seinen Status sichtbar zu symbolisieren. Dazu später mehr.

Die Geschichte der Beziehungen zwischen dem muslimischen Staat und seinen nichtmuslimischen Untertanen und – später – Nachbarn beginnt mit dem Aufstieg des Propheten. Der Koran und die muslimische Überlieferung berichten von Mohammeds Verhalten gegenüber den Juden in Medina und im nördlichen Hedschas, gegenüber den Christen in Naǧrān sowie einigen anderen im Norden gegenüber den Heiden, die die Mehrheit der arabischen Bevölkerung bildeten. Für Heiden gab es die klare Alternative: Islam oder Tod. Bei Juden und Christen, im Besitz eines als Offenbarungsreligion anerkannten, wenngleich überholten Glaubens, kam eine dritte Möglichkeit hinzu: Islam, Tod oder Unterwerfung. Zur Unterwerfung gehörte, Tribut zu entrichten und die muslimische Vorherrschaft zu akzeptieren. Die Verurteilung zum Tode konnte herabgemildert werden und hieß dann – Sklaverei.

Zu einem frühen Zeitpunkt seiner Laufbahn als Herrscher von Medina geriet der Prophet in Konflikt mit den drei ortsansässigen jüdischen Stämmen. Alle drei wurden geschlagen; zwei wurden, der islamischen Überlieferung zufolge, vor die Wahl gestellt, sich für Bekehrung oder Exil zu entscheiden, während der dritte, die Banū-Quraiẓa, nur den Tod oder Bekehrung wählen konnte. Die durch den Widerstand der jüdischen Stämme ausgelöste Erbitterung findet ihren Niederschlag in den vehementen Ausfällen gegen die Juden im Koran sowie in Biographie und Überlieferung des Propheten.[5]

Eine ganz andere Situation ergab sich nach Eroberung der Oase Chaibar, rund 150 Kilometer von Medina entfernt, im Jahr 7 der Hidschra (nach unserer Zeitrechnung anno 629). Diese von Juden bewohnte Oase, darunter etliche, die sich nach der Vertreibung aus Medina dort niedergelassen hatten, war das erste vom muslimischen Staat eroberte und unter seine Herrschaft gebrachte Gebiet. Die Juden von Chaibar kapitulierten vor dem Propheten nach etwa anderthalb Monate andauernden Kämpfen, und zwar unter der Bedingung, daß sie in der Oase verbleiben und ihr Land bestellen durften, jedoch die Hälfte der Erträge an die Muslime abliefern mußten. Diese Vereinbarung wurde zum *locus classicus* für spätere juristische Erörterungen über den Status besiegter nichtmuslimischer Untertanen des muslimischen Staates. Die spätere Vertreibung der Juden aus Chaibar unter dem Kalifen Omar (634–644)[6] tat der Bedeutung als Präzedenzfall keinen Abbruch.

Kontakte zu Christen spielten zu Lebzeiten des Propheten eine weitaus geringere Rolle und waren viel weniger umstritten als die zu Juden. Die Beziehungen des Propheten zu den christlichen Stämmen und Siedlungen im nördlichen Hedschas und später in Südarabien waren zumeist durch Vereinbarungen geregelt, die bekannteste wurde mit den Christen in Naǧrān geschlossen. Die Bedingungen gewährten ihnen Ausübung ihrer Religion und Autonomie, unter der Voraussetzung, daß sie einen festgesetzten Tribut entrichteten, den Vertretern des Propheten Gastfreundschaft erwiesen, in Kriegszeiten Lebensmittel lieferten und keinen Wucher trieben. Zweifellos liegt es an den friedlichen Beziehungen zwischen dem Propheten und den Christen, daß diese im Koran positiver wegkommen als die Juden. Eine vielzitierte Stelle beleuchtet die unterschiedlichen Erfahrungen, die der Prophet mit den Anhängern der beiden früheren Religionen gemacht hat: „Du wirst finden, daß unter allen Menschen Juden und Götzendiener den Gläubigen am meisten feind sind; du wirst ferner finden, daß den Gläubigen noch die am besten gesinnt sind, welche sagen: ‚Wir sind Christen.'" (V, 83). Weitere Stellen im Koran und in anderen Schriften, die sich mit Jesus befassen, akzeptieren zwar nicht die christliche Lehre von dessen Wesen und Sendung, teilen aber sehr wohl den christlichen Standpunkt, was die Ablehnung der Juden betrifft. Gegen Ende seines Lebens brachte die Ausdehnung des islamischen Staates den Propheten in Kontakt und manchmal auch in Konflikt mit christlichen Stämmen, was im muslimischen Schrifttum wie in der Überlieferung an einer etwas weniger wohlwollenden Einstellung den Christen gegenüber abzulesen ist. Doch während insgesamt schriftliche Äußerungen über Christen weitaus milder ausfallen als die über Juden, macht das sich in der Folgezeit entwickelnde islamische Gesetz keine solchen Unterschiede zwischen den beiden.

Das politische Problem, das sich durch die Beziehungen zwischen Muslimen und Nichtmuslimen stellte, war bereits zu Lebzeiten des Propheten klar, und die Leitsätze für seine Lösung sind im Koran enthalten. Als Gouverneur und später als Herrscher der Gemeinde von Medina hatte der Prophet jüdische Untertanen; als Souverän des islamischen Staates hatte er Beziehungen zu christlichen wie zu jüdischen Nachbarn in anderen Teilen Arabiens. Schon zu Anfang wurde das Problem als Machtfrage interpretiert – die Regeln, die der muslimische Staat im Umgang mit nichtmuslimischen Untertanen, Nachbarn und zuletzt mit eroberten Gebieten zu befolgen hatte, und die übergeordneten Prinzipien, aus denen sie sich herleiten. Der Koran äußert sich klar und eindeutig zu dieser Thematik und enthält den Kern dessen, was sich später zum wohldurchdachten, komplizierten System gesetzlicher Vorschriften entwikkelte.

Doch Mohammed wurde zum Staatsmann, um seine Mission als Prophet zu erfüllen, und nicht umgekehrt, und so wurde natürlich auch der rein religiöse Aspekt vordringlich behandelt. Hierzu ist der Koran ebenfalls höchst aufschlußreich. Anders als in den meisten früheren religiösen Schriften zeigt sich im Koran das Bewußtsein dafür, daß Religion nicht als Einzelerscheinung, sondern als Gattung zu verstehen ist.[7] Es gibt nicht nur eine Religion, es gibt mehrere. Das im Arabischen gebräuchliche Wort ist *dīn,* offensichtlich verwandt mit der hebräischen und aramäischen Bezeichnung für Gesetz. Im Judentum wie im Islam sind Religion und Gesetz zwar nicht identisch, aber weitgehend deckungsgleich. Unser modernes Wort „Religion" stammt aus dem Lateinischen, aber das lateinische *religio* und das griechische *thrêskeia* haben eine ziemlich unterschiedliche Bedeutung. Die Vorstellung von Religion als Klasse oder Gattung, zu der unter anderen auch der Islam zählt, existierte anscheinend seit Entstehung der islamischen Ordnung. Der Koran enthält eine Anzahl von Passagen, in denen sich die neue Religion gegen andere abgrenzt – eine normale Art der Selbstdefinition, für Gemeinschaften ebenso wie für Individuen. Ein vielzitierter Satz bezeichnet Muslime als eine *umma dūn al-nās,* als ein Volk oder eine Gemeinschaft, die sich vom Rest der Menschheit unterscheidet. Der Islam grenzt sich gegen das Christentum durch Verse ab, die Inkarnation und Trinität ablehnen, und gegen den Judaismus durch Stellen, die einige der jüdischen Speisevorschriften aufheben. Weitaus wichtiger als die Absage an Christentum und Judaismus war freilich die an das Heidentum – der Hauptfeind, gegen den der Prophet kämpfte und der ihm die meisten Bekehrten zuführte. Der Kampf gegen das Heidentum bewirkte zwangsläufig eine Annäherung des Islam an den Judaismus und das Christentum, die, wenn schon nicht als Verbündete, so doch als verwandte Glaubensrichtungen und als Gesinnungsgenossen einem gemeinsamen Feind gegenüber galten.

Einiges von diesem Sinn für Verwandtschaft läßt sich, zumindest in späteren Zeiten, im Bewußtsein aller drei Glaubensgemeinschaften erkennen. Es gibt Stellen im Koran, die von späteren Kommentatoren und Exegeten als Billigung des religiösen Pluralismus, sogar der Koexistenz interpretiert wurden. Obwohl die exakte Bedeutung mancher dieser Passagen im Originaltext kürzlich in Frage gestellt wurde, kann an der übereinstimmenden muslimischen Meinung kein Zweifel bestehen. So wurde zum Beispiel der Vers *la ikrāha fi'l-dīn* (II, 257), „Zwingt keinen zum Glauben", dahingehend gedeutet, daß andere Religionen zu tolerieren seien und man ihre Anhänger nicht zwingen dürfe, zum Islam überzutreten. Ein europäischer Wissenschaftler hat jüngst argumentiert, dieser Satz enthalte keine Empfehlung zur Toleranz, sondern sei vielmehr ein Ausdruck der Resignation – eine fast zögernde Hinnahme der Halsstarrigkeit anderer.[8] Man kann sich für oder gegen diese Interpretation des Originalzitats aussprechen, aber selbst wenn wir diese Deutung akzeptieren, ändert das nichts an der Auslegung, die dieser Vers von jeher in der gesetzlichen und theologischen Tradition des Islam zu finden pflegte. Das gleiche gilt für den wohlbekannten Vers *lakum dīnukum walī dīnī* (CIX, 7), „Ihr habt euere Religion, und ich habe meine". Auch hier könnte sich eine gewisse Unsicherheit ergeben, was genau diese Worte im ursprünglichen Kontext aussagten, aber einer allgemein üblichen späteren Interpretation zufolge wurde dies als Beleg für Pluralismus und Koexistenz genommen. Ein weiterer Koran-Vers (II, 63) scheint diese Deutung sogar noch schlagkräftiger zu untermauern: „All denen – seien es Gläubige, Juden, Christen oder Sabäer –, wenn sie nur an Allah glauben, an den Jüngsten Tag und das Rechte tun, wird einst Lohn von ihrem Herrn, und weder Furcht noch Traurigkeit wird über sie kommen." Auf den ersten Blick erweckt dieser Vers den Anschein, als ob die vier monotheistischen, biblischen Religionen einander gleichgestellt worden seien. Obwohl andere Passagen im Koran eine solche Interpretation ausschließen, trug dieser Vers trotzdem dazu bei, die Stellung zu rechtfertigen, die den Anhängern dieser Religionen unter muslimischer Herrschaft zugebilligt wurde.

Ein vielzitiertes Beispiel für andere, eher negative Passagen findet sich in V, 52: „O Gläubige, nehmt weder Juden noch Christen zu Freunden (oder vielleicht auch Verbündeten – das Wort heißt *awliyā'*); denn sie sind nur einer des anderen Freund (gegeneinander). Wer von euch sie zu Freunden nimmt, der ist einer von ihnen." Dieser und eine Reihe ähnlicher Verse spiegeln die Perioden wider, in denen sich der Prophet im Konflikt mit beiden Religionen befand. Ein wohlbekannter Vers aus der letzten Periode behandelt die Notwendigkeit des Heiligen Krieges gegen die Ungläubigen und die Auferlegung einer Kopfsteuer (IX, 29): „Bekämpft diejenigen der Schriftbesitzer, welche nicht an Allah und den Jüngsten Tag glauben und die das nicht verbieten, was Allah und sein Gesandter verboten haben, und sich nicht zur wahren Religion bekennen, so lange, bis sie ihren Tribut in Demut entrichten (und sich unterwerfen)." Diesen letzten vier Wörtern – *'an yadin wahum ṣāġirūn* – sind in letzter Zeit mehrere Studien gewidmet worden, merkwürdigerweise fast ausschließlich von jüdischen, zumeist israelischen Wissenschaftlern, die neue Interpretationen anboten, was diese arabischen Wörter tatsächlich bedeuten oder ursprünglich bedeutet haben könnten.[9] Doch auch hier geht es uns wiederum nicht um die ursprüngliche Bedeutung des Verses, sondern vielmehr darum, wie er im historischen Islam ausgelegt wurde. Darüber gibt es kaum Zweifel. Die gängige Interpretation war, daß die *ǧizya* nicht nur einen Tribut darstellte, sondern auch Unterwerfung symbolisierte. Der Koran und die Überlieferung verwenden häufig das Wort *ḏull* oder *ḏilla* (Demütigung oder Erniedrigung), um den Zustand zu bezeichnen, den Allah denjenigen, die Mohammed ablehnen, bestimmt hat und der so lange aufrechterhalten wird, wie sie bei ihrer Ablehnung bleiben. So lesen wir in einer Passage über die Kinder Israel: „Elend und Armut waren dafür ihre Strafe, und Allahs Zorn traf sie, weil sie nicht an seine Zeichen glaubten und die Propheten ungerechterweise töten wollten und sich ungehorsam und frevelhaft auflehnten." (II, 62).

In diesem Sinne interpretiert man gewöhnlich die Auferlegung der *ǧizya* und insbesondere die Art ihrer Entrichtung. Die Wörter *ʿan yadin wahum ṣāġirūn* werden symbolisch erklärt. So deutet sie Maḥmūd ibn ʿUmar al-Zamaḫšarī (1075–1144), Autor eines Standardkommentars zum Koran, dahingehend, daß „die *ǧizya* von ihnen einzufordern ist, indem man sie demütigt und erniedrigt. Er (der *ḏimmī*, das heißt der nichtmuslimische Untertan des muslimischen Staates) soll persönlich erscheinen, zu Fuß, nicht zu Pferd. Beim Bezahlen soll er stehen, während der Steuereinnehmer sitzt. Der Steuereinnehmer soll ihn am Genick packen, ihn schütteln und dabei sagen: ‚Entrichte die *ǧizya!*' und wenn er sie herzählt, soll er auf den Nacken geschlagen werden".[10]

Andere Experten fügen ähnliche Einzelheiten hinzu – beispielsweise habe der *ḏimmī* mit gebeugtem Rücken und gesenktem Kopf zu erscheinen, der Steuereinnehmer müsse ihn verächtlich und sogar gewalttätig behandeln, ihn am Bart packen, mit Backenstreichen traktieren und dergleichen. Zu den in vielen Gesetzestexten vorgeschriebenen symbolischen Akten gehört, daß bei der Geldübergabe sich die Hand des *ḏimmī* unten, die des Steuereinnehmers dagegen oben zu befinden habe. Was mit all dem bezweckt wird, verdeutlicht ein Rechtsgelehrter des 15. Jahrhunderts aus der strengläubigen hanbalitischen Rechtsschule, der vorschreibt, diese und ähnliche Akte ritueller Demütigung in der Öffentlichkeit durchzuführen, „damit sich jedermann an dem Schauspiel ergötzen kann", und dann schließt: „Vielleicht werden sie am Ende dann doch an Allah und seinen Propheten glauben und somit von diesem schmählichen Joch erlöst."[11]

Im Gegensatz zu den Kommentatoren und anderen Theologen sind die Juristen weniger grausam und mehr mit dem fiskalischen als mit dem symbolischen Aspekt der *ǧizya* befaßt. Abū ʿUbayd (770–838), Autor einer klassischen Abhandlung über das Steuerwesen, fordert nachdrücklich, die *ḏimmīs* nicht über Gebühr zu belasten und ihnen kein Leid zuzufügen.[12] Der bedeutende Rechtsgelehrte Abū Yūsuf, oberster Kadi des Kalifen Hārūn al-Rašīd, verwahrt sich entschieden gegen eine solche Behandlung: „Niemand aus dem Personenkreis der *ḏimma* darf um der ordnungsgemäßen Entrichtung der *ǧizya* willen geschlagen werden noch in der Sonne stehen oder sonstige körperliche Schmach erleiden. Man behandle sie vielmehr mit Nachsicht und Milde."

Abū Yūsuf war freilich nicht dafür, die Steuerzahler zu verhätscheln: „Man werfe sie ins Gefängnis, bis sie ihre Schuld beglichen haben. Sie dürfen erst aus der Haft entlassen werden, wenn die *ǧizya* in voller Höhe eingetrieben wurde. Kein Gouverneur darf Christen, Juden, Anhänger des Zarathustra, Sabäer oder Samaritaner auf freien Fuß setzen, ohne daß die *ǧizya* erhoben wurde. Er darf keinem Zahlungsabstriche gewähren, indem er ihm einen Teil der Schuld erläßt. Es ist nicht statthaft, bei dem einen eine Ausnahme zu machen, während der andere bezahlen muß. Dies darf nicht geschehen, denn sichere Gewähr für ihr Leben und ihre Habe besteht nur bei Entrichtung der *ǧizya,* die einem Tribut entspricht."[13]

Angesichts dieser und ähnlicher Stellen sind mehrere Punkte zu berücksichtigen. Einmal gehören die Rechtsgelehrten mit ihrer humaneren und auch mehr praxisorientierten Einstellung zur Frühzeit des Islam, die von Zuversicht und stürmischen Erfolgen getragen war; die zitierten Kommentatoren schrieben in einer von Zwängen diktierten rückläufigen Periode, als der Islam sich von innen und außen bedroht sah. Zum anderen kann kein Zweifel daran bestehen, daß die Äußerungen der Juristen ein genaueres Bild dessen widerspiegeln, was die muslimischen Herrscher und ihre Administratoren in der Praxis taten, als die der Kommentatoren und Theologen. Bei der Behandlung der *ḏimmīs* wie bei vielen anderen Gelegenheiten wurden die strengen Forderungen der religiösen Ratgeber und Kritiker nicht befolgt. Die Vorschriften, die manche Ulemas für die Eintreibung der *ǧizya* und ähnlicher Abgaben erließen, gehören eher zur Geschichte der Denkschulen als der Institutionen. Sie haben ihre spezifische Bedeutung, die in Krisenzeiten und nach Niederlagen jeweils zunimmt.

Insgesamt beleuchten diese Vorschriften wiederum, daß man es für notwendig hielt, den Ungläubigen an eine Inferiorität zu erinnern, die zu vergessen er sonst versucht – oder gar befugt – wäre. Frauen und Sklaven bedurften einer solchen Erinnerung nicht.

Nach dem Tod des Propheten erstreckte sich der Machtbereich des Islam über ein weites Gebiet – vom Atlantik im Westen bis an die Grenzen Indiens und Chinas im Osten, und zeitweilig sogar darüber hinaus. In diesen neueroberten Gebieten existierten große, bedeutende, etablierte Religionsgemeinschaften sowie alte, etablierte Rechts- und Verwaltungssysteme, die den Umgang mit ihnen regelten. Die wichtigsten dieser Systeme – praktisch die einzigen, auf die der islamische Staat in den ersten Jahrhunderten seiner Entwicklungsphase stieß – waren die vom Persischen und Römischen Reich der Antike ererbten.[14] Die überwiegende Mehrheit seiner neuen Untertanen waren Christen verschiedener Kirchen. Im Irak, obwohl Teil des Persischen Reiches, waren die meisten Nestorianer. Syrien, Palästina, ganz Nordafrika und die muslimischen Erwerbungen in Europa hatten sämtlich zum christlichen Römischen Reich gehört. In all diesen Ländern existierten jüdische Minderheiten, mitunter von beträchtlichem Umfang. Auch in Persien gab es christliche wie jüdische Bevölkerungsgruppen, doch die Mehrheit der Perser bekannte sich zur Lehre des Zarathustra oder einer ihrer Varianten.

In den ersten Jahrhunderten der islamischen Herrschaft vollzog sich die Verbreitung des Glaubens durch Überzeugungskraft und Motivierung, und Versuche zur Zwangsbekehrung fanden so gut wie nie statt. Das Ausmaß der Islamisierung läßt sich nach den verfügbaren Quellen nur schwer abschätzen, und einige Wissenschaftler vertreten die Auffassung, daß noch zur Zeit der Kreuzzüge die Nichtmuslime in der Überzahl waren. Fest steht jedoch, daß viele Christen, Juden und Anhänger Zarathustras zum Islam übertraten und in der muslimischen Gesellschaft aufgingen.[15]

Das Schicksal der drei Religionen nach der muslimischen Eroberung verlief höchst unterschiedlich. Den Anhänger Zarathustras erging es am schlechtesten. Der vorislamische persische Staat war im Gegensatz zum christlichen vollständig besiegt und zerstört und mit all seinen Territorien und Menschen restlos vom islamischen Kalifat vereinnahmt worden. Im alten Persien hatte eine enge Bindung zwischen der zoroastrischen Priesterschaft und dem Machtapparat bestanden. Als sie nach deren Verlust weder durch einflußreiche Freunde im Ausland Rückhalt und neue Impulse bekamen, wie es bei den Christen der Fall war, noch die Kunst des Überlebens beherrschten, die sich die Juden leidvoll angeeignet hatten, verfielen die Anhänger Zarathustras in Mutlosigkeit. Der Niedergang vollzog sich unaufhaltsam, die Mitgliederzahl nahm rapide ab, und sie hatten auffallend wenig oder gar keinen Anteil an der kulturellen und politischen Erneuerung Persiens, die im 10. Jahrhundert und danach unter der islamischen Ägide stattfand.

Die Christenheit wurde durch den Aufstieg des Islam und die Gründung des islamischen Reiches zwar geschlagen, aber nicht vernichtet. Doch die arabische Besiedlung, die Bekehrung zum Islam und die Assimilierung an die vorherrschende Kultur brachten es mit sich, daß die christliche Bevölkerungsmehrheit allmählich zur Minderheit schrumpfte – wann und in welchem Stadium läßt sich unmöglich sagen. In manchen Gegenden, zumal in Zentralasien, Südarabien und Nordafrika, wo die

Christen vor dem Aufkommen des Islam eine bedeutende oder im letztgenannten sogar eine dominierende Stellung innegehabt hatten, verschwanden sie gänzlich von der Bildfläche. Viele Christen empfanden diesen Wechsel von der herrschenden zur beherrschten Schicht mit all den daraus erwachsenden Nachteilen als unerträglich und flüchteten sich in Scharen durch Übertritt zum Islam aus der Abhängigkeit in die dominierende Gemeinschaft. Das Judentum dagegen überlebte. Für die an Not und Unglück gewöhnten Juden bedeutete der Sieg des Islam lediglich einen Wechsel der Herren, was in den meisten Orten eine Wendung zum Besseren brachte, und sie hatten längst gelernt, sich unter Bedingungen politischer, gesellschaftlicher und wirtschaftlicher Ohnmacht anzupassen und zu überdauern. In den Kernländern des Vorderen Orients, in Ägypten, Syrien, im Libanon, in Palästina und in geringerem Umfang im Irak, bewies das Christentum größeres Durchhaltevermögen, und die christlichen Minderheiten überlebten in beträchtlicher Anzahl. Es mag daran liegen, daß die Christen in diesen Ländern den gleichen Vorteil hatten, falls man es so nennen kann, wie die Juden: Erfahrung im Überleben. Im Irak mußten sie sich der vorherrschenden Lehre Zarathustras unterordnen; in Ägypten und den syrischen Gebieten hatten sie zwar die christliche Religion mit den Herrschern des Oströmischen Reiches gemeinsam, gehörten aber anderen Sekten an und waren Diskriminierung, zeitweise sogar Verfolgungen ausgesetzt. Für viele Anhänger der morgenländischen Kirchen brachten das Aufkommen des Islam und der Wechsel von christlicher zu muslimischer Herrschaft eine entschiedene Verbesserung ihrer Verhältnisse und einen Zuwachs an Glaubensfreiheit mit sich.

Die weitere Ausbreitung des Islam trug die Autorität des islamischen Staates über die Kernländer des Vorderen Orients und Nordafrika, in denen auch das Christentum und das Judentum beheimatet waren, hinaus in neue Gebiete, wo diese Religionen wenig oder gar keinen Einfluß besaßen. Buddhisten und Hindus in Asien, Animisten in Afrika südlich der Sahara und Äthiopiens kamen nun in den muslimischen Machtbereich. Für den Muslim waren sie Polytheisten und Götzendiener und hatten daher keinen Anspruch auf Toleranz, sondern nur die Alternative – Islam oder Tod. Der Muslim, der sie eingefangen hatte, konnte später nach eigenem Gutdünken das Urteil herabsetzen und sie nicht dem Tod, sondern der Sklaverei überantworten.

In dem riesigen Reich, das sie durch Eroberung schufen, fanden sich die Muslime anfangs als die zwar vorherrschende, aber kleine Minderheit. Ihr Glaube bot ihnen bestimmte religiöse Grundprinzipien, nach denen die unterworfenen Völker zu regieren waren; ihre Vorgänger hatten ihnen Traditionen, Verfahrensweisen und auch Personal hinterlassen, um diese Prinzipien in die Tat umzusetzen oder zu modifizieren. Die Situation in den ehemals persischen und byzantinischen Gebieten des neuen islamischen Kalifats weist gewisse Merkmale auf, die zum Verständnis der islamischen Politik anderen Religionen gegenüber relevant sind.

Vielleicht am wichtigsten – die Region des Vorderen Orients war seit langem durch ethnischen und religiösen Pluralismus gekennzeichnet. Freilich, die griechisch-orthodoxen christlichen Herren des Byzantinischen Reiches und die Anhänger der orthodoxen Lehre Zarathustras, die das Persische Reich beherrschten, hatten vor nicht allzu langer Zeit versucht, anderen ethnischen und religiösen Gruppen ihren Glauben und ihre Identität aufzuzwingen. Diese Bemühungen waren jedoch fehlgeschlagen, und die daraus resultierenden Spannungen und Ressentiments machten die muslimischen Eroberer willkommener und ihr Verbleiben akzeptabler. Von einer kurzen, belanglosen Episode abgesehen, wiederholten die arabischen muslimischen Herrscher des neuen Reiches nicht die Fehler ihrer Vorgänger, sondern respektierten vielmehr das pluralistische Modell, das seit der Antike existiert hatte. Dieses Modell beinhaltete nicht Gleichheit, sondern die Dominanz einer Gruppe und gewöhnlich eine hierarchische Rangfolge der übrigen. Zwar gewährte diese Ordnung keine Gleichheit, ließ jedoch friedliche Koexistenz zu. Mochte auch eine Gruppe vorherrschen, so bestand sie in der Regel dennoch nicht darauf, die anderen zu unterdrücken oder zu absorbieren. Die neue herrschende Gruppe wurde unterschiedlich definiert – zunächst als arabische Muslime, dann schlichtweg als Muslime. Und mit dieser Ablösung einer ethnisch-religiösen durch eine rein religiöse Definition stand der Zugang zur herrschenden Gruppe jedem offen, wodurch sich im Lauf der Jahrhunderte eine dominierende Minderheit zur überwiegenden Mehrheit entwickeln konnte.

Auch dieser Wandel wurde durch ein Charakteristikum erleichtert, das fast durchweg in der nachweisbaren Geschichte des Vorderen Orients zu beobachten ist – ein Schema von Fluktuation, von Wechsel, sogar von Verschmelzung der verschiedenen kommunalen, nationalen, regionalen, kulturellen und rechtlichen Identitäten. Zu den elementaren menschlichen Verhaltensweisen gehört es, die Welt einzuteilen nach dem Motto: wir und die übrigen. Im alten Vorderen Orient hatte es viele solcher Einteilungen gegeben: Verwandte und Fremde, Juden und Nichtjuden, Griechen und Barbaren, Bürger, Metöken, Ausländer und andere mehr. Eine Juden wie Christen bereits geläufige Klassifizierung bestand zwischen Gläubigen und Ungläubigen. In islamischen Zeiten wurde dies zur allerwichtigsten Trennlinie, die alle anderen überschattete.

Diese beiden Gruppen wurden natürlich auf verschiedene Weise unterteilt, wobei die der Gläubigen hier beiseite gelassen werden kann. Was die Ungläubigen angeht, so werden sie in den meisten theoretischen Untersuchungen der Muslime durch zwei breitgefaßte Klassifizierungen unterteilt, eine theologischer, die andere politischer Natur. Die theologische Einordnung unterscheidet zwischen den Anhängern einer monotheistischen, auf Offenbarung gegründeten Religion und denen, die sich nicht zu einer solchen bekennen. Diejenigen, denen eine solche Offenbarung zuteil wurde, werden als *ahl al-kitāb* bezeichnet, als Schriftbesitzer, ein zumeist für die Juden benutzter Begriff, anwendbar aber auch auf andere Glaubensgemeinschaften, die über anerkannte Schriften verfügen.

Dem Koran zufolge gelten Judaismus, Christentum und bedingt auch die Religion der Sabäer[16] als frühere, unvollständige und unvollkommene Formen des Islam, denen daher auch zugestanden wird, eine echte, wenngleich entstellte göttliche Offenbarung zu enthalten. Die Einbeziehung der nicht sonderlich genau identifizierten Sabäer ermöglichte es, durch juristische Interpretation die den Juden und Christen zugebilligte spezifische Toleranz erheblich auszudehnen, zuerst auf die Anhänger Zarathustras in Persien, später auf die Hindus in Indien und sonstige Gruppen in anderen Regionen. Gemeinden, die einer anerkannten Religion angehörten, erfuhren die Toleranz des islamischen Staates. Sie durften, unter bestimmten Bedingungen, ihre Religion ausüben und genossen ein gewisses Maß an kommunaler Autonomie. Die anders, nämlich als Polytheisten und Götzendiener Eingestuften verdienten keine Toleranz; sie hatten laut Gesetz nur die Wahl – Koran, Schwert oder Sklaverei.

Als schwieriges Problem erwiesen sich die monotheistischen Religionen, die nach dem Aufkommen des Islam entstanden, vor allem die aus der muslimischen Gemeinschaft hervorgegangenen, wie die Bahāʾīs in Persien und die Aḥmadiyya in Indien. Die Anhänger solcher Religionen lassen sich weder als unwissende Heiden abtun wie die Polytheisten Asiens oder die Animisten Afrikas noch als obsolete Vorläufer wie die Juden und Christen; ihr bloßes Vorhandensein bedeutete eine Herausforderung für die islamische Lehre von der Vollständigkeit und Endgültigkeit der Offenbarung Mohammeds. Muslimische Frömmigkeit und islamische Autorität sahen sich von jeher vor große Schwierigkeiten gestellt, wenn es darum ging, solche nachislamischen monotheistischen Religionen einzuordnen.

Die politische Klassifizierung erfolgte zwischen denen, die besiegt worden waren oder freiwillig kapituliert hatten, und jenen, auf die das nicht zutraf. Das Verhältnis zwischen dem islamischen Staat und den nichtmuslimischen Gemeinden wurde im Gesetz wie in der Praxis durch einen Pakt, die sogenannte *ḏimma,* geregelt; die Nutznießer dieses Vertrages bezeichnete man als *ahl al-ḏimma* (Vertragsvolk) oder – kürzer – als *ḏimmīs* (Schutzbefohlene).[17] Die Bestimmungen der *ḏimma* erkannten diesen Gemeinden einen gewissen Status zu, sofern sie den Primat des Islam und die Überlegenheit der Muslime eindeutig bejahten. Dies drückte sich in der Entrichtung der Kopfsteuer und der Unterwerfung unter eine Reihe von Beschränkungen aus, die im einzelnen vom heiligen Gesetz definiert wurden.[18]

Die zweite Kategorie der Ungläubigen umfaßt in dieser politischen Klassifizierung diejenigen, die noch nicht besiegt und nicht der muslimischen Macht untertan sind. Länder unter muslimischer Herrschaft, in denen das islamische Gesetz gilt, werden kollektiv als *Dār al-Islām,* Haus des Islam, bezeichnet, während die von Ungläubigen bewohnte und regierte Außenwelt das *Dār al-Ḥarb,* das Haus des Krieges, darstellt. Sie trägt diesen Namen, weil zwischen dem islamischen Bereich und dem der Ungläubigen ein sanktionierter Kriegszustand verhängt ist, der so lange andauern wird, bis die ganze Welt entweder die Botschaft des Islam akzeptiert oder sich der Herrschaft derer, die sie bringen, unterwirft. Dieser Krieg wird *ǧihād* genannt, gewöhnlich mit „Heiliger Krieg" übersetzt, obwohl das Wort primär Ringen oder Kampf bedeutet, also Kampf für die Sache Allahs. Zwischen der muslimischen Lehre vom *ǧihād* und der rabbinischen jüdischen von *milḥemet mitsva* oder *milḥemet ḥova* gibt es einige Parallelen, mit dem wesentlichen Unterschied, daß die jüdische Konzeption sich auf ein Land beschränkt, der islamische *ǧihād* dagegen weltweit verstanden wird.[19]

Ein Nichtmuslim aus dem *Dār al-Ḥarb* kann eine Besuchsgenehmigung für die muslimischen Länder erhalten und sich sogar zeitlich begrenzt dort niederlassen, wofür ihm eine im islamischen Gesetz *amān* genannte Zusicherung freien Geleits erteilt wird. Den Inhaber eines solchen *amān* bezeichnet man als *musta'min.* Dies zeigt den gesetzlichen Status des ausländischen Nichtmuslim an, der als Kaufmann oder Gesandter eingereist ist und sich eine Zeitlang unter muslimischer Herrschaft aufhält. Er ist kein *ḏimmī* und muß weder Tribut entrichten noch sonstige Widrigkeiten hinnehmen.

Die muslimischen Gesetzestexte befassen sich recht ausführlich mit der Gewährung des *amān* – wann, von wem, an wen und unter welchen Voraussetzungen er erteilt werden darf. Er wurde prinzipiell nur für einen bestimmten Zeitraum ausgegeben, und wenn sich der fremde Besucher auf Dauer niederließ, veränderte sich sein Status von *musta'min* zum *ḏimmī.* Normalerweise wurde der *amān* jedoch alljährlich erneuert, und niedergelassene ausländische Kaufleute durften diesen Status beibehalten. Bürger eines fremden Staates konnten einen kollektiven *amān* nutzen, der ihrer Regierung erteilt wurde. Manchen Darstellungen zufolge beschränkte sich der Status des *musta'min* interessanterweise auf christliche Bürger christlicher Staaten. Europäische Juden, die in das Osmanische Reich reisten, wurden manchmal, vor allem später, als Bürger oder Untertanen ihrer Herkunftsländer behandelt und nutzten den kollektiven *amān;* zu anderen Zeiten stellte man sie den osmanischen Juden gleich, mit allen Vor- und Nachteilen, die dieser unterschiedliche Status beinhaltete. Einige osmanische Dokumente verwenden die Formel *kâfir yahudisi* (Jude des Ungläubigen) zur Bezeichnung von Juden, die Untertanen christlicher Staaten sind. Ähnlich galten in Persien exterritoriale Privilegien nur für die russischen, nicht aber für die sunnitischen Untertanen des Zaren, die als sunnitische Muslime behandelt wurden – in einem schiitischen Staat nicht immer ein Gewinn.[20]

Die Ausführungen zu *ḏimma* und *amān* befassen sich mit der Stellung des nichtmuslimischen Einwohners oder Besuchers muslimischer Gebiete. Über die Position des muslimischen Einwohners oder Besuchers nichtmuslimischer Gebiete sagen die klassischen islamischen Quellen kaum etwas aus, weil sich diese Frage nur in seltenen Ausnahmefällen ergab. In den ersten Jahrhunderten, als die Grundprinzipien von Gesetz und Theologie formuliert wurden, befand sich der Islam ständig auf dem Vormarsch. Im Verlauf militärischer Auseinandersetzungen mochte es kurzfristig territoriale Verluste geben, die jedoch stets rasch wieder wettgemacht wurden. Es schien keinerlei Zweifel daran zu bestehen, daß sich dieser Vormarsch kontinuierlich fortsetzen würde, bis in nicht allzu ferner Zukunft der Heilige Krieg sein Endziel erreicht hätte und die ganze Welt im Haus des Islam vereint wäre. Die Möglichkeit eines Rückzuges, des Verlustes von Land und Völkern an die Ungläubigen kam den Männern des heroischen Zeitalters überhaupt nicht in den Sinn.

Um die Mitte des 8. Jahrhunderts wurde es klar, daß der Islam nicht mehr unaufhaltsam vorrückte, sondern an Grenzen stieß, die es ebenso zu akzeptieren galt wie die jenseits dieser Grenzen vorhandenen mehr oder minder stabilen Institutionen, mit denen man sich arrangieren mußte. Zwar flackerte der *ǧihād* von Zeit zu Zeit wieder auf und brachte eine neue Eroberungswelle mit sich, doch der Endsieg wurde nicht mehr nach historischen Daten bemessen, sondern in die Eschatologie verlegt.

Aber es sollte noch schlimmer kommen. Aus der anfänglichen Unterbrechung wurde Stillstand und dann schließlich Rückzug. Mit der Rückgewinnung Portugals, Spaniens und Siziliens und der Ankunft der Kreuzfahrer in Syrien und Palästina wurden muslimische Gebiete von christlichen Heeren erobert und muslimische Völker zu Untertanen christlicher Herrscher. Das sich daraus ergebende Problem wurde von muslimischen Rechtsgelehrten viel diskutiert, insbesondere von der in Nordafrika tonangebenden malekitischen Rechtsschule, aber auch unter den Muslimen auf Sizilien und der Iberischen Halbinsel. Über die Pflichten der Muslime, die sich unter nichtmuslimischer Herrschaft befanden, gingen die Auffassungen auseinander. Manche Autoritäten vertraten einen nachsichtigen Standpunkt. Wenn eine nichtmuslimische Regierung tolerant war, das heißt, wenn sie es den Muslimen gestattete, ihre Religion auszuüben, die islamischen Gesetze einzuhalten und damit ein gutes muslimisches Leben zu führen, dann durften sie bleiben und sich als loyale Untertanen eines solchen Herrschers erweisen. Manche hielten es sogar noch für zulässig, daß die Muslime selbst eine intolerante Obrigkeit in Kauf nahmen, notfalls den Übertritt zum Christentum vortäuschten, aber insgeheim am Islam festhielten.

Eine strengere, gegenteilige Auffassung wird in einem klassischen Text vertreten, einem *fatwā*, das von einem marokkanischen Rechtsgelehrten namens Aḥmad al-Wanšarīsī stammte und kurz nach der endgültigen Eroberung Spaniens durch die Christen erschien. Das *fatwā* stellt die Frage: Dürfen Muslime unter christlicher Herrschaft bleiben, oder müssen sie gehen? Die eindeutige Antwort lautet: Sie müssen das Land verlassen, Männer, desgleichen Frauen und Kinder. Und wenn die Regierung, der sie unterstehen, sich tolerant gibt, dann ist es um so notwendiger, eiligst wegzuziehen, da die Gefahr der Apostasie größer ist. Al-Wanšarīsī faßt seine Entscheidung in dem dramatischen Satz zusammen: „Lieber muslimische Tyrannei als christliche Gerechtigkeit."[21]

Diese Formulierung war mehr theoretisch als realistisch, denn in den meisten Fällen stand christliche Gerechtigkeit nicht zu Gebote. Für in Europa ansässige Muslime gab es keine *ḏimma,* für muslimische Besucher keinen *amān.* Eine Zeitlang behandelten christliche Herrscher in Spanien und Italien ihre muslimischen (und auch die jüdischen) Untertanen mit einem gewissen Maß an Toleranz, entweder inspiriert durch das Beispiel der auf europäischem Boden verbliebenen muslimischen Staaten mit christlicher Bevölkerung oder aus Furcht vor Repressalien. Doch mit der endgültigen Vertreibung der Mauren entfielen diese Motive, und Muslime wie Juden wurden, wenn sie am Leben bleiben wollten, vor die Wahl gestellt – Exil oder Apostasie.

Die schweren Kämpfe zwischen Christentum und Islam während der Reconquista und der Kreuzzüge führten unvermeidlich zu einer Verschärfung religiöser Loyalitäten und Antagonismen und bewirkten für die jüdischen wie christlichen Minderheiten unter muslimischer Herrschaft eine Verschlechterung ihrer Lage. Dennoch erwies sich hier ebenso wie in vielen anderen Dingen, daß die islamische Praxis insgesamt weniger streng war als die Lehre – genau umgekehrt wie im Christentum.

Die Frühgeschichte der *ḏimma* oder – umfassender – der Beschränkungen, die den tolerierten nichtmuslimischen Untertanen des muslimischen Staates auferlegt wurden, enthält eine Fülle gesicherter Fakten. Die muslimische historiographische Tradition schreibt die erste Formulierung dieser Bestimmungen Kalif Omar I. (634–644) zu und verwahrt den Text eines scheinbar von Christen in Syrien an ihn gerichteten Briefes; dieser nennt sowohl die Bedingungen, unter denen sie bereit wären, sich zu unterwerfen und bestimmte Zurücksetzungen hinzunehmen, als auch die Strafen, die sie erwarteten, falls sie gegen diese Zusagen verstießen. Diesem Bericht zufolge akzeptierte der Kalif die Bedingungen, die er durch zwei Klauseln ergänzte.

Zwar wurde der sogenannte „Omar-Pakt" häufig von muslimischen Autoren wie von *ḏimmīs* als gesetzliche Grundlage für das beiderseitige Verhältnis zitiert, doch authentisch kann das Dokument kaum sein. Wie A. S. Tritton ausführte, ist es weder üblich, daß der Besiegte den Siegern die Kapitulationsbedingungen unterbreitet, noch wahrscheinlich, daß syrische Christen im 7. Jahrhundert, die das Arabische nicht beherrschten und kein Studium des Korans betrieben, dessen Sprache und Vorschriften so getreulich nachahmen konnten. In manchen Klauseln spiegeln sich deutlich Entwicklungen einer etwas späteren Periode wider, und es ist nicht auszuschließen, daß in diesem wie in vielen anderen Aspekten der Frühgeschichte muslimischer Administration einige der tatsächlich vom Omaijaden-Kalif Omar II. (717–720) eingeführten oder aufgezwungenen Maßnahmen aus frommer Tradition dem weniger umstrittenen, verehrungswürdigeren Omar I. zugeschrieben wurden.[22]

Doch mögen auch Dokumente wie dieses und ähnliche teilweise oder ganz gefälscht sein, so vermitteln sie dennoch ein Bild davon, wie sich während der ersten Jahrhunderte jene Politik fortentwickelt hat, die darauf abzielte, eine gewisse Unterscheidung zwischen der herrschenden Gruppe und den vielfältigen untergeordneten zu wahren. Viele dieser Beschränkungen scheinen auf die allererste Periode arabischer Eroberungen zurückzugehen und militärischen Ursprungs zu sein. Als winzige Minderheit inmitten einer gewaltigen Mehrheit brauchten die Muslime in diesem riesigen Gebiet Sicherheitsvorkehrungen zum Schutz ihrer Besatzungstruppen und ihres Regierungsapparates. Wie bei so vielen Praktiken der Frühzeit wurden ihre Maßnahmen zwar durch unmittelbar zweckdienliche Erwägungen diktiert, jedoch im heiligen Gesetz sanktioniert und integriert, so daß die anfangs der Sicherheit dienenden Restriktionen zu sozialer und legaler Diskriminierung führten. Zu diesen Einschränkungen gehörten Vorschriften für Kleidung und Reittiere der *ḏimmīs* und das Verbot, Waffen zu tragen: ferner Richtlinien für Bauweise und Benutzung von Kultstätten. Es durften keine neuen errichtet, sondern lediglich vorhandene restauriert werden, und zwar keinesfalls über das Höhenmaß der Moscheen hinausgehend. Christen und Juden mußten besondere Abzeichen an ihren Kleidern tragen. Dies ist übrigens der Ursprung des gelben Flecks, den ein Kalif in Bagdad im 9. Jahrhundert einführte und der im späteren Mittelalter dann auch in westlichen Ländern Verbreitung fand.[23] Sogar beim Besuch öffentlicher Bäder mußten Nichtmuslime sich Schnüre mit Erkennungsmarken um den Hals hängen, damit man sie unbekleidet nicht etwa für Muslime hielt. (Nach den Vorschriften der Schia durften sie nicht dieselben Badehäuser benutzen.) Im Fall der Juden, die das Beschneidungsritual mit den Muslimen gemeinsam haben, legte man besonderen Wert auf genaue Unterscheidung. Die Nichtmuslime hatten bei ihren Zeremonien Lärm und Pomp zu meiden und dem Islam jederzeit Respekt und den Muslimen Ehrerbietung zu zollen.

Die meisten dieser Erschwernisse waren eher sozialer und symbolischer als greifbarer und praktischer Natur. Die einzige echte wirtschaftliche Strafmaßnahme, die den *ḏimmīs* auferlegt wurde, kam vom Fiskus. Sie mußten höhere Steuern zahlen, ein System der Diskriminierung, das von den Vorgängern, dem Persischen Reich und Byzanz, stammte. Unter den Wissenschaftlern gibt es unterschiedliche Auffassungen, was die tatsächliche Schwere dieser zusätzlichen Belastung angeht. Dokumentarische Zeugnisse, wie die aus dem 11. Jahrhundert stammenden Genisa-Urkunden aus Kairo, lassen vermuten, daß zumindest die weniger begüterten Klassen hart betroffen waren.[24] Da jedoch das religiöse Gesetz den Satz für die *ǧizya* in Gold festgelegt hatte, verringerte sich bei den im Laufe der Jahrhunderte ständig steigenden Preisen und Einkommen die Belastung zunehmend. Außer der Kopfsteuer wurden den *ḏimmīs* im Prinzip, wenn auch nicht immer in der Praxis bei anderen Steuern ein höherer Satz abverlangt als den Muslimen – wozu in bestimmten Perioden auch Straßen- und Zollgebühren gehörten.

Abgesehen von der Besteuerung gab es für die nichtmuslimischen Untertanen noch eine weitere, oft sehr schwerwiegende wirtschaftliche Benachteiligung, die sich aus den Bestimmungen des Erbrechts ergab. Die allgemeine Regel im muslimischen Gesetz besagte, daß ein unterschiedlicher Glaube jede Erbberechtigung ausschloß. Muslime durften also keine *ḏimmīs* beerben und umgekehrt. Ein zum Islam Übergetretener kam demnach als Erbe seiner nicht konvertierten Verwandten nicht in Betracht, und bei seinem Tod konnten nur seine muslimischen Erben bedacht werden. Wenn er zuvor seinen früheren Glauben wieder annahm, galt er als Renegat, und sein Vermögen verfiel. Die Vorschrift, daß ein Muslim keinen *ḏimmī* beerben darf, wurde zwar von den vier kanonischen Schulen der muslimischen Rechtswissenschaft akzeptiert, nicht jedoch von allen Gelehrten des Heiligen Gesetzes anerkannt. Einige von ihnen vertraten die Ansicht, im Erbrecht wie in der Ehe bestehe eine vorgegebene Ungleichheit, so daß ein *ḏimmī* zwar keinen Muslim beerben könne, ein Muslim aber sehr wohl einen *ḏimmī.* Manche Rechtsgelehrte der Schia verstiegen sich bis zu der Forderung, ein muslimischer Erbe müsse stets Vorrang vor ebenfalls erbberechtigten *ḏimmīs* haben, die auch dann leer ausgingen, wenn sie sich einem einzigen muslimischen Erben gegenüber in der Mehrzahl befänden. Die Anwendung dieser Bestimmung konnte zumal in Perioden der Zwangsbekehrung beträchtliche Härten nach sich ziehen, die den Juden in Persien häufig Anlaß zu Beschwerden gaben.[25]

Hinsichtlich ihrer internen Angelegenheiten besaßen die *ḏimmīs* normalerweise ein gewisses Maß an Autonomie; sie waren eigenen Herren und Richtern unterstellt und lebten, zumindest in familiärer, persönlicher und religiöser Hinsicht nach ihren Gesetzen. Die Verbindungen zwischen *ḏimmīs* und Muslimen unterlagen ungleicher Behandlung. Während ein Muslim eine freie *ḏimmī* heiraten konnte, durfte ein *ḏimmī* keine Muslimin zur Frau nehmen. Ein Muslim konnte einen *ḏimmī* als Sklaven halten, ein *ḏimmī* jedoch keinen Muslim. Diese Einschränkung wurde häufig mißachtet, die andere dagegen, die einen weitaus empfindlicheren Punkt berührte, mit äußerster Strenge gehandhabt und jeder Verstoß aufs schwerste bestraft, von manchen Stellen sogar als Kapitalverbrechen geahndet. Ähnlich ausgewirkt hatten sich die Gesetze des Byzantinischen Reiches, denen zufolge ein Christ eine Jüdin heiraten durfte, auf die Verehelichung eines Juden mit einer Christin jedoch die Todesstrafe stand. Ebenso war es den Juden in Byzanz verboten, christliche Sklaven zu halten, egal aus welchen Gründen. Die Gesetze des muslimischen Staates wandten die gleichen Kriterien für die Stellung der christlichen und jüdischen Untertanen an, allerdings für beide etwas abgemildert. Das Zeugnis eines *ḏimmī* war vor einem muslimischen Gericht nicht zugelassen, und die meisten Rechtsschulen – mit Ausnahme der Hanefiten – bewerteten *ḏimmīs* geringer als Muslime, wenn bei Körperverletzung Schadenersatz oder Schmerzensgeld zu leisten war.[26]

Andererseits unterlagen *ḏimmīs*, abgesehen von steuerlichen oder gelegentlichen testamentarisch bedingten Belastungen, keinerlei wirtschaftlichen Benachteiligungen. Sie wurden weder von bestimmten Tätigkeiten ausgeschlossen noch zu irgendwelchen anderen gezwungen. Es gab keine beruflichen Beschränkungen und, bis auf den Hedschas, das Heilige Land der Muslime, und ein paar andere heilige Stätten gab es keine Sperrgebiete. Außer in Marokko und zeitweise in Persien wurden *ḏimmīs* nicht in Ghettos verbannt, weder im örtlichen noch im beruflichen Sinne. Zwar tendierten Christen und Juden in muslimischen Städten insgesamt zur Bildung eigener Viertel, doch dabei handelte es sich um eine natürliche soziale Entwicklung und nicht, wie bei den Ghettos im christlichen Europa, um eine gesetzlich erzwungene Einengung. Die einzige bedeutsame Ausnahme bildete in den Anfangszeiten die Entscheidung von Kalif Omar I., Juden und Christen aus Arabien zu vertreiben, um dem Islam das Land seiner Entstehung allein zu überlassen.[27] Dies scheint jedoch nur für den Hedschas gegolten zu haben, denn im Süden und Osten Arabiens blieben jüdische und eine Zeitlang auch christliche Gemeinden bestehen.

Doch ebenso wie die Minderheiten dazu neigten, sich an bestimmten Orten zusammenzudrängen, konzentrierten sie sich auch auf bestimmte Berufe, speziell auf solche, die von den Muslimen Fertigkeiten erforderten, welche diese entweder nicht besaßen oder sich nicht aneignen wollten. Zu bestimmten Zeiten waren die *ḏimmīs* stark in Handel und Finanzwesen vertreten, von heroischen, militärisch orientierten Gesellschaften verachteten Berufen; insbesondere in den späteren Jahrhunderten verrichteten sie vorwiegend niedere Dienstleistungen, die man auch als Dreckarbeit bezeichnen könnte. Dazu gehörten das Entleeren von Sickergruben und das Trocknen des Inhalts zwecks Weiterverwendung als Heizmaterial – eine gebräuchliche Beschäftigung für Juden in Marokko, im Jemen, im Irak, in Persien und in Zentralasien. Juden betätigten sich auch als Gerber, Fleischer, Henker und in anderen ähnlich unangenehmen oder verachteten Berufen. Neben diesen eindeutigen Dreckarbeiten übten die *ḏimmīs* auch Tätigkeiten aus, die ein strenggläubiger Muslim zu meiden trachtete – nämlich jene, in denen er es mit Ungläubigen zu tun hatte. Das führte zeitweise dazu, daß in Diplomatie, Handel, Bankwesen, Maklergewerbe und Spionage eine beträchtliche Anzahl von Nichtmuslimen vertreten war. Selbst die Gold- und Silberschmiedekunst und der Verkauf ihrer Erzeugnisse, in vielen Teilen der Welt hochgeschätzte Berufe, galt strenggläubigen Muslimen als verderblich und gefährlich für die unsterblichen Seelen derjenigen, die sie ausübten.

Die Beschäftigung von Nichtmuslimen in hohen Regierungsämtern war eine heikle Frage und bot wahrscheinlich im Einzelfall den häufigsten Anlaß zu Beschwerden. Einigen *ḏimmīs* gelang es sowohl in früherer wie in späterer Zeit, unter muslimischen Herrschern in einflußreiche Machtpositionen aufzusteigen. Eine weitaus größere Anzahl war im mittleren und unteren Staatsdienst tätig. Dies hatte besondere Bedeutung in einer Gesellschaft, wo der Zugang zu den wirtschaftlichen Aktivitäten des Staates der sicherste – zeitweilig der einzige – Weg zum Reichtum war. Ein Kalif Omar I. zugeschriebener aufschlußreicher Satz lautet: „Beruft keine Juden und Christen in ein öffentliches Amt, denn in ihrem Glauben zeigen sie sich als bestechlich. Bestechungsgelder aber sind (im Islam) nicht Rechtens."[28] Die Rechtsgelehrten vertreten in bezug auf die Anstellung von *ḏimmīs* einen eindeutigen Standpunkt, wie zum Beispiel dieses aus dem 13. Jahrhundert stammende Responsum zeigt:

FRAGE: Ein Jude ist als Aufseher ins Schatzamt der Muslime berufen worden; seine Aufgabe ist es, die hereinkommenden und ausgegebenen Dirhams zu wiegen, sie zu prüfen, und man verläßt sich dabei ganz auf sein Wort. Ist diese Ernennung unter dem Heiligen Gesetz statthaft oder nicht? Wird Allah den Herrscher belohnen, wenn er ihn entläßt und dafür einen sachkundigen Muslim einstellt? Wird jedem, der zu dieser Entlassung beiträgt, ebenfalls Allahs Lohn zuteil?

ANTWORT: Es ist weder statthaft, den Juden auf einen solchen Posten zu berufen noch ihn dort zu belassen, und ebensowenig, sich in einschlägigen Fragen auf sein Wort zu verlassen. Der Herrscher, möge Allah ihm Erfolg schenken, wird belohnt werden, wenn er ihn entläßt und dafür einen sachkundigen Muslim einstellt, und jedem, der zu seiner Entlassung beiträgt, wird ebenfalls Lohn zuteil werden. Allah sprach: „O Gläubige! Schließt keine Freundschaft mit solchen, die nicht zu euerer Religion gehören. Sie lassen nicht ab, euch zu verführen, und wünschen nur euer Verderben. Ihren Haß haben sie bereits mit dem Mund ausgesprochen, aber noch weit Schlimmeres ist in ihrer Brust verschlossen. Wir haben euch davon schon Beweise gegeben, wenn ihr sie nur verstanden habt." (Koran, III, 119.) Das bedeutet, daß ihr keine Außenstehenden, das heißt Ungläubige, aufnehmen und ihnen gestatten solltet, in eure ureigensten Bereiche vorzudringen. „Sie lassen nicht ab, euch zu verführen." Das bedeutet, daß sie vor nichts, was in ihrer Macht steht, zurückschrecken, um euch Leid, Schaden oder Unrecht zuzufügen. „Ihren Haß haben sie bereits mit dem Mund ausgesprochen", denn sie sagen: „Wir sind eure Feinde."[29]

Trotz solcher Vorschriften und Wortgefechte war und blieb die Praxis, Nichtmuslime zu beschäftigen, fast überall üblich – mehr aus pragmatischen als aus theoretischen Gründen. Sie waren nützlich, und das genügte; muslimische Herrscher und ihre Sprecher hielten es normalerweise nicht für notwendig oder tunlich, diese Praxis zu rechtfertigen. Es gibt indes eine schriftlich überlieferte interessante Geschichte, die der Ära des Kalifen Omar I. zugerechnet wird. Der Kalif, der sich in der Moschee befand, bat Abū Mūsā, den Gouverneur von Kufa, er möge seinen Sekretär zu ihm schicken, um ihm einige aus Syrien eingetroffene Briefe vorzulesen. Abū Mūsā entgegnete, der Sekretär dürfe die Moschee nicht betreten. Omar fragte: „Warum – befindet er sich im Zustand ritueller Unreinheit?" Worauf Abū Mūsā erwiderte: „Nein, aber er ist Christ." Der Kalif war entsetzt, schlug sich empört auf den Schenkel und sagte zu Abū Mūsā: „Was ficht dich an? Möge Allah dich züchtigen! Kennst du nicht die Worte des Allmächtigen: ‚O Gläubige, nehmt weder Juden noch Christen zu Freunden.' (V, 52). Weshalb konntest du keinen echten Muslim nehmen?" Darauf antwortete Abū Mūsā: „Seine Religion ist seine Sache, sein Amt die meine." Was Abū Mūsā damit meinte, ist klar – der Glaube eines Menschen geht nur ihn etwas an; seinen Arbeitgeber hat lediglich die berufliche Fähigkeit zu kümmern. Der Erzähler dieser Geschichte überläßt jedoch dem Kalifen das letzte Wort: „Ich werde ihnen keine Ehre erweisen, wenn Allah ihnen seine Gunst entzogen hat; ich werde sie nicht rühmen, wenn Allah sie erniedrigt hat; ich werde sie nicht herbeiholen, wenn Allah sie ins Abseits gestellt hat."[30] Diese Unterscheidung zwischen der Religionszugehörigkeit eines Menschen, die mißliebig, und seiner beruflichen Fähigkeit, die von Nutzen sein könnte, wurde selten ausgesprochen, aber häufig praktiziert.

An der dem Ungläubigen aufgebürdeten Sondersteuer manifestiert sich das beiderseitige Verhältnis, und für die *ḏimma* insgesamt spielt sie eine zentrale Rolle. Anders als die meisten sonstigen Restriktionen basiert diese auf einem eindeutigen Korantext und ist durch die ältesten Überlieferungen und historische Berichte nachweisbar verfügt. Ganz zu Anfang, als die Muslime nach damaligem Brauch berechtigt gewesen wären, die unterworfenen Völker als Kriegsbeute zu behandeln und sie in die Sklaverei zu verkaufen, stellte die statt dessen auferlegte Kopfsteuer einen Akt der Vernunft und Milde zugleich dar. Das verdeutlicht der in einer frühen Abhandlung über das Steuerwesen zitierte Brief, den Kalif Omar I. an einen seiner Gouverneure gerichtet haben soll:

> Weder Du noch die Muslime an Deiner Seite sollten die Ungläubigen als Kriegsbeute behandeln und sie (als Sklaven) verteilen ... wenn Du die Kopfsteuer von ihnen erhebst, gibt Dir das kein Anrecht auf sie und kein Recht über sie. Hast Du Dir überlegt, was für die Muslime nach uns bleiben wird, wenn wir die Ungläubigen gefangennehmen und als Sklaven zuteilen würden? Bei Allah, die Muslime würden keinen Menschen finden, zu dem sie sprechen und aus dessen Arbeit sie Nutzen ziehen könnten. Die Muslime unserer Tage werden sich zeit ihres Lebens (von der Arbeit) dieser Leute ernähren, und nach unserem und ihrem Tod wird für unsere Söhne das gleiche getan von ihren Söhnen und so fort, denn sie sind Sklaven des Volkes der Gläubigen, solange die Religion des Islam vorherrschen wird. Deshalb erlege ihnen eine Kopfsteuer auf und versklave sie nicht und lasse es nicht zu, daß die Muslime sie unterdrücken oder ihnen Schaden zufügen oder sich über das Erlaubte hinaus an ihrem Eigentum vergehen, sondern halte Dich getreulich an die Bedingungen, die Du ihnen gewährt und an alles, was Du ihnen gestattet hast.[31]

Die getrennte steuerliche Behandlung von Gläubigen und Ungläubigen blieb bis zum 19. Jahrhundert in der gesamten islamischen Welt kompromißlos bestehen. Bei der Anwendung der übrigen Restriktionen dagegen schien sich ein erheblicher Wandel vollzogen zu haben. Insgesamt gewinnt man den Eindruck, daß sie häufiger mißachtet als streng durchgeführt wurden. Teils läßt sich diese Laxheit wohl damit erklären, daß ein mittelalterlicher Staat nur begrenzte Macht über die Masse seiner Untertanen ausüben konnte, teils aber auch mit einer echten Abneigung der Herrscher, die eher lästigen, erniedrigenden Maßnahmen durchzusetzen.

Alles in allem wurde dieses zwar gelegentlich abgemilderte Restriktionsmuster Bestandteil islamischer Lebensform. Wie in vielen anderen Gesellschaften und Situationen sollte es symbolisch demonstrieren, wer im weitesten Sinn zur herrschenden Gruppe gehörte und wer nicht, und die säuberliche Trennung aufrechterhalten.

In welchem Ausmaß diese Beschränkungen gelockert oder verschärft wurden, hing von vielen Faktoren ab, im wesentlichen von der Stärke oder Schwäche des muslimischen Staates. Toleranz übt sich leichter, wenn man sich stark fühlt, nicht aber schwach und bedroht. Das Verhältnis von Muslimen und *ḏimmīs* wurde von den jeweiligen Beziehungen zwischen Islam und Außenwelt beeinflußt. So dürfte es kaum überraschen, daß seit den Kreuzzügen, mit denen die christliche Welt die Oberhand gewann, sich die Lage der nichtmuslimischen Untertanen in den muslimischen Staaten verschlechterte. Sie hatten unter einer rigoroseren Handhabung der Restriktionen und sogar unter einer gewissen sozialen Isolierung zu leiden – ein zuvor nicht eben häufiger Zustand.[32] Im allgemeinen war ihre Situation erträglich, wenn auch unsicher. Erniedrigung gehörte zum festen Bestandteil. Muslimische Autoren verwenden gern die Worte *ḏull* und *ḏilla* aus dem Koran, die Bescheidenheit, Demütigung, Niedrigkeit bedeuten, um die für nichtmuslimische und insbesondere für jüdische Untertanen als angemessen empfundene Haltung zu kennzeichnen. Dies läßt sich sowohl durch mittelalterliche Quellen als auch durch Berichte von westlichen Reisenden, die islamische Länder besuchten, belegen.[33]

Bedenkt man die lange Geschichte muslimischer Herrschaft über Nichtmuslime, so erhebt sich die Schlüsselfrage nach Perzeption und Verhaltensweisen. Wie sahen Muslime ihre *ḏimmīs*? Was betrachteten sie als normales Verhältnis zwischen sich und diesen Untertanen? Welche Abweichungen von diesen Normen verlangten ihrer Ansicht nach tatkräftiges Handeln – und wie war dies dann geartet?

Ein wichtiger Punkt sollte vorweg betont werden. Es gibt kaum Anzeichen für irgendeine tiefverwurzelte, gegen Juden oder eine beliebige andere Gruppe gerichtete emotionale Feindseligkeit, die dem Antisemitismus der christlichen Welt vergleichbar wäre. Eindeutig negative Verhaltensweisen waren allerdings vorhanden. Dabei handelte es sich zum Teil um die „normalen" Gefühle einer herrschenden Gruppe den untergeordneten gegenüber, für die sich freilich bei näherer Untersuchung in jeder Gesellschaft Parallelen finden; zum Teil aber waren sie auch spezifischer Natur und drückten die Verachtung des Muslim gegenüber jenen aus, die Gelegenheit erhalten hatten, die Wahrheit zu akzeptieren, und dennoch eigensinnig in ihrem Unglauben verharrten; und schließlich gab es bestimmte Vorurteile, die sich jeweils gegen die eine oder andere Gruppe richteten und die übrigen ausklammerten.

Insgesamt ist die muslimische Einstellung zu Nichtmuslimen – wiederum im Gegensatz zum christlichen Antisemitismus – nicht von Haß, Furcht oder Neid diktiert, sondern lediglich von Verachtung geprägt. Das äußert sich auf vielfältige Weise. Es herrscht kein Mangel an Streitschriften, in denen die Christen und gelegentlich auch die Juden angegriffen wurden.[34] Die den unterlegenen Religionen und ihren Anhängern zugeschriebenen negativen Attribute werden gewöhnlich in religiöse oder soziale Begriffe gefaßt, sehr selten in ethnische oder rassische, obwohl auch das mitunter vorkommt. Die sprachliche Diffamierung erfolgt häufig durch Kraftausdrücke. So bezeichnet man Juden als Affen und Christen als Schweine.[35] Für Juden und Christen werden andere Grußworte gebraucht als für Muslime, im Gespräch ebenso wie im Schriftverkehr. Christen und Juden war es verboten, ihren Kindern typisch muslimische Namen zu geben, und in osmanischen Zeiten wurden selbst die allen drei Religionen gemeinsamen Namen, wie Josef oder David, jeweils unterschiedlich geschrieben.[36] Nichtmuslime lernten es, mit einer Anzahl derartiger Unterscheidungsmerkmale zu leben, die ebenso wie die Kleidervorschriften zur Symbolik der Inferiorität gehörten.

Für die schiitischen Muslime spielt die Frage der rituellen Reinheit eine weitere wichtige Rolle. Reinheit *(ṭahāra)* und Unreinheit *(naǧāsa)* sind für praktizierende Muslime von großer Bedeutung. Beschmutzung zeitigt, islamischen Rechtsgelehrten zufolge, einen Zustand ritueller Unreinheit und kann von Geschlechtsverkehr, Menstruation und Entbindung herrühren; von Urinieren und Stuhlgang; vom Kontakt mit unreinen Dingen wie Wein oder Lebewesen wie Schweinen, Aas und gewissen Körperausscheidungen. Die strenge Schia ordnet auch Nichtmuslime dieser Kategorie zu und dekretiert, daß der Kontakt mit ihnen oder mit von ihnen gebrauchten Kleidungsstücken, Lebensmitteln oder Gegenständen rituelle Unreinheit verursacht, was vor religiösen oder rituellen Verrichtungen eine Reinigung erforderlich macht.[37] Manche Instanzen in Persien waren in bezug auf rituelle Reinheit sogar noch strenger. So verbietet der erste Passus eines Vorschriftenkatalogs von Ende des 19. Jahrhunderts den persischen Juden, bei Regen oder Schnee ins Freie zu gehen, vermutlich aus Angst, durch die Niederschläge könne sich die Unreinheit der Juden auf die Muslime übertragen.[38] Eine derart panische Furcht vor den Gefahren durch Verunreinigung herrscht nur im persischen Schiismus und mag von zoroastrischen Praktiken beeinflußt sein. In der Hauptströmung des sunnitischen Islam ist sie unbekannt.

Zu Anfang des 20. Jahrhunderts gerieten solche Anschauungen mitsamt ihren Folgeerscheinungen allmählich in Vergessenheit. In jüngster Zeit jedoch hat man sich ihrer wieder erinnert. Der Ajatollah Khomeini stellt in einem weitverbreiteten Leitfaden für Muslime zu rituellen und ähnlichen Fragen fest: „Es gibt elf Dinge, die unrein machen: 1. Urin; 2. Fäkalien; 3. Sperma; 4. Aas; 5. Blut; 6. Hund; 7. Schwein; 8. Ungläubiger; 9. Wein; 10. Bier; 11. der Schweiß eines Kamels, das unreine Dinge frißt." In einer Erläuterung zu Punkt 8 fügt er hinzu: „Der ganze Körper des Ungläubigen ist unrein, auch sein Haar, seine Nägel und seine Körperflüssigkeiten sind unrein." Es gibt jedoch einen Trost: „Wenn ein Nichtmuslim, Mann oder Frau, sich zum Islam bekehrt, werden Korper, Speichel, Nasensekret und Schweiß rituell rein. Wenn sich jedoch ihre Kleidungsstücke vor der Bekehrung in Kontakt mit den verschwitzten Körpern befanden, bleiben diese unrein."[39]

Die unterschiedliche Kleidung und Kopfbedeckung der diversen Untergruppen diente in gewissem Umfang zumindest ebenso innerhalb der islamischen Gesellschaft wie nach außen als Erkennungsmerkmal und dürfte bei vielen Gelegenheiten auch signalisiert haben, daß keine feindlichen Absichten bestanden. Von altersher – in manchen Gegenden – bis zum heutigen Tag haben verschiedene Gruppen, regionale und ethnische sowie Sekten- oder Stammesmitglieder, Schnitt, Farbe und Stil ihrer Kleidung und Kopfbedeckung beibehalten und auch entsprechend gewürdigt, da sie dies deutlich von anderen abhob und somit wohl ihren Selbstwert erhöhte. Stolz auf die eigene Identität ist in sozialen Gruppen normal, selbst in jenen, die diskriminiert oder verfolgt werden. Unterschiedliche Kleidung erfüllt auch den praktischen Zweck, das gegenseitige Erkennen zu erleichtern und dann Solidarität und Unterstützung einzufordern. Bereits im 7. vorchristlichen Jahrhundert verkündet der Prophet Zephanja (I, 8), daß „an dem Tage des Schlachtopfers des Herrn" Gott alle wegraffen will, „alle, die sich kleiden in fremdländische Kleider". Ähnlich empfiehlt der Talmud den Juden, sich nicht wie die Perser zu kleiden, das heißt, wie die Herren des Reiches, in dem sie lebten.[40]

Seit den Anfängen des Islam lautet die Anweisung der muslimischen Autoritäten an die Gläubigen übereinstimmend: „*Ḫālifūhum*" – unterscheidet euch von ihnen, nämlich von den Ungläubigen, in Kleidung wie in Sitten und Gebräuchen.[41] Und das gleiche galt folglich auch umgekehrt. Dieser Grundsatz wurde keineswegs immer strikt eingehalten, aber seine Mißachtung gab den Ulemas häufig Anlaß zur Klage. Selbst der gewöhnlich ruhige, tolerante Ebussuud Efendi, Obermufti des Osmanischen Reiches zur Zeit von Sultan Süleyman dem Prächtigen, machte seinem Ärger über den Verstoß gegen diese Vorschrift Luft in einem Responsum, das Grundsatzentscheidungen zitiert:

> FRAGE: Wird der Ḥākim, der den *ḏimmīs,* die unter den Muslimen wohnen, verbietet, hohe, aufgeputzte Häuser zu bauen, in der Stadt auf dem Pferd zu reiten, in kostbaren und wertvollen Kleidern einherzugehen ... Kaftane anzuziehen, feinen Batist, Pelze und Turbane zu tragen, kurzum Handlungen (verbietet), die eine Herabsetzung der Muslime und eine Heraufsetzung ihrer selbst anzeigen, von Gott belohnt?
>
> ANTWORT: Ja. Die *ḏimmīs* sind anzuhalten, sich von den Muslimen durch ihre Trachten, Reittiere, Sättel und Kopfbedeckungen zu unterscheiden.[42]

Die strikten Bekleidungsvorschriften, die man den *ḏimmīs* auferlegte, waren vielfältigen Ursprungs und mehrfach motiviert. Zum einen wurden dabei zweifellos bestimmte Stilarten konserviert, die den Gruppen früher als äußere Form der Selbstdarstellung gegolten oder sich später dazu entwickelt hatten. Zum anderen bestanden in der Frühzeit auf islamischer Seite zwingende Sicherheitsgründe: als winzige herrschende Minorität mußten die Muslime sich gegenseitig erkennen und notfalls schützen können. Im Mittelalter entfiel dieser Aspekt, doch mit dem osmanischen Vormarsch ins christliche Kleinasien und dann ins christliche Südosteuropa wurde er wieder akut. Schließlich gab es eine dritte Erwägung, die in den späteren Jahrhunderten wichtiger und vielleicht ausschlaggebend wurde: das Verlangen zu demütigen, den *ḏimmī* an seine Inferiorität zu erinnern und ihn zu bestrafen, falls er jemals seinen Status und den ihm zugewiesenen Platz zu vergessen suchte.

Das Stigma der Inferiorität kommt auf vielfältige Weise zum Ausdruck. Die Forderung, Juden und Christen sollten mitsamt ihren Familien und Sklaven Umhänge und Kopfbedeckungen in besonderen Farben tragen, hat an sich noch keinen unbedingt feindseligen Charakter. Die Vorschrift, ihre Oberbekleidung durch einen andersfarbigen Fleck zu kennzeichnen, zielt jedoch eindeutig darauf ab, sie nicht nur zu unterscheiden, sondern auch zu degradieren. Dasselbe gilt für die marokkanischen Bestimmungen, die von den Juden verlangten, sich außerhalb des Ghettos entweder barfuß oder in Strohpantoffeln zu bewegen.

Gewichtiger sind die Vorschriften, die zeigen oder vielmehr unterstreichen sollen, daß die *ḏimmīs* nicht zu den waffentragenden Klassen gehören.[43] Als Reittier darf der *ḏimmī* nur einen Esel benutzen und kein Pferd, und das ausschließlich im Damensattel, nicht aber rittlings. Am schwersten wiegt, daß er keinerlei Waffen tragen darf und somit stets jedem Angreifer auf Gedeih und Verderb ausgeliefert ist. Wenn auch bewaffnete Überfälle auf *ḏimmīs* verhältnismäßig selten vorkommen, so hinterläßt doch ein solches Verbot in einer Gesellschaft, in der Waffen durchaus üblich sind, bei den Betroffenen ein ständiges Gefühl von Unsicherheit und Zurücksetzung. Neben den *ḏimmīs* waren auch andere gesellschaftliche Gruppen, vor allem auf der arabischen Halbinsel, von dieser Einschränkung betroffen. Doch der *ḏimmī* war und blieb am verwundbarsten – er konnte und durfte sich faktisch nicht verteidigen, nicht einmal gegen Steinwürfe, mit denen sich gerade Kinder gern vergnügen, bis in die jüngste Zeit. Gegen tätliche Angriffe und sonstige Belästigungen konnten den *ḏimmī* nur die staatlichen Organe schützen, was auch in der Regel funktionierte, in unruhigen Zeiten allerdings fragwürdig wurde. Das daraus resultierende Gefühl von Bedrohung, von Unsicherheit drückt sich in vielen Schriften der *ḏimmīs* aus.

Ein ähnlicher Hinweis auf Inferiorität findet sich in den Bekleidungsvorschriften für weibliche *ḏimmīs*, hier freilich eher symbolisch als substantiell. Die Bestimmungen, die ihnen das Tragen von luxuriösen Kleidern und kostbaren Juwelen verboten, wurden nur sporadisch durchgedrückt und entsprachen jedenfalls den muslimischen Frauen auferlegten Einschränkungen. Doch es gab einen Unterschied, der eindeutig die Inferiorität betonte. Für freie muslimische Frauen galt, daß sie das Gesicht mit einer Art Schleier verdecken mußten, wenn sie das Haus verließen. Weibliche *ḏimmīs* oder Sklavinnen durften dagegen unverschleiert gehen, was manchmal sogar ausdrücklich gefordert wurde. Einige Verordnungen enthalten das klare Verbot für weibliche *ḏimmīs*, Schleier zu tragen.[44] Die Gedankenverbindung, die dem zugrunde liegt, ist offensichtlich: Das unverschleierte Gesicht wird mit Sklaven, das verschleierte mit Tugend und Anstand assoziiert. In diesen Vorschriften äußert sich das gleiche schematische Verhaltensmuster, das in jüngster Vergangenheit vom Westen praktiziert wurde, wenn es um die Zurschaustellung der weiblichen Brust ging. In einer Zeit, die in Film und Fernsehen strengere Maßstäbe anlegte als heute, waren barbusige Frauen nur akzeptabel, wenn es sich um primitive Eingeborene in irgendeinem exotischen Winkel handelte. Waren sie jedoch weiß und sozusagen zivilisiert, durfte man sie nicht so zeigen.

All diese Vorschriften, sunnitische wie schiitische, haben eines gemeinsam – sie sind bestrebt, die soziale Inferiorität der *ḏimmīs* aufrechtzuerhalten, sie zu versinnbildlichen und dadurch gleichzeitig die Überlegenheit der Muslime hervorzuheben. Die Symbole der Inferiorität waren manchmal wichtiger als die Realität und sicherlich – für die Wohlhabenden zumindest – lästiger. Im allgemeinen verfolgte man mit den Bekleidungsvorschriften für *ḏimmīs* einen gesellschaftlichen und gewissermaßen politischen Zweck, doch mögen gelegentlich auch noch andere Überlegungen eingeflossen sein. Ein osmanischer Ferman aus dem Jahre 1568, mit dem einem vom Kadi in Konstantinopel geäußerten Wunsch nach strengerer Durchführung der Vorschriften entsprochen wurde, geht auch auf dessen Begründung ein, daß die *ḏimmīs* mit ihrem ausgedehnten Erwerb von muslimischer Kopfbedeckung, Fußbekleidung und Kleidung einen rasanten Preisanstieg verursacht und damit der muslimischen Bevölkerung Schaden zugefügt hätten.

Befehl an den Kadi von Konstantinopel

Sintemal Ihr ein Schreiben an meine Schwelle der Glückseligkeit sandtet, mit welchem Ihr mir Kunde gabt, daß es bei jüdischen und christlichen Männern und Frauen unter den in der Allah befohlenen Stadt Konstantinopel wohnhaften Ungläubigen[45] Brauch sei, Kleider aus edlem, gesäumtem Tuch zu tragen, schöne Turbane zu kaufen und diese nach Art der Reiteroffiziere *(sipahi)* und ihresgleichen zu binden, daß sie Kaftane aus Atlas und Baumwolle und anderen feinen Geweben tragen und es in Schuhwerk und Pantoffeln den Muslimen gleichtun mit dem Ergebnis, daß die Preise für Turbane, Stoffe und Fußbekleidung ins Unermeßliche angestiegen sind, und in welchem Ihr fordertet, man solle dem Einhalt gebieten, daß die Ungläubigen sich wie Muslime kleiden –

Und sintemal, in Erwiderung darauf, mein allerhöchster Erlaß, die Kleidung der Ungläubigen betreffend, bereits zuvor ausgefertigt und übersandt worden war –

Befehle ich daher jetzt, daß Ihr nach Eintreffen dieses Schreibens unverzüglich gemäß zuvor entsandten allerhöchsten Erlaß verfahrt und dafür sorgt, daß künftig weder Jude noch Christ oder sonst ein Ungläubiger sich, wie oben dargelegt, anmaßt, edle Stoffe zu tragen, und dies gegen meine zuvor verfügte erlauchte Order.

(Gegeben an den Marktaufseher) 21 Safar 976/15. August 1568[46]

Eine höchst wichtige Rolle spielte dabei die Überlegung, daß die *ḏimmīs* nicht nur dem Islam, sondern jedem einzelnen Muslim Achtung zu bezeugen hätten. Die entsprechenden Maßnahmen fanden sich dann meist in den Vorschriftensammlungen, die von Zeit zu Zeit durch religiöse Gremien ausgearbeitet oder von den Herrschern verkündet wurden, um die aus der *ḏimma* erwachsenden Einschränkungen zusammenzufassen und zu spezifizieren, was manchmal verblüffend detailliert geschah. So heißt es in einer Abhandlung über die Marktordnung, die im 12. Jahrhundert in Sevilla geschrieben wurde:

> Ein Muslim darf keinen Juden oder Christen massieren noch seine Abfälle beseitigen noch seine Latrinen säubern. Der Jude und der Christ sind für derlei Tätigkeiten besser geeignet, denn diese sind den Niedrigen bestimmt. Ein Muslim sollte nicht das Tier eines Juden oder eines Christen pflegen noch ihm als Maultiertreiber dienen noch ihm den Steigbügel halten. Wenn dergleichen von einem Muslim bekannt wird, sollte er angezeigt werden.[47]

Um 1892 wollten die Mullahs den Juden im persischen Hamadan sogar noch spezifiziertere Bedingungen auferlegen:

> Ein Jude darf auf offener Straße niemals einen Muslim überholen. Es ist ihm verboten, laut zu einem Muslim zu sprechen. Ein jüdischer Gläubiger eines Muslim hat bei Einforderung der Schuld ehrfürchtig zu erschauern. Wenn ein Muslim einen Juden beleidigt, muß letzterer den Kopf senken und stumm verharren.[48]

War persönlicher Respekt für Muslime eine gesellschaftliche Verpflichtung, deren Unterlassung Unannehmlichkeiten und möglicherweise schwere Repressalien nach sich zog, so konnte mangelnde Achtung vor dem islamischen Glauben selber, vor seiner Schrift oder seinem Begründer ein Kapitalverbrechen sein. Rechtswissenschaftliche Werke beschäftigen sich eingehend mit „dem *ḏimmī*, der den Islam beleidigt" –, mit der Definition des Delikts, in der Fachsprache *sabb* genannt, mit den für eine Anklageerhebung erforderlichen Beweisen und der verhängten Strafe.[49] Im allgemeinen urteilen die Schiiten und unter den Sunniten die hanbalitischen und malekitischen Rechtsschulen strenger und plädieren für die Todesstrafe; die Ḥanefiten und in gewissem Grade auch die Schafiiten verfahren milder und lassen es in manchen Fällen bei Auspeitschen und Gefängnis bewenden. Der türkische Rechtsgelehrte Ebussuud Efendi sieht die Todesstrafe nur für Gewohnheitstäter und Staatsverbrechen vor und setzt sich nachdrücklich dafür ein, solche Urteile sorgfältig zu erwägen. In der deutlichen Absicht, leichtfertige und böswillige Strafverfolgung zu unterbinden, dekretiert er, daß niemand nur „auf das Wort von ein oder zwei Personen" als Gewohnheitstäter behandelt werden darf. Der gewohnheitsmäßige Charakter der Straftat muß den Behörden durch „unparteiische Muslime" glaubhaft gemacht werden; er spricht von *bîgaraz* – wörtlich ohne Groll oder Böswilligkeit: „Wenn offenkundig ist, daß er es gewohnheitsmäßig tut, wird er hingerichtet." Sonst solle man sich damit begnügen, „schwere Züchtigung und lange Gefängnisstrafe" zu verhängen. Zwar schreibt Ebussuud für einen Täter, der den Propheten lästert oder herabsetzt, die Todesstrafe vor, bemerkt aber auch hierzu, daß dies nur auf die Fälle zutrifft, die sich in aller Öffentlichkeit zugetragen haben, und daß der Ungläubige nicht als schuldig anzusehen ist, wenn er lediglich das ausspricht, „was seinen Unglauben ausmacht", nämlich Mohammeds prophetische Mission leugnet. Unter diesen Vorbehalten ist ein *ḏimmī*, der den Propheten öffentlich beleidigt, hinzurichten, da „wir ihm dafür die *ḏimma* nicht gewährt haben".[50]

Tatsächlich gab es einige, die den Märtyrertod suchten und durch Beleidigung des Propheten ans Ziel ihrer Wünsche gelangten. Häufig handelte es sich um geisteskranke oder betrunkene Delinquenten; manchmal dürften Anklage und Strafe auf politische Erfordernisse, öffentlichen Druck oder auch private Rache zurückzuführen sein. Im allgemeinen waren Strafverfolgung und Verurteilung für ein solches Vergehen nicht an der Tagesordnung, aber sie kamen bis weit ins 19. Jahrhundert hinein gelegentlich vor, und die Angst vor Denunziation muß wesentlich dazu beigetragen haben, die *ḏimmīs* im Zaum zu halten. Edward Lane, der sich von 1833 bis 1835 in Ägypten aufhielt, stellte fest, daß die Stellung der ägyptischen Juden unter der Herrschaft von Muḥammad ʿAlī sich verbessert habe, und bemerkte dann: „Gegenwärtig werden sie weniger unterdrückt; aber immer noch trauen sie sich kaum je, ein Schimpfwort zu äußern, wenn sie vom niedrigsten Araber oder Türken geschmäht oder zu Unrecht geschlagen werden; denn so mancher Jude ist hingerichtet worden auf Grund der falschen, böswilligen Beschuldigung, er habe verächtlich über den Koran oder den Propheten gesprochen."[51]

Ein berühmter Fall ereignete sich 1857 in Tunesien, wo ein Jude von überaus bescheidener Herkunft namens Batu Sfez angeklagt wurde, in betrunkenem Zustand den Islam beleidigt zu haben. Wäre er nach dem hanefitischen Gesetz, damals die staatliche Rechtsschule in Tunesien, abgeurteilt worden, hätte man ihn mit einer geringen Geldstrafe laufen lassen. Statt dessen griff der Herrscher zu der außergewöhnlichen Maßnahme, den Fall an das weitaus rigorosere malekitische Gericht zu verweisen, was das sichere Todesurteil bedeutete. Zeitgenössischen Beobachtern zufolge geschah dies, weil der Herrscher kurz zuvor befohlen hatte, einen muslimischen Soldaten wegen Raubmords an einem Juden hinzurichten. Es wurde also als notwendig erachtet, durch die Hinrichtung des jüdischen Täters Unparteilichkeit zu demonstrieren.[52] Zwar hat die Strafverfolgung dieses Vergehens fast überall aufgehört, doch wenn ein Nichtmuslim Kritik am Islam übt oder auch nur darüber diskutiert, ist das immer noch eine sehr heikle Sache.

Die persischen Schiiten waren weit weniger tolerant als ihre sunnitischen Zeitgenossen im Osmanischen Reich. Vertreibung, Zwangsbekehrung, Massaker – alle drei in sunnitischen Ländern eine Seltenheit – gehörten bis ins 19. Jahrhundert zum persischen Alltag. Westliche Reisende äußern sich häufig kritisch über den erniedrigenden, jammervollen Status der nichtmuslimischen Untertanen der Schahs. Generell läßt es sich als typisch für die islamischen Regime bezeichnen, daß die im Zentrum gelegenen toleranter waren als die an der Peripherie und daß sie zunehmend repressiver wurden, je weiter sie von den Kernlanden der islamischen Kultur entfernt waren, wobei Spanien und Arabien die rühmlichen Ausnahmen bildeten. Nichtmuslime lebten gewöhnlich in Ägypten oder in der Türkei, in Syrien oder im Irak besser als in Nordafrika oder in Zentralasien.

Vielleicht den deutlichsten Hinweis darauf, daß die *ḏimmīs* im öffentlichen Bewußtsein sozial niedriger rangierten, liefert die Tatsache, daß sie als Paradigma für Diskriminierung und Inferiorität dienten. Ein schiitischer Autor beschuldigte Kalif Omar, er habe bei Ehen zwischen arabischen und nichtarabischen Muslimen rassische Diskriminierung eingeführt; indem er die Rechte der letzteren einschränkte, behandle er sie „wie Juden oder Christen".[53] Ein syrischer Historiker stellte fest, daß die Nordafrikaner, die im 10. Jahrhundert Ägypten eroberten, Soldaten orientalischer (nicht nordafrikanischer) Herkunft benachteiligten, und bemerkte dazu, daß „unsere Brüder, die Orientalen unter ihnen, den *ḏimmīs* unter den Muslimen gleich geworden sind".[54] Ein Damaszener Tagebuchschreiber des 18. Jahrhunderts berichtete von der Verhaftung und groben Behandlung eines muslimischen Šarīf, eines Nachfahren des Propheten, durch die Janitscharen und kommentierte, man sei mit ihm umgesprungen, „als wäre er einer von den Juden ..."[55] Die gleiche Einstellung findet sich in einer gebräuchlichen Eidesformel: „(Wenn das, was ich sage, nicht wahr ist), will ich ein Jude werden ..."

Neben der negativen gibt es auch eine positive Seite. Die Beziehungen zwischen diesen Gemeinden und dem muslimischen Staat wurden durch Gesetz, durch die *ḏimma,* geregelt und als Vertragsverhältnis betrachtet. Beide, Koran wie Ḥadīṯ, bestehen nachdrücklich auf der Unverletzlichkeit von Verträgen, die es unbedingt erfordere, Leben und Eigentum jener Personen oder Gruppen, *muʿāhad* genannt, mit denen ein Vertrag *(ʿahd)* geschlossen worden sei, zu respektieren. Einige Rechtsgelehrte der Frühzeit zumindest werteten die *ḏimma* als eine Vertragsform, für die diese Bestimmungen galten. Ein dem berühmten arabischen Rechtsgelehrten al-Awzāʿī aus Syrien zugeschriebener Brief (datiert 774) ist aufschlußreich. Der arabische Gouverneur im Libanon hatte einen Aufstand unter den Christen niedergeschlagen, und al-Awzāʿī beschuldigte ihn, mit blinder Härte zu handeln. Der Gouverneur habe *ḏimmīs* aus dem Libanon Gebirge vertrieben, die sich nicht an der Rebellion beteiligt hätten: „Du tötetest einige und schicktest andere in ihre Dörfer zurück. Wie kannst du die vielen für die Sünden der wenigen strafen und sie ihrer Häuser und ihrer Habe berauben, wenn Allah verkündet hat, daß ‚niemand die Last eines anderen zu tragen braucht' (Koran, VI, 165). Der beste Rat, den man beachten und befolgen sollte, ist der des Propheten ..., der sprach: ‚Wenn jemand einen *muʿāhad* unterdrückt und ihm Lasten aufbürdet, die seine Kräfte übersteigen, dann werde ich selbst sein Ankläger sein (beim Jüngsten Gericht).'"[56]

In diesem Kontext schließt der Begriff *muʿāhad* eindeutig die *ḏimmīs* ein. In späteren Schriften wird dem vertraglichen und bilateralen Charakter der *ḏimma* weniger Bedeutung beigemessen, sondern man sieht darin eher ein Zugeständnis des muslimischen Staates an eine Gruppe seiner Untertanen. Als solches ist es jedoch immer noch Teil des Heiligen Gesetzes und muß von jedem guten Muslim geachtet und verteidigt werden. Das Heilige Gesetz verlieh den Anhängern dieser Religionen einen gewissen Status, auf den sie also, in Übereinstimmung mit Allahs Gebot, auch ein Anrecht hatten.

Das Gesetz verbot ihnen, die für diesen Status markierte Grenze zu überschreiten, aber ebenso den Muslimen, sie zu unterschreiten. Ein Grundsatz, der hin und wieder ausdrücklich bekräftigt wurde. Es wird erzählt, daß zu Anfang des 11. Jahrhunderts der Fatimiden-Kalif al-Ẓāhir

> einen Erlaß herausgab ..., der öffentlich verlesen wurde, seine guten Absichten gegenüber jedermann kundtat und neuerlich zusicherte, daß alle Amtsträger in der Verwaltung und im Rechtswesen sich an das, was Rechtens ist, zu halten haben, daß sie der Gerechtigkeit dienen müssen bei allem, was ihnen unterbreitet wird und sie betrifft, die Friedvollen und Aufrechten verteidigen, Übeltäter und Unruhestifter belangen. Er sagte ferner, ihm sei zu Ohren gekommen, die Angehörigen der geschützten Religionen, die Christen und Juden, fürchteten, man werde sie zwingen, zum islamischen Glauben überzutreten, was sie mit tiefem Abscheu erfülle, denn keiner solle zum Glauben gezwungen werden (Koran, II, 257). Er ermahnte sie, diese eingebildeten Ängste aus ihren Herzen zu verbannen, und versicherte, sie würden Schutz und Betreuung genießen und ihre Stellung als geschützte Gemeinschaften beibehalten. Wer immer den Wunsch hegt, aus eigener Wahl und innerster Überzeugung und durch Allahs Gnade den islamischen Glauben anzunehmen, und dabei nicht etwa persönlichen Aufstieg und materiellen Gewinn im Auge hat, der kann dies tun und wird willkommen geheißen und gesegnet werden; wer es vorzieht, an seinem Glauben festzuhalten, nicht aber der Rückfällige, dem wird Schutz und Schirm zuteil, und es ist die Pflicht aller Mitglieder der (muslimischen) Gemeinschaft, ihn zu behüten und zu beschützen.[57]

Im folgenden Jahrhundert, also zur Zeit der Kreuzzüge, befand ein Rechtsgelehrter über die Frage, ob ein muslimischer Herrscher seine *ḏimmī*-Untertanen des Landes verweisen dürfe. Die Antwort billigte ihm dies zu, jedoch nur, wenn gute Gründe dafür vorlägen, sei es zu ihrem eigenen Schutz oder im muslimischen Sicherheitsinteresse:

> Wenn der Imam die Anhänger der geschützten Religionen *(ahl al-ḏimma)* aus ihrer Wohnstätte zu entfernen wünscht, ist es gesetzwidrig, dies ohne Begründung zu tun, besteht aber eine Rechtfertigung, so ist es gesetzmäßig. In unseren Tagen wäre es sehr wohl damit zu rechtfertigen, daß der Imam befürchtet, die Sicherheit der Anhänger der geschützten Religionen könne durch den ungläubigen Feind *(ahl al-ḥarb)* gefährdet sein, da sie hilflos sind und wenig Kraft besitzen; oder er sieht die Sicherheit der Muslime durch sie bedroht, da sie dem Feind deren Schwachstellen verraten könnten.[58]

Ein osmanischer Ferman, von Sultan Mehmed III. erlassen und März 1602 datiert, legt die Verpflichtungen des muslimischen Staates gegenüber den *ḏimmīs* ganz klar fest. Er beginnt:

> Da gemäß dem, was der Allmächtige Gott, der Weltenherr, hinsichtlich der Gemeinschaften von Juden und Christen, die das Volk der *ḏimma* ausmachen, in Seinem Buch der Offenbarung gebot, ihr Schutz sowie die Erhaltung und Sicherung ihres Lebens als immerwährende, gemeinsame Aufgabe der Gesamtheit der Muslime obliegt und allen Führern und erlauchten Herrschern des Islam als notwendige Verpflichtung auferlegt ist,
>
> So ist es dringend erforderlich, meine allerhöchste, vom Glauben bestimmte Sorge darauf zu lenken, daß, in Übereinstimmung mit der erhabenen Scharia, sichergestellt wird, daß jede dieser Gemeinschaften, die Tribut an mich entrichtet, in den Tagen meines Imperiums und meines glückhaften Kalifats in Ruhe und Seelenfrieden leben und ihren Geschäften nachgehen möge, daß niemand sie daran hindere oder ihnen an Leib oder Gut Schaden zufüge und damit gegen Allahs Gebot und gegen das Heilige Gesetz des Propheten verstieße.[59]

Dem Heiligen Gesetz, das den Status des *ḏimmīs* festlegt und schützt, unbedingt Geltung zu verschaffen, war gemeinsames Anliegen der muslimischen Rechtsgelehrten und auch der Herrscher. Die osmanische Epoche, über die wir dank der erhaltenen Archive weit besser informiert sind, bietet eine Fülle von Beispielen dafür, daß die Angehörigen der Minderheiten erfolgreich an die Kräfte von Recht und Ordnung appelliert haben, sie vor den Ausschreitungen des Pöbels zu schützen. Gelegentlich mögen die Vertreter von Gesetz und Ordnung geteilter Meinung gewesen sein, und es gibt Fälle, wo die Minderheiten bei dem einen Zuflucht vor dem anderen gesucht haben. In einer osmanischen Provinzhauptstadt wurden Recht und Ordnung jeweils durch den Kadi, den Richter, und durch den *vali,* den Gouverneur, vertreten. Der eine wurde von den Ulema unterstützt, der andere von den Streitkräften. Verschiedentlich suchen Angehörige der Minderheiten Hilfe bei einem redlichen Richter gegen einen tyrannischen Herrscher, ein andermal bitten sie einen aufrechten Herrscher, sie vor dem Fanatismus der Ulema zu retten. In letzterem Fall waren freilich nur selten von der Regierung ernannte Beamte wie der

Kadi betroffen, und meistens konnten die *ḏimmīs* mit der Unterstützung sowohl der administrativen wie der religiösen Stellen rechnen. Schwierigkeiten ergaben sich – in späteren Jahrhunderten zunehmend häufiger –, wenn es diesen Stellen selbst an Macht fehlte, so daß sie außerstande waren, die Ordnung aufrechtzuerhalten und dem Gesetz Geltung zu verschaffen.

Manchmal ist anläßlich einer Verfolgung festzustellen, daß die Rädelsführer bestrebt waren, diese im Sinne des Heiligen Gesetzes zu rechtfertigen. Das übliche Argument lautete, die Juden oder die Christen hätten die ihnen gesteckten Grenzen überschritten und damit gegen den Vertrag verstoßen. Nach diesem einseitigen Vertragsbruch seien auch der muslimische Staat und die Bevölkerung nicht mehr an die Einhaltung des Vertrages gebunden.

Diese Tendenz zeigt sich auch in der heftig gegen die *ḏimmīs* polemisierenden Literatur. Besonders aufschlußreich ist jenes antijüdische Gedicht, das Abū Isḥāq 1066 in Granada schrieb. Es soll dazu beigetragen haben, die antijüdischen Ausschreitungen jenes Jahres zu provozieren, und enthält folgende bezeichnenden Verszeilen:

> Wenn ihr sie tötet, handelt ihr nicht wider euren Glauben,
> Das tut ihr nur, wenn ihr sie laßt gewähren.
> Sie waren es, die den Vertrag mit uns gebrochen,
> Wie also sollt ihr schuldig sein an dem, was sie verschuldet?
> Wie kann für sie noch gelten ein Vertrag,
> Wenn wir im Dunkeln stehn und sie im Licht?
> Jetzt sind wir unten, sie dagegen oben,
> Als wären wir im Unrecht, sie jedoch im Recht!
> Laßt die Verbrechen, die sie an uns tun, nicht zu,
> Denn ihr seid die Garanten für ihr Handeln
> Allah hält Wache über seinem Volk,
> Und Allahs Volk wird schließlich auch obsiegen![60]

Ungezügelter Haß ist das Leitmotiv dieses Gedichtes. Doch in auffallendem Gegensatz zum Antisemitismus des Christentums spricht Abū Isḥāq selbst in seinem blindwütigem Rundumschlag den Juden nicht das Recht ab, zu leben, ein Auskommen zu finden und ihre Religion zu praktizieren. Als Jurist ist er sich klar darüber, daß diese Rechte durch das Heilige Gesetz garantiert sind und in der *ḏimma* verankert, einem bindenden, rechtsgültigen Vertrag. Er versucht nicht, diesen Kontrakt zu leugnen oder auch nur zu schmälern. Er bemüht sich vielmehr, seinen Zuhörern und zweifellos auch sich selbst zu beteuern, daß sie, wenn sie die Juden berauben und töten, nicht ungesetzlich handelten – das will heißen, sie würden nicht gegen die Bestimmungen eines Vertrages verstoßen, der durch das Heilige Gesetz des Islam etabliert und sanktioniert wurde, und dadurch ihre Seelen im Jenseits gefährden. Es sind die Juden, so argumentiert er, die den Vertrag verletzt haben, der deshalb für die Muslime nicht mehr verbindlich ist. Die Muslime und ihre Herrscher sind ihrer Verpflichtungen aus der *ḏimma* enthoben, und es steht ihnen damit frei, die Juden anzugreifen, zu töten und zu enteignen – das wäre keine Gesetzwidrigkeit, also auch keine Sünde.

Schmähschriften wie die von Abū Isḥāq und Massaker wie das zu Granada im Jahre 1066 hat es in der islamischen Geschichte selten gegeben. Im allgemeinen war es den *ḏimmīs* erlaubt, ihre Religion auszuüben, ihrem Beruf nachzugehen und ihr eigenes Leben zu führen, solange sie gewillt waren, sich an die Regeln zu halten. Bezeichnenderweise ist es im 19. und 20. Jahrhundert, als die *ḏimmīs* nicht mehr bereit waren, die Regeln zu akzeptieren und zu respektieren, zu den gewalttätigsten, blutigsten Zusammenstößen gekommen.

Doch auch in früheren Zeiten, als die Regeln von beiden Seiten anerkannt und hingenommen wurden, traten gelegentlich Schwierigkeiten auf. Manchmal führten sie zu Gewaltausbrüchen, zu Aktionen, die von der einen Seite als Verfolgung und von der anderen als Strafe bezeichnet wurden. Solche Ausschreitungen waren selten. Viel häufiger verschärfte man die Vorschriften, die zuvor lax gehandhabten Einschränkungen wurden strikter durchgesetzt oder auch neue Restriktionen verhängt. Eine Einordnung und möglicherweise eine Typologie derartiger Repressionen oder zumindest der Argumente, mit denen die Muslime sie zu rechtfertigen oder zu erklären suchten, dürfte das umfassendere Problem erhellen, wie nämlich Toleranz verstanden und praktiziert wurde.

Der gängigste Fall ist der des frommen, rigorosen Herrschers, der die Versäumnisse seines unfrommen, laxen Vorgängers wettmacht und die Gemeinschaft auf den authentischen islamischen Weg zurückführt. Das Musterbeispiel eines solchen Herrschers ist der Omaijaden-Kalif Omar II., dessen Biographie, den Berichten späterer Historiker zufolge, jene Elemente beinhaltet, die zu den Standardthemen einer islamischen Restauration wurden. Der regelmäßige Turnus von Perioden strikter, militanter Orthodoxie in der islamischen Geschichte wird durch Bewegungen oder durch einzelne Herrscher in Gang gesetzt. In solchen Zeiten erhebt sich die nachdrückliche Forderung, den Islam zu entschlacken, alle Zusätze und Neuerungen, die im Lauf der Jahrhunderte den Glauben verfälscht und entstellt haben, unbedingt wieder abzuschaffen und zum wahren, unverfälschten Islam des Propheten und seiner Gefährten zurückzukehren. Angemessene Unterordnung des Ungläubigen und rigorose Durchsetzung der ihm auferlegten Einschränkungen gehören offensichtlich zu jeder frommen Restauration. Verfolgung des Ungläubigen wird dabei nicht gefordert, im Gegenteil – Biographen und Geschichtsschreiber pflegen die Fairneß und Gerechtigkeit hervorzuheben, mit der fromme Herrscher die *ḏimmīs* behandeln. Gerechtigkeit aber verlangt, daß sie in den ihnen vom Gesetz zugewiesenen Schranken gehalten werden und diese nicht überschreiten dürfen.

Omar II. soll steuerliche und sonstige Restriktionen strenger gehandhabt und Maßnahmen ergriffen haben, Nichtmuslime von einflußreichen Machtpositionen, die sie unter seinen Vorgängern einnehmen durften, wieder auszuschließen. Es ist nicht von der Hand zu weisen, daß Omar II. für die Einführung einiger Einschränkungen verantwortlich war, die gewöhnlich Omar I. zugeschrieben werden. Während man die Rechte der *ḏimmīs* beschnitt, wurden die der nichtarabischen Konvertiten erweitert; ihnen gestand man jetzt weitgehend die Gleichheit zu, die sie seit langem gefordert hatten und die ihnen von der arabischen Oberschicht bisher vorenthalten worden war.

Die historischen Begleitumstände der Reformen von Omar II. sind bezeichnend. Eine zur Eroberung von Konstantinopel entsandte riesige Expedition von See- und Landstreitkräften war katastrophal gescheitert, und das Reich der Omaijaden befand sich in einer Krise. Der Krieg brachte neue, schwere wirtschaftliche Belastungen mit sich; die Vernichtung des arabischen Heeres vor den Stadtmauern von Konstantinopel nahm der Regierung die Möglichkeit, ihren Willen mit Gewalt durchzusetzen. Für die von jeher durch fromme und andere muslimische Dissidenten bedrohte Dynastie der Omaijaden konnte durchaus die Gefahr bestehen, gestürzt zu werden. Als Kalif Sulaymān (715–717), der die Expedition gestartet hatte, starb, wählte die Familie mit bewährtem politischem Geschick den Prinzen zu seinem Nachfolger, dem man Frömmigkeit und die Fähigkeit nachsagte, die Muslime durch eine eng an ihren religiösen Überzeugungen orientierte Politik zur Unterstützung der Dynastie um sich zu scharen.

Ähnliche Überlegungen dürften den Abbasiden-Kalif al-Mutawakkil (847–861) geleitet haben. Die Geschichtsschreibung rechnet ihm zu, er habe die Vorherrschaft der abweichlerischen muʿtazilitischen Schule gebrochen, die von seinen Vorgängern begünstigt worden war, den Verfolgungen ein Ende gemacht und sei zur wahren islamischen Lehre und Praxis zurückgekehrt. Diese Veränderungen dürften dazu beigetragen haben, daß er das Volk zur Unterstützung gegen seine eigenen Palastgarden, die seine Herrschaft und auch seine Person gefährdeten, mobilisieren mußte. In einem 850 veröffentlichten Erlaß steht zu lesen:

> Dem Herrscher der Gläubigen ist zu Ohren gekommen, daß Männer ohne Urteilsvermögen und Einsicht bei ihrer Arbeit die Hilfe von *ḏimmīs* suchen; sie machen sie zu ihren Vertrauten, geben ihnen gegenüber Muslimen den Vorzug und räumen ihnen Autorität über die Untertanen ein. Und sie unterdrücken sie und erheben die Hände gegen sie in Tyrannei, Arglist und Haß. Der Herrscher der Gläubigen, der dem große Bedeutung beimißt, hat dies abgelehnt und verurteilt. In der Hoffnung auf Allahs Wohlgefallen, wenn er dies verhindert und

verbietet, hat er beschlossen, seinen Beamten in den Provinzen und Städten und den Gouverneuren in den Grenzstädten und Bezirken zu schreiben, sie sollten bei ihrer Tätigkeit keine *ḏimmīs* mehr beschäftigen oder sie teilhaben lassen an den Pflichten und Vollmachten, die ihnen vom Herrscher der Gläubigen übertragen und anvertraut worden sind ...

Sucht also bei keinem der Götzendiener Hilfe und stellt die Angehörigen der geschützten Religionen wieder auf den Platz, den Allah ihnen zugewiesen hat. Laßt die Botschaft des Herrschers der Gläubigen vor den Einwohnern eures Distrikts laut verlesen und unter ihnen verbreiten und hütet euch, daß dem Herrscher der Gläubigen nicht noch einmal kundgetan wird, ihr oder einer eurer Beamten oder Gehilfen beschäftige irgendeinen Angehörigen der geschützten Religionen mit den Aufgaben des Islam.[61]

Hauptzweck dieser und anderer ähnlicher Maßnahmen scheint es gewesen zu sein, Nichtmuslimen die Möglichkeit zu beschneiden, in den Staatsapparat einzugreifen und sich Befugnisse anzumaßen, die von Rechts wegen ausschließlich Muslimen zustehen. Gleichzeitig gab al-Mutawakkil Befehl,

sämtliche Christen und *ḏimmīs* müßten honigfarbene Kapuzen und Gürtel tragen, beim Reiten Sättel mit hölzernen Steigbügeln und zwei hinten befestigten Kugeln benutzen; Kappen mußten von anderer Farbe als die der Muslime und mit zwei Knöpfen versehen sein; an die Kleider ihrer Sklaven waren zwei honigfarbige Flicken zu heften, einer vorn auf der Brust, der andere auf dem Rücken, jeder mußte vier Fingerlängen messen; Turbane durften ebenfalls nur honigfarben sein. Wenn ihre Frauen das Haus verließen und sich in der Öffentlichkeit zeigten, mußten sie honigfarbene Kopftücher umbinden. Er gab Anweisung, daß ihre Sklaven nur lose Bindegürtel, keine festen Gurte tragen durften. Er befahl, sämtliche neu erbauten Kirchen zu zerstören und ihnen den zehnten Teil ihrer Häuser zu nehmen. Wenn der Platz ausreichte, sollte dort eine Moschee entstehen, eignete er sich nicht dafür, so war er zu einem offenen Raum umzugestalten. Auf seine Anweisung mußten sie Teufelsbilder an ihre Haustüren nageln, um sie damit von den Wohnstätten der Muslime zu unterscheiden. Sie durften weder in Regierungsämtern noch in offiziellen Bereichen, die ihnen Machtbefugnisse über die Muslime gaben, beschäftigt werden. Er verbot ihren Kindern, muslimische Schulen zu besuchen oder sich von einem Muslim unterrichten zu lassen. Den Christen war das Aufstellen von Kreuzen am Palmsonntag untersagt und den Juden rituelle Handlungen auf den Straßen.[62]

Es gibt keinen Beweis dafür, daß unter al-Mutawakkil irgendwelche gewaltsamen Verfolgungen stattfanden, und es ist auch unklar, wie weit, wie umfassend und wie lange diese Einschränkungen praktiziert wurden. Die Tatsache, daß von strenggläubiger Seite häufig über deren Mißachtung geklagt und verschiedentlich versucht wurde, sie zu restituieren, läßt vermuten, daß die Anwendung meistenteils lax und sporadisch vor sich ging.

Viele spätere Herrscher folgten dem Beispiel Omars II. Zu ihnen gehörte der osmanische Sultan Bayezid II. (1481–1512), dessen Regierung eine Art Reaktion auf die Politik seines Vaters und Vorgängers – Mehmed II., der Eroberer – darstellte. Mehmed hatte sozusagen ein Fenster zum Westen aufgestoßen. Er hatte Griechen wie Juden sein Wohlwollen bezeigt und sogar Künstler und Wissenschaftler aus dem christlichen Abendland begönnert.[63] Bayezid, ebenso bekannt für seine große Frömmigkeit wie dafür, daß er stark unter dem Einfluß der Ulema stand, änderte das von Grund auf. Die Gemälde, die sein Vater im Palast angesammelt hatte, wurden entfernt und verkauft, die christlichen und jüdischen Höflinge und Beamten kurzerhand fortgejagt. Nach einer jüdischen Quelle gab der Sultan Befehl, die Synagogen zu schließen, die nach der türkischen Eroberung in Konstantinopel erbaut worden waren, und dadurch gegen das Heilige Gesetz verstießen, das den *ḏimmīs* nur jene Kultstätten ließ, die sie vor der Eroberung besessen hatten, und ihnen verbot, neue zu errichten. Dies dürfte mit spezifischen Maßnahmen zusammenhängen, über die muslimische Quellen berichten und die auf demographische Veränderungen zurückzuführen sind. Bestimmte bisher überwiegend nichtmuslimische Bezirke wurden zunehmend von Muslimen besiedelt. In manchen dieser Gebiete empfand man die zuvor geduldeten Kirchen und Synagogen als beleidigend für die neue Mehrheit und unternahm Schritte, sie zu schließen oder zu verlagern. Wie üblich fand eine Aktion, die den Dünkel der *ḏimmīs* zurechtstutzte, auch diesmal bei frommen Chronisten Beifall. Verblüffend ist freilich, daß der gleiche Sultan Bayezid II. im Jahre 1492 und danach einer großen Anzahl von Juden aus Spanien und Portugal nicht nur gestattete, sondern sie sogar dazu ermunterte, sich im osmanischen Herrschaftsbereich niederzulassen und nach der Vertreibung aus ihren Heimatländern hier ein neues Leben aufzubauen.[64]

Nur scheinbar ein Paradoxon. Denn in Wirklichkeit erlegte die strikte Anwendung der Scharia den nichtmuslimischen Gemeinden bestimmte Einschränkungen auf und begrenzte ihre Beteiligung an den Regierungsgeschäften oder schloß sie ganz aus. Es wurde nicht verlangt – faktisch nicht einmal zugelassen, sie in dem Sinne zu verfolgen, daß man sie daran hinderte, ihren Glauben auszuüben, ihren Sitten und Gebräuchen entsprechend zu leben oder ihren Unterhalt zu verdienen. Tatsächlich fand unter der Regentschaft des strengen und rigorosen, aber gerechten und frommen Bayezid II. die größte jüdische Einwanderung in die osmanischen Lande statt.

Wir sollten nicht vergessen: die Härten von Sultan Bayezid fielen mit einer Periode schwerer äußerer und innerer Gefährdungen für seinen Thron zusammen. Sein Bruder Cem, erfolgloser Rivale als Thronanwärter, war nach Europa geflohen, wo der Papst und einige christliche Fürsten versuchten, ihn für einen gemeinsamen Angriff auf die osmanischen

Gebiete und den osmanischen Thron zu benutzen. Zu beiden muslimischen Nachbarn hatte Bayezid ein schlechtes Verhältnis. Es gab Streitigkeiten mit den mamelukischen Sultanen in Ägypten und Syrien, während in Persien die neue militante schiitische Dynastie ihm nicht nur mit einem Krieg an der Grenze drohte, sondern überdies seine eigenen muslimischen Untertanen zum Aufstand aufzuwiegeln suchte. Gegen die doppelte Bedrohung durch die christlichen Kreuzzüge von Westen und die schiitische Subversion von Osten benötigte Bayezid eines dringend: den Lohn der Frömmigkeit, vom Himmel ebenso wie auf Erden.

Unter Bayezids Nachfolgern verbesserte sich die Lage der betroffenen Gemeinschaften, aber während der Regierungszeit von Murad III. (1574 bis 1595) tauchte ein neues Gefahrenmoment auf. Der Raster ist wieder ganz ähnlich: ein Vorgänger, der den *ḏimmīs* gegenüber als allzu nachsichtig galt; religiöse und militärische Schwierigkeiten im In- und Ausland; Maßnahmen gegen einige *ḏimmīs,* die man für ungebührlich reich oder mächtig erachtete; Befehle, nicht genehmigte Kultstätten zu schließen; und die Wiedereinführung der alten Vorschriften für Kleidung und Kopfbedeckung. Laut Bericht eines venezianischen Geistlichen beschloß der Sultan in einem kritischen Augenblick, alle Juden und danach alle Christen in seinem Reich zu töten, wurde jedoch von seiner Mutter und dem Großwesir davon abgebracht. Für diese Geschichte gibt es weder in jüdischen noch in türkischen Quellen eine Bestätigung, und sie wirkt auch in sich unwahrscheinlich.[65] Hinreichend belegt dagegen ist das übliche Muster solcher Episoden religiöser Härte – die qualitativen Einschränkungen für Stoffe und Kleider, die Vorschrift, bestimmte Kopfbedeckungen zu tragen, die Schließung neuer, für ungesetzlich gehaltener Kultstätten und dergleichen mehr.

Wahrscheinlich noch schwerer haben die *ḏimmīs* unter einem ganz anderen religiösen Regime gelitten, das sich wesentlich von dem der frommen, rigorosen Befürworter einer Rückkehr zu den altbewährten Wegen unterschied. Von Zeit zu Zeit, insbesondere in stürmischen Perioden des Umbruchs, tauchten in den Ländern des Islam messianische und chiliastische Bewegungen auf, die manchmal alte Regime stürzten und neue Herrscher, sogar Dynastien an die Macht katapultierten – durch Revolution, auf die oft Eroberung folgte. Eine der erfolgreichsten Bewegungen waren die Almohaden, die von einem religiösen Führer namens Muḥammad ibn ʿAbdallāh ibn Tumart, einem Berber, im zweiten und dritten Jahrzehnt des 12. Jahrhunderts gegründet worden war. Im Jahre 1121 wurde er von seinen Anhängern als Mahdī anerkannt, als der von Allah erwählte Führer, der den Islam auf den rechten Weg zurückbringen und das Himmelreich auf Erden errichten soll. Unter den Nachfolgern des Mahdī breitete sich die Macht der Almohaden von den Tälern des Hohen Atlas, wo sie ihren Anfang genommen hatte, weiter aus, und am

Ende des 12. Jahrhunderts waren sie die Beherrscher des größten Teils des muslimischen Nordafrikas und Spaniens. Der messianische Eifer der Almohaden duldete keinerlei Abweichung vom Islam, wie sie ihn verstanden und auslegten. Muslime, die sich nicht beugten, wurden rücksichtslos ausgesondert, den Juden und mehr noch den Christen versagte man die von der Scharia vorgeschriebene Toleranz. Vermutlich wurde um diese Zeit das Christentum in Nordafrika endgültig ausgerottet. Die Juden hatten ebenfalls in Nordafrika wie in Spanien schwer zu leiden und wurden vor die Wahl gestellt zwischen Bekehrung, Exil oder Tod – ein westlich von Persien außergewöhnlicher Fall in der muslimischen Geschichte.[66]

Die späteren Almohaden modifizierten ihre Haltung und gestatteten den *ḏimmīs,* ihre Religion dem Gesetz gemäß auszuüben. Ihre Lage verschlechterte sich jedoch ständig, insbesondere in Nordafrika, wo die Christen verschwanden und die Juden sich der strengsten, unerbittlichsten Auslegung der *ḏimma* beugen mußten. Die Machtergreifung der Safawiden, einer militanten schiitischen Dynastie mit Sendungsbewußtsein, zu Beginn des 16. Jahrhunderts in Persien wirkte sich ebenfalls verschlimmernd auf die Situation von Nichtmuslimen, Juden, Christen und Anhängern des Zarathustra aus. Unter den Safawidenherrschern waren sie häufigen Übergriffen und Verfolgungen und zuweilen Zwangsbekehrungen ausgesetzt.[67]

Eine Parallele zu Frühformen des islamischen Messianismus ließe sich in einigen neuzeitlichen Bewegungen entdecken, die sich zwar eher in nationalen und sozialen als in religiösen Kategorien äußern, jedoch dem charismatischen Führer und der von ihm verkündeten Doktrin eine analoge Rolle zuweisen. Wie jenen, die Allahs endgültige Offenbarung und deren jüngste Erneuerung ablehnen, so kann auch jenen, die sich der Sache nicht anschließen können oder nicht mit ihr identifiziert werden wollen, Toleranz nicht länger zugebilligt werden.

Diesen religiös oder ideologisch motivierten Formen der Repression läßt sich eine dritte hinzufügen, die ebenfalls der Initiative des Herrschers entsprang, jedoch eher von begrenzten praktischen als von umfassenden moralischen Erwägungen geleitet wurde. Der übliche Grund heißt – Geldknappheit. In finanzieller Bedrängnis kann sich ein Herrscher die benötigten Mittel auf einfache Weise dadurch beschaffen, daß er irgendeine lästige, in Vergessenheit geratene Restriktion wieder einführt oder den Nichtmuslimen eine neue auferlegt, die dann gewöhnlich bereit sind, ihn mit Hilfe eines angemessenen Geschenks zu bewegen, seinen Erlaß rückgängig zu machen.

In allen diesen Situationen wird die Repression vom Herrscher eingeleitet, manchmal zur Beschwichtigung des Volkes, häufiger zur Befriedigung seiner eigenen moralischen oder politischen Bedürfnisse. Mitunter ging jedoch der Angriff auf die *ḏimmīs* vom Pöbel aus, und meistens kam es dann zu Gewaltakten. Begründet wurden solche Ausbrüche vor Beginn der Neuzeit zumeist damit, daß die *ḏimmīs* sich nicht an die ihnen gesteckten Grenzen hielten, daß sie sich anmaßend benahmen, daß sie die anderen überflügelten. Das bringt uns auf eine der politischen Grundvorstellungen des Islam: die Idee oder das Ideal der Gerechtigkeit. Im politischen Denken der Muslime gilt Gerechtigkeit als zentrale Aufgabe der Regierung, als entscheidende Rechtfertigung von Autorität und als Kardinaltugend des guten Herrschers. Die Definition von Gerechtigkeit hat sich im Lauf der islamischen Geschichte gewandelt. In früheren Zeiten verstand man darunter gewöhnlich die Durchführung von Allahs Geboten, das heißt, Aufrechterhaltung und Anwendung des Heiligen Gesetzes. Als sich später muslimische Regierungen in fast allen persönlichen und rituellen Belangen immer mehr darüber hinwegsetzten, konnte es nicht länger als Prüfstein für den gerechten oder ungerechten Herrscher dienen; der Begriff „Gerechtigkeit" wurde allmählich gleichbedeutend mit Ausgewogenheit und Gleichgewicht und das bedeutete: Aufrechterhaltung der sozialen und politischen Ordnung, wobei jede Gruppe, jeder Teil der Gesellschaft das Seine gab und das ihm Zustehende empfing.

Unter beiden Begriffsdefinitionen hatten die nichtmuslimischen Untertanen einen bestimmten Stellenwert. Wenn sie über die ihnen zugewiesene Position hinauszugehen schienen, war das entweder, in der ersten Interpretation von Gerechtigkeit, ein Gesetzesbruch oder, in der zweiten, eine Störung des sozialen Gleichgewichts und demnach eine Gefahr für die soziale und politische Ordnung. Eine Parallele hierzu kann man in der muslimischen Einstellung zur Ketzerei entdecken, die sich radikal von der christlichen unterscheidet. In der christlichen Kirchengeschichte war Häresie ein Thema, das tiefe Besorgnis auslöste. Ketzerei bedeutete eine Abweichung vom rechten Glauben, wie ihn die Obrigkeit definiert hatte, die Abweichung wurde von der Amtskirche als solche erkannt und definiert. Im Islam war man um die Einzelheiten des Glaubens weniger besorgt. Es kam darauf an, was die Menschen taten – praktische, nicht religiöse Orthodoxie –, und die Muslime hatten in Glaubensfragen insgesamt die freie Wahl, solange sie den grundlegenden Minimalkonsens akzeptierten, die Einheit Allahs und Mohammeds Sendung als Prophet, und sich den sozialen Normen anpaßten. Selbst Ketzereien, die weitgehend von der Generallinie des Islam abwichen, wurden toleriert. Häresie wurde nur geahndet, wenn man meinte, daß sie die soziale und politische Ordnung ernstlich gefährdete.[68]

Fast die gleichen Erwägungen regulierten die Verhaltensweisen der Muslime gegenüber nichtmuslimischen Untertanen. Schwierigkeiten entstanden, wenn Juden oder Christen zu wohlhabend oder zu mächtig wurden, das heißt, wenn sie es zu mehr brachten, als ihnen nach allgemeiner Ansicht zukam, und wenn sie obendrein allzu sichtbar davon Gebrauch machten. Bekanntestes Beispiel dafür ist das Juden-Massaker von Granada im Jahre 1066, das man auf eine Spontanreaktion zurückzuführen pflegt, mit der die muslimische Bevölkerung gegen einen mächtigen, arroganten jüdischen Wesir rebellierte.[69] Dem ließen sich noch ein paar weitere Fälle hinzufügen, die sich häufiger gegen Christen als gegen Juden richteten.

Eine andere Beschuldigung, die Angriffe des Volkes gegen die Nichtmuslime auslöste, könnte man als Umgang mit dem Feind bezeichnen, worunter die Feinde des Islam zu verstehen sind. Der erste spektakuläre Fall ereignete sich zur Zeit der Kreuzzüge, als einige christliche Gemeinden in den Ländern des Vorderen Orients sich mit den Kreuzfahrern solidarisierten und dafür nach deren Abzug einen Preis zahlen mußten. Juden waren davon natürlich nicht betroffen. Sie hatten nichts für die Kreuzfahrer übrig, ganz im Gegenteil. Doch auch sie gerieten gelegentlich in Bedrängnis und bekamen den allgemeinen Haß auf die Nichtmuslime zu spüren, die man – nicht ohne Grund – als unzuverlässige Untertanen eines muslimischen Staates ansah, der sich im Krieg mit ihren Glaubensgenossen befand.

Ein anderer, eindrucksvollerer Fall spielte sich zur Zeit der Mongolen-Einfälle ab. Den Kreuzfahrern war es lediglich gelungen, ein paar kleine Staaten entlang der syrischen und palästinensischen Küste zu errichten; die Mongolen dagegen eroberten und beherrschten die Herzlande des Islam und vernichteten das Kalifat, wodurch sie erstmals seit den Tagen des Propheten einen nichtmuslimischen bestimmenden Einfluß über die Hauptzentren des Islam etablierten. Die mongolischen Herrscher empfanden die Christen und Juden – Einheimische, die Sprache und Land kannten, ohne selber Muslime zu sein – als höchst nützliche Handlanger und beriefen einige von ihnen in hohe Ämter. Später, als die Mongolen zum Islam übergetreten waren, sich ganz in die islamische Welt eingegliedert und deren Verhaltensweisen übernommen hatten, mußten Christen und Juden abermals für die einstige Kollaboration mit den heidnischen Eroberern bezahlen.

Ein kürzer zurückliegendes und in mancher Hinsicht analoges Beispiel liefert die europäische Oberherrschaft in islamischen Gebieten. Hier waren wiederum Angehörige der Minderheiten, Christen und in geringerem Ausmaß Juden, den Behörden der Machthaber auf verschiedene Weise nützlich und hilfreich. Einige von ihnen, insbesondere aus den Oberschichten, solidarisierten sich mit den neuen europäischen Herren, nahmen ihre Sprachen, ihre Kultur und zuweilen auch ihre Staatsbürgerschaft an. Als die Herrschaft endete und die Europäer sich zurückzogen, wurde den Zurückgebliebenen abermals die Rechnung präsentiert.

Ein letzter Punkt bleibt dieser Typologie der Verfolgung noch hinzuzufügen, und zwar der Fall, in dem Außenstehende aus persönlichen Gründen die Muslime zu Feindseligkeiten gegen die *ḏimmīs* aufstacheln. In der Blütezeit islamischer Macht und Kultur gab es solche Hetzkampagnen nicht, oder sie blieben wirkungslos, von einigen früheren christlichen Einflüssen auf den muslimischen Judenbegriff abgesehen. In den Jahren des Verfalls des Osmanischen Reiches spielte dieser Faktor jedoch eine nicht unwesentliche Rolle. Die großen Gemeinschaften der *ḏimmīs*, Griechen, Armenier, arabische Christen und Juden, wetteiferten unter anderem auch um eine Stellung in der Gesellschaft, die komplementär zur dominierenden muslimischen existierte. Es war durchaus nicht ungewöhnlich, daß eine Minorität versuchte, ihre muslimischen Herren gegeneinander auszuspielen. Insbesondere machten sich manche Christen bestimmte Standardthesen des europäischen christlichen Antisemitismus zu eigen, um gegen ihre jüdischen Landsleute zu polemisieren. In der jüngeren Vergangenheit wurden die Länder des Vorderen Orients zum bevorzugten Ziel führender Propagandisten des weltweiten Antisemitismus, einige dieser Länder schienen zeitweise sogar darauf abzuzielen, diese Rolle selbst zu übernehmen.

Im Zusammenhang damit stellt sich die Frage, wie sich muslimische Verhaltensweisen den verschiedenen Minderheiten gegenüber entwickelten und veränderten, und zwar vor dem Hintergrund des inneren und äußeren Wandels und im Gesamtrahmen von vierzehn Jahrhunderten islamischer Geschichte. In den ersten Jahrhunderten des Kalifats kann man eine Tendenz in Richtung auf mehr Toleranz erkennen. Von der Zeit des Propheten bis zu den ersten Kalifen und darüber hinaus bis zum Weltreich der Omaijaden und Abbasiden werden Nichtmuslime dann unverkennbar mit immer größerer Toleranz behandelt. Erst etwa vom 12. und 13. Jahrhundert an ist ein deutlicher Schritt in die entgegengesetzte Richtung zu verzeichnen.

In früheren Zeiten bestanden rege soziale Beziehungen zwischen Muslimen, Christen und Juden, die zwar unterschiedlichen Konfessionen angehörten, aber gleichwohl eine einzige Gesellschaft bildeten, in der persönliche Freundschaften, geschäftliche Partnerschaften, intellektuelle Zirkel und Interessengemeinschaften sowie andere Formen gemeinsamer Aktivität normal und durchaus üblich waren. Für diese kulturelle Zusammenarbeit gibt es vielerlei Zeugnisse, beispielsweise Lexika mit den Biographien berühmter Ärzte, die zwar von Muslimen geschrieben wurden, aber dennoch unterschiedslos muslimische, christliche und jüdische Ärzte verzeichnen. Aus der großen Anzahl von Biographien läßt sich sogar eine Art Monographie des Arztberufes zusammenstellen – der Lebensweg von etlichen hundert praktischen Ärzten in der islamischen Welt rekonstruieren. Diese Quellen vermitteln ein klares Bild gemeinsamen Wirkens. In Hospitälern wie in den Privatpraxen arbeiteten Ärzte aller drei Konfessionen als Kollegen oder als Assistenten zusammen, tauschten ihr Wissen und ihre Erfahrung ebenso untereinander aus wie die Bücher, die sie verfaßt hatten. Es gab nichts, was der damals im christlichen Abendland oder später in der islamischen Welt üblichen Trennung nach Konfessionen vergleichbar gewesen wäre.

Diese Art von gemeinsamer Bemühung auf dem gleichen Wissensgebiet beschränkte sich nicht auf die Medizin und die Naturwissenschaften, sondern bezog auch die Philosophie ein, bei der man eine religiös motivierte Trennung hätte erwarten können. Am besten läßt sich diese Art von Gemeinsamkeit an einem Beispiel verdeutlichen: In einem Werk des bedeutenden muslimischen Theologen al-Ġazālī (1059–1111) gibt es ein Kapitel, das nahezu identisch ist mit einem Kapitel in einem Buch des jüdischen Philosophen Bachja ibn Pakuda, der ungefähr zur gleichen Zeit lebte. Die Beziehung der beiden war vielen Gelehrten ein Rätsel. Zunächst nahm man an, Bachja habe den Inhalt des Kapitels von al-Ġazālī übernommen, denn er konnte Arabisch lesen, während al-Ġazālī die hebräische Schrift, in der Bachjas Werk geschrieben war, nicht beherrschte. Als sich erwies, daß Bachja unmöglich das Opus von al-Ġazālī gesehen oder gelesen haben konnte, hielt man das Problem für unlösbar, bis der verstorbene Professor Baneth die Antwort fand: Die gemeinsame Quelle für die entsprechenden Kapitel sowohl bei al-Ġazālī wie bei Bachja war ein früherer, unbekannt gebliebener Text; dies erklärte die auffallenden Ähnlichkeiten. Noch bemerkenswerter wurde der Fall dadurch, daß dieses frühere Werk von einem Christen stammte. Ein Christ hatte demnach wohl eine für christliche Leser gedachte theologische Abhandlung geschrieben, die dann von zwei späteren Theologen studiert und sozusagen entliehen wurde, der eine Muslim, der andere Jude, und jeder verfaßte ein Lehrbuch für die eigenen Glaubensgenossen. Man darf wohl sagen, daß eine Gesellschaft, in der drei Theologen verschiedener Konfession voneinander abschreiben können, wahrlich einen hohen Grad von Toleranz und Symbiose erreicht hat.[70]

Im späten Mittelalter nehmen solche Beziehungen zusehends ab. Immer seltener werden die Fälle von geistiger, sozialer und kommerzieller Übereinstimmung, während der Hang zu Trennung und Absonderung immer stärker hervortritt. Man verlangt häufiger und nachdrücklicher nach Durchsetzung der Restriktionen der *ḏimma.* Während sie früher meist mißachtet und nur gelegentlich angewandt worden waren, wurden sie später strenger durchgeführt, und Demütigung, manchmal auch Erniedrigung wurden zur Norm, insbesondere in Nordafrika, aber auch in Persien und in Zentralasien.

Für die Frage, warum diese Veränderungen stattfanden, wurden verschiedene Erklärungen angeboten. Professor S. D. Goitein führt sie hauptsächlich darauf zurück, daß die bürgerliche Gesellschaft des klassischen Mittelalters untergegangen und eine Art militärisch-feudalistischer Ordnung an ihre Stelle getreten war. Im bürgerlichen Leben der Städte war der Kaufmann eine äußerst wichtige Persönlichkeit, und der internationale Handel spielte eine bedeutende Rolle; Glaubensunterschiede hatten nicht allzuviel zu sagen, während Bewegungsfreiheit und Kooperation einen hohen Stellenwert besaßen und allen Beteiligten zugute kamen. Politische Dezentralisierung ebenso wie wirtschaftliche Initiative bewirkten tolerantere Beziehungen. Mit dem Verfall dieser bürgerlichen Kaufmannsgesellschaft und der Etablierung von politisch autoritären und wirtschaftlich dirigistischen Regimen, in denen Wohlstand nicht so sehr durch Handel als vielmehr durch Steuern und andere Einsatzmittel des Staatsapparates erworben wurde, gab es weniger Anlaß zur Toleranz, für Intoleranz dagegen größeren Spielraum und sogar Belohnung.

Ein weiterer und fraglos wesentlicher Faktor war der Dreifrontenkrieg, den der sunnitische Islam in diesen Jahrhunderten gegen die christliche Welt, gegen den Schiismus und gegen die Mongolen führte. Der erbitterte Kampf in Spanien, Sizilien und Syrien-Palästina, der mehr als zwei Jahrhunderte hindurch zwischen christlicher und muslimischer Welt tobte, dazu die grauenvollen Beispiele von Intoleranz, die christliche Herrscher an der muslimischen Bevölkerung der von ihnen eroberten und zurückeroberten Gebiete in Spanien, Sizilien und Palästina demonstrierten – all das brachte eine Verhärtung der Verhaltensweisen und eine Verschlechterung der Beziehungen zwischen Muslimen und Christen mit sich. Während der Islam noch kämpfte, um sich gegen Reconquista und Kreuzzüge aus dem Westen zu verteidigen, sah er sich plötzlich durch einen weitaus brutaleren Feind von Osten angegriffen – die heidnischen mongolischen Eroberer, die aus Ostasien kamen und in einige Kernlande des Islam einfielen. Im Westen mit der Christenheit und im Osten mit den Heiden konfrontiert, wurde der Islam gleichzeitig zu Hause durch die folgenschwere Spaltung zwischen Sunniten und Schiiten einer Zerreißprobe ausgesetzt, zumal die Schiiten sich oft radikaler, revolutionärer Methoden bedienten. Zwischen dem 10. und 13. Jahrhundert war der sunnitische Staat zu einem langen, schweren Kampf gezwungen, um das zu bewahren, was man als islamische Orthodoxie und Legitimität begriff, einen Kampf gegen die verführerischen, radikalen schiitischen Lehren, gegen die politisch-militärische Herausforderung durch das Kalifat der Fatimiden und gegen die terroristische Bedrohung durch ismailitische Meuchelmörder. In diesem dreifachen Kampf gegen Christentum, Heidentum und Ketzerei nahm das Streben nach Konformität zu, die Toleranz dem Pluralismus gegenüber jedoch ab. Obzwar sich dies nicht primär gegen die religiösen Minderheiten richtete, wurden sie dennoch nachteilig davon betroffen.

Von einiger Bedeutung ist die Frage, wie weit die Muslime in ihren Verhaltensweisen Ungläubigen gegenüber zwischen Christen und Juden unterschieden. Im Prinzip galten zwei Hauptkriterien, wie bereits dargelegt: einmal die theologische Unterscheidung zwischen Monotheisten und Götzendienern, zum anderen die politische zwischen nicht unterworfenen Feinden und unterworfenen *ḏimmīs.* Im allgemeinen zeigen die Muslime kaum Interesse, die Götzendiener zu spezifizieren, und sind eher geneigt, die gesamte Außenwelt als undifferenziertes Ganzes zu betrachten, gemäß der oft zitierten Maxime, daß Unglaube eine Religion ist – *al-kufru millatun wāḥida.*

Weitaus mehr beschäftigten sie sich jedoch mit den Unterschieden zwischen ihren eigenen nichtmuslimischen Untertanen, mit denen sie sich auf vielerlei Art befassen mußten. Im Vorderen Orient, in Nordafrika und im muslimischen Europa bestanden diese überwiegend aus Christen und Juden, die ihnen wohlbekannt waren. Der Prophet hatte mit beiden zu tun, und im Koran wie in der Tradition spielen sie eine herausragende Rolle. Sie waren den Muslimen als Landsleute oder genauer als Nachbarn vertraut, mitunter auch als Angestellte. Über ihren Glauben sowie über ihre Sitten und Gebräuche erfuhren die Muslime eine Menge durch die zum Islam Übergetretenen. Tatsächlich stammten alle Muslime westlich von Persien und nördlich der Sahara von bekehrten Christen oder – in wesentlich geringerem Umfang – von Juden ab. In den meisten dieser Länder blieb die eine oder die andere, manchmal auch beide Religionen, präsent.

Insgesamt jedoch kann man sagen, daß Christen und Juden gleich behandelt wurden. Einmal sind die einen besser dran, dann wieder die anderen, doch das war stets auf besondere Umstände, nicht auf allgemeine Grundsätze zurückzuführen. Der Koran zeigt eine eindeutige Vorliebe für die Christen, mehr noch die muslimische Tradition, in der die für den Lebensweg des Propheten charakteristischen Begleiterscheinungen ihren Niederschlag finden. Insgesamt ist das Bild des Juden im Ḥadīṯ negativ – weniger in der Bewertung seiner Überzeugungen und Bräuche, sondern mehr im Hinblick auf das Verhältnis zum Propheten und zu den Muslimen. Laut al-Ǧāḥiẓ, dem bedeutenden arabischen Schriftsteller des 9. Jahrunderts, geben die muslimischen Volksmassen aus einer Anzahl von Gründen den Christen den Vorzug vor den Juden. Entscheidend war, wie er bemerkt, daß die Juden – anders als die Christen – dem Propheten in Medina aktiven Widerstand geleistet hatten:

Der Kampf gegen sie war langwierig, zermürbend und wurde immer offener ausgetragen. Überall kam Erbitterung auf, der Haß verdoppelte sich, und der Groll saß tief. Die Christen andererseits, da sie ja weit von der Stätte entfernt lebten, wo der Prophet – Allah segne ihn und schenke ihm Frieden – seine Berufung empfing, wie auch von dem Ort, in den er auswanderte, unternahmen keinerlei Versuch, den Islam zu verleumden, noch hatten sie Gelegenheit, Verschwörungen anzuzetteln oder sich zum Kampf zusammenzurotten. Dies ist daher der erste Grund, weshalb die Herzen der Muslime sich den Juden gegenüber verhärtet haben, den Christen jedoch zugeneigt sind.

Neben diesem historischen Grund, der, wie al-Ǧāḥiẓ feststellt, durch Zufälligkeiten bedingt ist, führt er andere an: Die Christen haben wichtige Positionen inne als Staatsdiener, Höflinge, Ärzte der Oberschicht, Duftstofferzeuger und Bankiers, während die Juden zumeist Färber, Gerber, Schröpfer, Schlächter oder Kesselflicker sind, „so daß sich die Massen, wenn sie Christen und Juden unter diesem Gesichtspunkt betrachteten, vorstellten, daß die Religion der Juden unter den anderen die gleiche Rangstufe einnahm wie ihre Gewerbe unter den anderen Berufen". Ferner begründet wird die Vorliebe der Muslime damit, daß die Christen zwar abstoßend, aber weniger verabscheuenswert als die Juden sind, bei denen Inzucht erschwerend hinzukommt:

> Weshalb die Christen zwar gewiß abstoßend, jedoch weniger verabscheuenswert sind, hat seinen Grund darin, daß der Israelit nur eine Israelitin zur Frau nimmt und sie so all ihre Verderbtheit immer weiter mit sich tragen, und dies ausschließlich untereinander ... sie haben sich daher auch weder durch geistige oder körperliche Vorzüge noch durch besondere Gaben ausgezeichnet. Wie der Leser sicherlich weiß, gilt das gleiche für Pferde, Kamele, Esel und Tauben, wenn sie sich durch Inzucht fortpflanzen.[71]

Al-Ǧāḥiẓ war als Humorist, Satiriker und Parodist berühmt, und so ist oft schwer zu sagen, ob er im Scherz oder im Ernst spricht. Jedenfalls gibt es, von der frühen religiösen Literatur abgesehen, keinen Beweis dafür, daß Juden mit größerer Feindseligkeit betrachtet oder schlechter behandelt wurden, als es Christen unter muslimischer Herrschaft widerfuhr. Manche Anzeichen sprechen vielmehr dafür, daß Christen eher Verdächtigungen ausgesetzt waren als Juden. In den vierzehn Jahrhunderten islamischer Geschichte war der Hauptfeind des Islam meistens die Christenheit. Es waren die oströmischen Kaiser und andere christliche Herrscher, denen die ersten muslimischen Eroberer Syrien, Palästina, Ägypten, Nordafrika, Sizilien und Spanien entrissen. Es war das christliche Abendland, von dem die Reconquista und die Kreuzzüge ausgingen, um die verlorenen Gebiete zurückzuerobern, einige für einen begrenzten Zeitraum, manche auf Dauer. Es war wiederum gegen das christliche Abendland gerichtet, als die Türken die neue islamische Expansionswelle vorantrieben, die sie zweimal bis vor die Stadtmauern Wiens brachte. Und es war schließlich eine weitere Gegenoffensive aus dem christlichen Abendland, von westlichen wie östlichen Großmächten gleichermaßen, durch die der größere Teil des muslimischen Asiens und Nordafrikas eine Zeitlang unter christliche Herrschaft geriet. Bei den christlichen *ḏimmīs* bestand stets der Verdacht, daß sie zumindest mit dem christlichen Feind sympathisierten – ein Verdacht, der manchmal durchaus begründet war. Solchem Mißtrauen waren die Juden nicht ausgesetzt, und in bestimmten Situationen – beispielsweise im Osmanischen Reich während des 15. und 16. Jahrhunderts – wurden sie bei der Vergabe von diffizilen Posten eindeutig bevorzugt.

Während die Lage der christlichen Minderheiten unter muslimischer Herrschaft durch Beziehungen zu den christlichen Mächten jenseits der Grenze positiv oder negativ beeinflußt wurde, traf dies für die Juden nicht zu, es sei denn vielleicht indirekt und mittelbar. Es gab viele christliche Staaten, wohlwollende und feindliche, schwache und mächtige, und einige hatten sehr wohl auch muslimische Untertanen, die sich als Geiseln oder zu Repressalien nutzen ließen. Solche Vor- und Nachteile hatten die Juden nicht – mit einer Ausnahme. Im frühen Mittelalter waren die Chasaren, ein Turkvolk, das zwischen Don und Wolga lebte, zum Judentum übergetreten. Soweit feststellbar, wurde das Königreich der Chasaren von einer verhältnismäßig kleinen Oberschicht jüdischer Konvertiten regiert, die über eine aus Heiden, Christen und Muslimen bestehende Bevölkerungsmehrheit herrschte. Inwieweit die Errichtung und später das Verschwinden eines jüdischen Königreiches nördlich von den islamischen Ländern das Schicksal der jüdischen Gemeinden unter muslimischer Herrschaft und die Einstellung der Muslime ihnen gegenüber berührte, ist schwer, wenn nicht unmöglich zu sagen.

Im allgemeinen wurde Christen und Juden das gleiche Maß an Toleranz zuteil; beide waren den gleichen Unzulänglichkeiten und den gleichen Unsicherheiten ausgesetzt. Und beide schafften es, zu überleben, und oft gelang es ihnen sogar, in den von Muslimen gegründeten und nach den Gesetzen des Islam regierten Staaten und Gesellschaften aktiv, manchmal an exponierter Stelle mitzuwirken.

In fast jeder Hinsicht war die Lage der Nichtmuslime unter traditioneller islamischer Herrschaft wesentlich leichter als die von Nichtchristen oder selbst von ketzerischen Christen im mittelalterlichen Europa, ganz zu schweigen von gewissen Geschehnissen im neuzeitlichen Europa oder auch im heutigen Nahen Osten. Doch ihr Status war legal und sozial unterprivilegiert oder, wie man heute sagen würde, der von Staatsbürgern zweiter Klasse. Gegenwärtig beinhaltet dieser Ausdruck eine formale Verurteilung und ist zum Schlagwort für das Verhalten einer herrschenden Gruppe geworden, die in derselben Gesellschaft eine andere auf unverantwortliche Weise diskriminiert. Die Formulierung verdient jedoch eingehendere Prüfung. Staatsbürgerschaft zweiter Klasse ist, wenn auch zweitklassig, immerhin noch eine Art der Staatsbürgerschaft. Damit sind einige, freilich nicht alle Rechte verbunden, und das ist sicherlich besser als gar keine. Sie ist fraglos einer Situation vorzuziehen, die gegenwärtig in vielen Staaten besteht, in denen den Minderheiten und im übrigen auch der Mehrheit keine echten Bürger- oder Menschenrechte zugestanden werden, trotz all der in den Verfassungen verankerten ebenso volltönenden wie sinnentleerten Grundsätze. Ein anerkannter Status, der im Gesetz festgeschrieben, durch Tradition gebilligt und durch allgemeine Zustimmung bestätigt wurde, ist nicht zu verachten, auch wenn er die Inferiorität gegenüber der herrschenden Gruppe beinhaltet.

Unter muslimischer Herrschaft wurde ein solcher Zustand lange Zeit von den Christen mit Resignation, von den Juden mit Dankbarkeit akzeptiert. Er begann, unannehmbar zu werden, als die wachsende Macht der christlichen Welt einerseits und die radikalen Ideen der Französischen Revolution andererseits bei den christlichen Untertanen der muslimischen Staaten eine Welle von Unzufriedenheit auslösten; sie lehnten es ab, sich weiterhin in die Demütigungen zu fügen, und wollten selbst die bloße Drohung oder Möglichkeit, die es in der alten Ordnung von jeher gab, nicht länger hinnehmen. Genau zu der Zeit, als bei den Christen die Bereitschaft, die Einschränkungen zu akzeptieren, abnahm, wuchs bei den Muslimen – teilweise aus den gleichen Gründen – die Überzeugung, daß sie unbedingt notwendig waren. Solange die muslimischen Reiche die Überlegenheit behielten, tatsächlich oder auch nur als Illusion, waren sie bereit, den ständig wachsenden starken Einfluß der Minderheiten auf das Wirtschaftsleben zu dulden. Doch als sich im 18. und 19. Jahrhundert zunächst wirtschaftlich und dann militärisch eine Machtverschiebung zwischen Islam und Christenheit vollzog und die Muslime die stattgefundenen Veränderungen obendrein auch noch verspätet registrierten, löste die wirtschaftliche Macht einer Minorität bei ihnen Besorgnis und schließlich Haß aus.

Die historische Vergangenheit bietet genügend Beispiele, daß eine verhältnismäßig unentwickelte Wirtschaft durch den kommerziellen Einfluß einer anderen aktiveren und höher entwickelten Gesellschaft Impulse erhält. Was im Zeitalter der europäischen Expansion dem Fall des Vorderen Orients eine besondere Note verlieh, war die Tatsache, daß bei den folgenden wirtschaftlichen Veränderungen auf beiden Seiten Fremde als Akteure und Nutznießer fungierten. Die Außenseiter waren natürlich Europäer, aber auch im Vorderen Orient spielten entweder Ausländer oder Angehörige religiöser Minderheiten, die von der herrschenden Gesellschaft als Randerscheinung angesehen und behandelt wurden, die Hauptrolle. Die neue Mittelschicht – manche Historiker verwenden den Begriff *comprador* –, die sich während des 19. und Anfang des 20. Jahrhunderts entwickelte, bestand weitgehend aus Ausländern, einheimischen Christen und ein paar Juden, deren Identität man als Folge dieses Prozesses noch krasser von der ihrer muslimischen Landsleute abgrenzte und sie dafür um so mehr Europa zuordnete. Erst zu einem vergleichsweise späten Zeitpunkt konnte ein neues muslimisches Bürgertum, das nicht, wie vor ihm die *ḏimmīs*, durch soziale Schranken von der herrschenden Schicht und der Mehrheit der Gesellschaft abgesondert wurde, einen gewissen sozialen und politischen Elan entfalten. Es hielt sich, was Ausmaß und Dauer betrifft, in Grenzen und hat in vielen Ländern bereits anderen Elementen Platz gemacht.

Die Ära der Modernisierung von Ende des 19. Jahrhunderts bis zur Gegenwart hat in mancher Hinsicht die Position der Nichtmuslime erheblich gefestigt und sie in anderer wesentlich verschlechtert. Materiell ging es ihnen sehr gut. Als Christen waren sie aufnahmefähiger für westliche Einflüsse und daher auch eher in der Lage, westliche Bildung mit ihren vielen Vorteilen besser zu nutzen, in einer Epoche westlicher Vorherrschaft besonders wichtig. Die Rolle, die Ausländer und Angehörige von Minderheiten im Finanzwesen spielten, läßt sich an einigen Beispielen verdeutlichen. Ein amtliches Dokument aus dem Jahre 1912 führt in Istanbul vierzig Privatbankiers auf, darunter keinen einzigen türkischen Muslim. Unter den namentlich zu identifizierenden befinden sich zwölf Griechen, zwölf Armenier, acht Juden und fünf Levantiner oder Europäer. Eine Liste von vierunddreißig Börsenmaklern in Istanbul nennt achtzehn Griechen, sechs Juden, fünf Armenier und keinen einzigen Türken.[72] Ähnliche Verhältnisse herrschten in den osmanischen Provinzen und in geringerem Umfang in Nordafrika und im Iran.

Noch dramatischer gestaltete sich die Veränderung in den Gebieten, die durch die in beide Richtungen zielende Expansion der europäischen Großmächte direkt unter deren Herrschaft gelangten. Die Seefahrernationen Westeuropas, die von Süden vorrückten, und die Russen, die sich über Land von Norden her ausbreiteten, umschlossen die islamischen Kernländer im Vorderen Orient mit einer riesigen Zangenbewegung. In den Territorien, die sie an sich gebracht hatten, machten sich die neuen Herren, wie die Mongolen Jahrhunderte zuvor, die Fähigkeiten und Ortskenntnisse der nichtmuslimischen Bevölkerung zunutze. Nicht lange nach der Eroberung Armeniens durch die Russen tauchten an der türkischen Ostgrenze Armenier in russischen Diensten auf, was für die Türken wie für die Armenier im Osmanischen Reich auf unterschiedliche Weise eine Herausforderung darstellte. Weiter südlich gab es den im Westen bekannteren Fall, als Bonaparte bei seiner Expedition nach Ägypten vorwiegend Kopten und andere Christen für die Verwaltung einsetzte.

Eine anschauliche Schilderung der Gefühle, die einen muslimischen Beobachter damals bewegten, findet sich in den Schriften des ägyptischen Historikers al-Ǧabartī, vielleicht der letzte der bedeutenden Geschichtsschreiber klassischer Prägung. Durch Herkunft und Erziehung zur Klasse der Ulema gehörig, war al-Ǧabartī kein blinder Fanatiker, kein kritikloser Hasser alles Nichtmuslimischen. Er erkannte manche Verdienste der französischen Herrschaft an und äußerte sich insbesondere zum französischen Engagement für Gerechtigkeit, eine der in der politischen Wertskala der Muslime am höchsten rangierenden Eigenschaften. Von der Gleichstellung der nichtmuslimischen Einwohner Ägyptens, die auf eine Beendigung der *ḏimma* hinauslief, hielt er jedoch gar nichts. Zur Beschäftigung von Kopten und anderen *ḏimmīs* durch die Franzosen gab al-Ǧabartī wiederholt beißende Kommentare ab. Besonderen Anstoß nahm er daran, daß sie, entgegen dem althergebrachten Brauch, edle Stoffe sowie Waffen trugen, daß sie sachlich und persönlich Macht ausübten über Muslime und sich insgesamt in einer Weise verhielten, die ihm als Umkehr der nach göttlichem Gesetz geschaffenen rechten Ordnung erschien. Al-Ǧabartī war ein objektiver Beobachter, der an den Franzosen vieles zu bewundern und an den Osmanen vieles zu kritisieren fand. Dennoch begrüßte er aufs wärmste die Restaurierung der osmanischen Macht und mit ihr die Rückkehr zur alten Ordnung, die vor allem die Wiedereinführung der *ḏimma*-Vorschriften für die Minderheiten und der seinen koptischen Landsleuten auferlegten Einschränkungen beinhaltete.[73]

Al-Ǧabartī war nicht der einzige Muslim, der negativ auf die egalitären Ideen der Französischen Revolution reagierte. Ab 1798, als die Feindseligkeiten zwischen der Französischen Republik und dem Osmanischen Reich begannen, finden sich in osmanischen Schriften häufig Anspielungen auf die „absurden und widernatürlichen" Vorstellungen von Gleichheit unter den Menschen.

Doch trotz dieser und anderer ähnlicher Einwände hatte das neue Ideengut Wurzeln geschlagen, und im Verlauf des 19. Jahrhunderts gewann der Gedanke an gleiches Bürgerrecht für Menschen verschiedener Konfession allmählich an Kraft. Er bekam Unterstützung durch die europäischen Mächte, die immer stärker auf Reformen drängten, und auch durch eine bedeutende Gruppe von Reformern innerhalb der muslimischen Türken, die versuchten, ihrem Land das zu bringen, was sie unter moderner Aufklärung verstanden. Schließlich wurden in dem großen Reform-Ferman vom Februar 1856 die jahrhundertealten Restriktionen für Nichtmuslime aufgehoben und die Untertanen des osmanischen Staates, unabhängig von der Religion, formell als gleichberechtigt erklärt.

Dieser Emanzipationserlaß wurde keineswegs mit einhelliger Begeisterung begrüßt – und die Einwände kamen nicht nur von seiten der Muslime. Für sie bedeutete er natürlich den Verlust der Vorrangstellung, die sie als ihr Recht ansahen. Aber auch für die Christen oder zumindest für die christliche Führungsschicht brachte der Erlaß den Verlust fest verankerter, anerkannter Privilegien mit sich, ferner die Gleichstellung nach unten wie nach oben – eine Veränderung, die ihnen nicht so recht behagte.[74]

Mit der Gewährung von Gleichheit vor dem Gesetz wurde die Kopfsteuer formell abgeschafft, und die nichtmuslimischen Staatsbürger unterlagen nun ebenfalls der kurz zuvor eingeführten allgemeinen Wehrpflicht. Sie wurden zwar lange Zeit hindurch faktisch nicht eingezogen, man erwartete aber von ihnen die Entrichtung der sogenannten *bedel-i-askeri*, einer Ablösungssteuer, die anstelle der jetzt abgeschafften *ǧizya* trat und fast auf dem gleichen Wege erhoben und eingetrieben wurde. Im 20. Jahrhundert entfiel auch diese Form der Diskriminierung, und die allgemeine Wehrpflicht gehörte nunmehr zu den staatsbürgerlichen Rechten der Nichtmuslime.

Da sie ihre verbesserte Stellung weitgehend europäischer Unterstützung verdankten, verließen sich die Minderheiten in hohem Maße auf europäischen Schutz. Viele erwarben den Status geschützter Personen, mitunter auch eine europäische Staatsbürgerschaft, und im Laufe des 19. Jahrhunderts machten etliche europäische Mächte ganze Gemeinden von nichtmuslimischen Untertanen des Sultans zu eigentlichen Protektoraten. Zur gleichen Zeit wurde ihre Situation erschwert durch andere Forderungen und Bestrebungen: nach Unabhängigkeit vom muslimischen Staat, nach Gleichberechtigung innerhalb des muslimischen Staates. All dies – ausländischer Schutz, Gleichberechtigung im Inland, nationale Selbstbestimmung – war eindeutig weder miteinander noch mit den Grundvoraussetzungen der *ḏimma* vereinbar. Die daraus resultierenden Spannungen kulminierten im restlosen Zusammenbruch der alten Ordnung, ohne jedoch damit zu enden.

Die Beseitigung des klassischen islamischen Systems und die Abschaffung des Status, den es den Nichtmuslimen zugestand, brachte legal und formal eine erhebliche Verbesserung für diese Gemeinden in den jeweiligen Ländern. Die tatsächliche Entwicklung ihrer Emanzipation in einer Epoche imperialistischer Vorherrschaft und nationalistischen Aufbegehrens, säkularer Herausforderung und islamischer Reaktion ist eine Sache für sich.

II. Die jüdisch-islamische Tradition[1]

Im Mittelalter lebte der größere und aktivere Teil des jüdischen Volkes zumeist im islamischen Herrschaftsbereich. Die in christlichen Ländern, das heißt in Europa, ansässigen Juden bildeten eine Minderheit, und zudem eine relativ unwichtige. Von wenigen Ausnahmen abgesehen, spielte sich alles, was im jüdischen Leben kreativ und bedeutsam war, in islamischen Ländern ab. Die europäischen Gemeinden befanden sich in einer Art kultureller Abhängigkeit von den Juden in der weitaus fortschrittlicheren, geistig höher entwickelten islamischen Welt, die vom muslimischen Spanien im Westen bis nach Irak, Persien und Zentralasien im Osten reichte.

Im späteren Mittelalter – chronologisch läßt sich das unmöglich genau festlegen – fand eine große Veränderung statt. Die Anzahl der Juden unter islamischer Herrschaft verringerte sich, relativ wie absolut, und der Schwerpunkt der jüdischen Welt verlagerte sich von Osten nach Westen, von Asien nach Europa, vom islamischen auf den christlichen Bereich.

Da keine Bevölkerungsstatistiken zur Verfügung stehen, kann man die Anzahl der Juden in islamischen Ländern nur schätzen. Aus den verfügbaren Unterlagen, insbesondere ab etwa 900 n. Chr., läßt sich eine annähernde Vorstellung gewinnen, wie hoch der Anteil der Juden an der Gesamtbevölkerung der islamischen Länder war. Nach Professor S. T. Goiteins Schätzung betrug er etwa ein Prozent, wobei die Juden als vorwiegend urbanisiertes Volk in den Städten erheblich stärker vertreten waren, als auf dem Land, wo sich ihre Anzahl ständig verringerte.[2]

Der Anteil der Juden in der islamischen Welt selbst ging ebenfalls zurück, gemessen an der Judenheit insgesamt. Während sie einst die überwiegende Mehrheit des jüdischen Volkes gestellt hatten, nahm nun die Anzahl der Juden, die im christlichen Bereich lebten, ständig zu, bis schließlich die Juden der islamischen Welt zur Minderheit wurden, und die Juden des Christentums eine Mehrheit bildeten – was das jüdische Leben betrifft, sogar eine tonangebende Mehrheit. Offensichtlich sind die Hauptgründe für diese Verschiebung im gewandelten Verhältnis der Juden zu den Gesellschaften ihrer Gastländer zu suchen. Doch das genügt nicht als Erklärung. Tempo und Modalitäten der Veränderung fügen sich nicht ganz in das Gesamtbild ein, und bestimmte Aspekte – zumindest der Wandel innerhalb der Judenheit – müssen vor dem Hintergrund spezifischer Ereignisse und Entwicklungen gesehen werden.

Diese Perspektive setzt ein besseres Verständnis der jüdisch-islamischen Tradition und der daraus resultierenden jüdisch-islamischen Symbiose voraus.

Der jüdische Beitrag zum Islam oder, genauer, die erkennbare jüdische Komponente in der islamischen Kultur war ein bevorzugtes Thema der jüdischen geisteswissenschaftlichen Forschung, seitdem Abraham Geiger 1833 sein berühmtes Buch „Was hat Mohammed aus dem Judenthume aufgenommen?" veröffentlichte. Geiger hatte auf bestimmte biblische und rabbinische Elemente in frühen islamischen Texten hingewiesen und daraus den auf der Hand liegenden Schluß gezogen, daß es sich hierbei um muslimische Anleihen bei jüdischen Quellen oder – auf geläufigere Begriffe gebracht – um jüdische Beiträge zum Islam handelte. Dieser bahnbrechenden Untersuchung folgten viele andere, in denen manche Wissenschaftler sogar behaupteten, Mohammed habe jüdische Lehrer oder Erzieher gehabt, die die Voraussetzungen für seine Religion geliefert hätten. Lange Zeit blieben diese Behauptungen von der muslimischen Forschung unbeachtet. Sie riefen jedoch bei anderen gewisse Reaktionen hervor, die ebenfalls das Verdienst am Aufkommen des Islam für sich beanspruchen wollten und geltend machten, die prägenden Einflüsse auf Mohammed seien nicht jüdischen, sondern christlichen Ursprungs. Diese Anschauung wurde besonders gerne von protestantischen Wissenschaftlern proklamiert, so zum Beispiel von dem schottischen Arabisten Richard Bell und dem bedeutenden schwedischen Wissenschaftler Tor Andrae, der sowohl Professor für vergleichende Religionswissenschaft als auch lutheranischer Bischof war. Andere wiederum plädierten, Mohammed könne zwar durchaus jüdische oder christliche Lehrer gehabt haben; es seien jedoch weder rabbinische Juden noch orthodoxe Christen gewesen, sondern Anhänger irgendeiner obskuren Sektierergruppe.

Erst in jüngerer Zeit hat man dem Thema über angeblich jüdische Einflüsse neue Aspekte abgewonnen. Hatten zuerst jüdische, zumeist rabbinische Wissenschaftler mit einem gewissen Ahnenstolz auf die jüdischen Ursprünge mancher islamischer Gedanken verwiesen, so benutzten nun antiislamische Polemiker, in der Hauptsache römisch-katholische, das gleiche Argument, allerdings bezweckten sie keine Glorifizierung des Judaismus, sondern eine Diskreditierung des Islam.[4] Erst vor kurzem haben zwei junge Wissenschaftler, die man als nachchristlich bezeichnen könnte, die historische Beziehung zwischen Judentum und Islam in völlig neuem Licht dargestellt und dabei den Anteil des Judentums weitaus höher veranschlagt, als es Begriffe wie „Beitrag" oder „Einfluß" beinhalten. Dieses Werk, das den Islam als eine Art Seitenzweig oder Irrweg des Judaismus betrachtet, hat eine heftige Kontroverse ausgelöst.[5]

Die gesamte Frage jüdischer oder christlicher oder sonstiger äußerer Einflüsse auf den Islam ist natürlich für jüdische und andere nichtmuslimische Wissenschaftler ein Problem. Für muslimische Wissenschaftler kann sich eine solche Frage gar nicht erst stellen, und sie ist daher auch kein Problem. Muslime sehen in Mohammed den Propheten und im Koran die göttliche Offenbarung, was sowohl wörtlicher wie auch präziser zu verstehen ist als die jüdische oder christliche Vorstellung vom Alten und Neuen Testament. Nach der akzeptierten sunnitischen Lehre ist der Koran die Sammlung der unmittelbaren Offenbarungen Allahs und besteht mit Allah weiter, von Ewigkeit zu Ewigkeit. Der Koran, der diese Mohammed zuteil gewordene Offenbarung verkündet, besitzt daher eine unmittelbar von Allah stammende göttliche Authentizität, für die es in den üblichen Formen von Judaismus oder Christentum keine Entsprechung gibt. Der Gedanke an Anleihe oder Einflußnahme ist deshalb vom muslimischen Gesichtspunkt aus blasphemisch, absurd. Macht Allah Anleihen? Läßt Allah sich beeinflussen? Für einen Muslim sind Judentum wie Christentum mittlerweile abgelöste Vorläufer des Islam. Die jüdischen und christlichen Schriften waren authentische, göttliche Offenbarungen, die den von Gott gesandten Propheten zuteil wurden. Doch sie wurden von Juden wie Christen mißachtet und verfälscht und sind nun durch Gottes endgültige, unverfälschte Offenbarung, eben den Koran, ersetzt worden. Wenn es gemeinsame Elemente oder Ähnlichkeiten zwischen der Bibel und anderen jüdischen und christlichen Schriften und der islamischen Ordnung gibt, so ist dies auf den gemeinsamen göttlichen Ursprung zurückzuführen. Wo sie sich unterscheiden, sind die jüdischen oder christlichen Texte von ihren unwürdigen Hütern entstellt worden.

Ein gewisser jüdischer Einfluß wird von den frühen Rechtsgelehrten und Theologen des Islam erwähnt, doch wo man ihn als solchen sieht und erkennt, begreift man ihn als Verfälschung oder Verwässerung der authentischen Botschaft – vergleichbar dem, was man in der christlichen Geschichte judaisierende Häresie nannte. Es gibt eine ganze Sammlung von frühem islamischen religiösen Material, das weder zum Koran gehört noch zum akzeptierten und authentisierten Ḥadīṯ sondern zu deren Ergänzung benutzt wird. Sie besteht aus Geschichten über den Propheten, aus verschiedenartigen Berichten und Erzählungen und aus Interpretationen dieser Geschichten, von denen viele auf den Midrasch zurückgehen und vermutlich von übergetretenen Juden eingeführt und in Umlauf gebracht wurden. Dieses Material ist in der muslimischen Literatur unter dem Sammelnamen *Isrāʾīliyyāt* bekannt, israelitischer Stoff oder israelitische Tafeln. Zunächst hatte dieser Begriff im arabischen Sprachgebrauch rein deskriptiven Chrakter. Eine irgendwie lobende Bedeutung besaß er nie, sondern war zuerst wertneutral und bekam dann einen merklich negativen Beiklang. In späteren Zeiten wurde *Isrāʾīliyyāt* fast zum Synonym für abergläubischen Unsinn und benutzt, um Geschichten, Interpretationen und Bräuche zu verwerfen, die nicht als Bestandteil des authentischen Islam galten, sondern jüdischem und insofern unannehmbarem äußeren Einfluß zuzuschreiben waren.[6]

Wird ein jüdischer Einfluß oder Bestandteil als solcher identifiziert, so erfährt er prinzipiell Ablehnung. Akzeptiert man ihn als Teil des authentischen Islam, so ist er per definitionem nicht jüdischen, sondern göttlichen Ursprungs. Haben die Juden etwas Ähnliches aufzuweisen, so liegt es daran, daß auch ihnen früher göttliche Offenbarungen zuteil geworden waren.

Es gibt jedoch einige interessante Fälle, in denen nicht von vornherein feststand, ob ein Glaube oder ein Brauch auf jüdische oder göttliche Inspiration zurückging, so daß es zu Zwistigkeiten unter den maßgebenden islamischen Instanzen kam. Ein solches Beispiel ist die lange Auseinandersetzung unter den Hütern des Heiligen Gesetzes über die Heiligkeit von Jerusalem.[7] Gilt Jerusalem dem Islam als heilige Stadt oder nicht? Seit einiger Zeit wird Jerusalem als heilige Stadt allgemein akzeptiert; für die meisten Muslime rangiert es an dritter Stelle nach Mekka und Medina. Dies war jedoch keineswegs immer der Fall, und in früheren Zeiten gab es bei vielen Theologen und Rechtsgelehrten heftigen Widerstand dagegen; sie betrachteten das als judaisierenden Irrtum – als einen der vielen Versuche jüdischer Konvertiten, den Islam mit jüdischen Ideen oder Praktiken zu infiltrieren. Ṭabarī, der bedeutende Historiker des 9. Jahrhunderts, illustriert diesen Punkt in einer Geschichte, die den Besuch von Kalif Omar in der gerade eroberten Stadt Jerusalem schildert:

> Als Omar ... nach Aelia[8] ... kam, sprach er: „Bringt mir Kaʿb." Kaʿb wurde zu ihm geführt, und Omar frage ihn: „Wo meinst du, sollten wir die Gebetsstätte errichten?"
> „Am Felsen", antwortete Kaʿb.
> „Bei Allah", sprach Omar, „du folgst dem Judentum. Ich sah dich deine Sandalen ablegen."
> „Ich wollte die Berührung mit meinen bloßen Füßen spüren", entgegnete Kaʿb.
> „Ich sah dich", sprach Omar. „Doch nein ... unser Gebot galt nicht dem Felsen, es lautet vielmehr, wir sollten uns zur Kaaba (in Mekka)[9] wenden."

Kaʿb al-Aḥbār[10] war ein wohlbekannter, zum Islam übergetretener Jude und eine bedeutende Persönlichkeit, die häufig in Verbindung mit vermeintlich judaisierenden Einschüben in die wahre islamische Lehre zitiert wird. Die Pointe der Geschichte liegt unzweifelhaft darin, daß Jerusalem im jüdischen, nicht im muslimischen Glauben als heilige Stätte angesehen wird, daß Kaʿb sich irrte, wenn er trotz seiner Bekehrung daran festhielt, und daß ausschließlich Mekka die Gebetsrichtung bestimmt und für Muslime Ziel der Pilgerfahrt ist.

Die Geschichte ist so gut wie sicher erfunden und spiegelt wahrscheinlich die Kontroversen folgender Jahrzehnte wider. Es gibt andere Beispiele dieser Art, die ausdrücken sollen, daß die Verehrung Jerusalems als heilige Stadt ein Zeichen jüdischen Einflusses ist und daher als schlecht beurteilt werden muß. Dies war freilich nicht die vorherrschende Meinung, und sie geriet schließlich auch in Vergessenheit. Nach etlichem Hin und Her machte man sich allgemein die Auffassung zu eigen, daß Jerusalem doch eine heilige Stadt des Islam sei. Der Verlust und die Rückeroberung der Stadt während der Kreuzzüge und die enorme Bedeutung, die ihr offensichtlich von den Christen beigemessen wurde, taten zweifellos auch ihre Wirkung, desgleichen die heftigen Auseinandersetzungen, die in der osmanischen Spätzeit zwischen den europäischen Mächten um die heiligen Stätten in Jerusalem entbrannten. Heute steht, unbeschadet des Ursprungs, auf islamischer Seite eindeutig fest, daß Jerusalem eine heilige Stadt ist.

Ein weiteres Beispiel liefert der zum muslimischen Ruhetag bestimmte Freitag, unverkennbar ein Gegenstück zum jüdischen Samstag und zum christlichen Sonntag.[11] Wie die Christen sich von ihren jüdischen Vorläufern durch Verschiebung des Sabbats vom Sonnabend auf den Sonntag distanzierten, so distanzierten sich die Muslime von beiden dadurch, daß sie sich den Freitag erkoren. Doch sie machten eine weitere wichtige Unterscheidung. Sie wählten nicht nur einen anderen Wochentag, sondern änderten auch die gesamte Konzeption des Ruhetages. Der muslimische „Sabbat" ist in erster Linie ein Tag des öffentlichen Gebets, worauf schon der arabische Name für Freitag hinweist: *yawm al-ǧumʿa* (Versammlungstag). In den klassischen Zeiten war der Freitag kein Ruhetag, und der Gedanke, ihn als solchen zu behandeln, wurde zwar häufig zur Diskussion gestellt, von den meisten muslimischen Autoritäten jedoch als fragwürdige Nachahmung jüdischer und christlicher Bräuche verworfen. Allmählich gewann der Reiz eines Ruhetages die Oberhand über die theologischen Bedenken gegen seine Ursprünge, und heutzutage ist in den meisten muslimischen Staaten der weltweit übliche allwöchentliche Ruhetag institutionalisiert.

Für die Frühzeit islamischer Geschichte im 8. und im größten Teil des 9. Jahrhunderts richtet sich das Hauptaugenmerk des Historikers jüdisch-islamischer Tradition darauf, jüdische Elemente im Islam zu identifizieren – das, was man als jüdische Einflüsse und jüdische Beiträge bezeichnen könnte, ein keineswegs leichtes Unterfangen. Trotz vieler Geschichten, die man sich über jüdische Konvertiten und ihren (meist schädlichen) Einfluß erzählt, gibt es wenig gesicherte Informationen. Die einzigen Zeugnisse für den frühen Islam finden sich im Koran und in den islamischen Traditionen, und Interpretation wie Bewertung dieser Überlieferungen, selbst ihre Datierung und Authentizität, werfen viele Probleme auf. Auch ist fraglich, inwieweit die jüdische Komponente im Islam direkt aus jüdischen Quellen stammte und wie weit sie über das Christentum vermittelt wurde. Das christliche Element im frühen Islam ist nicht geringer als das jüdische, möglicherweise sogar größer, und die christliche Komponente enthält gewisse jüdische Einsprengsel, die bereits ins Christentum integriert worden waren. Ferner wird die Aufgabe des Historikers erschwert durch die Aktivitäten jüdisch-christlicher Gruppen in Arabien und den angrenzenden Gebieten sowie durch andere jüdische und christliche Sektierer, über deren Glauben und Brauchtum wenig bekannt ist.

Im ausgehenden 8. Jahrhundert kam eine neue Schwierigkeit hinzu. Zu jener Zeit verlief der Einfluß nicht mehr eingleisig. Die Juden waren nicht länger Zuschauer, vielleicht auch Helfer bei der Geburt einer neuen Religion, sondern eine von vielen Komponenten in einer mannigfaltigen, pluralistischen Kultur. In dieser Situation können Parallelen und Ähnlichkeiten zwischen jüdischen und muslimischen religiösen Anschauungen und Bräuchen sehr wohl muslimischen Einflüssen auf das Judentum zugeschrieben werden und nicht bloß – wie frühere Wissenschaftler meinten – jüdischen Einflüssen auf den Islam.

Die verschiedenartigen Probleme, denen sich der Wissenschaftler gegenübersieht, lassen sich durch einige Beispiele illustrieren.

Das muslimische Gesetz schreibt vor, daß im Fastenmonat Ramadan die Pflicht zu fasten nur tagsüber gilt. In der Nacht, von Sonnenuntergang bis zur Morgendämmerung, sind Essen und Trinken gestattet. Das Fasten beginnt wieder bei Tagesanbruch, ,,bis ihr im Morgenstrahl einen weißen Faden von einem schwarzen unterscheiden könnt". (Koran, II, 188). Abraham Geiger[12] lenkte als erster die Aufmerksamkeit auf die Ähnlichkeit zwischen diesem Geheiß und dem Diktum im Talmud, der für das ,,Schema Israel" Gebet den Tagesanbruch definiert als den Zeitpunkt, zu dem man zwischen Blau und Weiß oder – nach einer anderen Auslegung – zwischen Blau und Grün unterscheiden kann. Der Jerusalemer Talmud ist etwas präziser und verweist auf die ,,Fransen", die einen blauen Faden enthalten und beim Lesen der ,,Schema" benutzt werden. Chronologisch besteht in diesem Fall ebensowenig ein Zweifel wie in dem von Jerusalem. Mischna und Gemara für den Babylonischen wie für den Jerusalemischen Talmud waren vor dem Aufkommen des Islam abgeschlossen. Die Ähnlichkeit reicht zumindest aus, eine Verbindung nahezulegen; selbst der Unterschied – Schwarz und Weiß anstatt Blau und Weiß oder Blau und Grün – könnte eine bewußte Distanzierung darstellen, genau wie die Übernahme des Sonntags und später des Freitags anstatt des Samstags als Tag des öffentlichen Gebets. Für den gläubigen Muslim sind die Passagen im Talmud entstellte Überreste einer verlorengegangenen früheren Offenbarung, die in ihrer vollständigen, endgültigen Fassung im Koran wiederkehrt. Der vergleichende Wissenschaftler muß seine Wahl treffen: ob jüdischer Einfluß oder gemeinsamer Ursprung.

Manchmal wird die islamische Version eines jüdischen Stoffes oder einer Geschichte umgewandelt und adaptiert, um eine andere Botschaft zu vermitteln oder sich anderen Gegebenheiten anzupassen. Ein Beispiel dafür ist die Geschichte von Korah, der gegen die Autorität von Moses rebellierte und folgerichtig mitsamt seiner Rotte von der Erde verschlungen wurde. In den jüdischen Versionen dieser Geschichte besteht laut Bibel und Haggada das Vergehen des Korah darin, daß er die Autorität der Thora und ihrer Hüter, die unterschiedlich als Moses, die Priester oder die Rabbiner benannt werden, in Frage stellt und sogar gegen sie revoltiert. In einigen Versionen der Haggada erscheint Korah als Schatzmeister des Pharao und selber unermeßlich reich. In den muslimischen Fassungen steht dieser Aspekt im Vordergrund, denn Qārūn, wie er im Koran heißt, wird hier zum Prototyp der Arroganz des Reichtums. Er ist enorm begütert und gekennzeichnet durch Geiz und Protzerei, weder durch Wohltätigkeit noch durch sonstige gute Werke gemildert. Sein Fall, als er, sein Palast und seine Schätze von der Erde verschlungen werden, lehrt, daß Reichtum und die Macht, die er auf dieser Welt verleiht, vergänglich und nichtig sind. Nur Allah besitzt wirkliche Macht; nur Allahs Lohn hat wahren Wert.

Andere biblische und rabbinische Themen – zum Beispiel die Geschichten von Elias und von der Verfluchung des Ham – haben ebenfalls wesentlich differierende islamische Analogien. Im Mittelalter wurden sogar jüdische Erörterungen mancher dieser Themen gelegentlich durch islamische Versionen, die den Juden bekannt geworden waren, beeinflußt.[13]

Beim Aufkommen des Islam gab es zwar Juden in Arabien, jedoch in geringer Zahl. Abgesehen von der Rolle, die sie spielten oder die ihnen die muslimische historiographische Tradition in Zusammenhang mit dem Lebensweg des Propheten zuschreibt, besitzen sie in der jüdischen Geschichte keine nennenswerte Bedeutung, und sie werden von der jüdischen Geschichtsschreibung praktisch nicht zur Kenntnis genommen.[14] Von weit größerer Bedeutung waren die stattlichen, aktiven jüdischen Gemeinden in Südwestasien und Nordafrika – Länder, in die die Araber im 7. und 8. Jahrhundert nach einem gewaltigen Eroberungsfeldzug einfielen und die den Kern des islamischen Kalifats bildeten.

Die Juden im Vorderen Orient waren zu jener Zeit durch zwei tiefgreifende Unstimmigkeiten gespalten, die eine kultureller, die andere politischer Art, die chronologisch jedoch nicht zusammenfielen. Kulturell bestand eine immense Kluft zwischen Aramäisch sprechenden und hellenisierten Juden. Die im Fruchtbaren Halbmond Lebenden sprachen meist Aramäisch, das ihnen auch für ihre Kultur als Schriftsprache diente. Spezifisch jüdische Formen des Aramäischen wurden sowohl im Babylonischen wie im Jerusalemischen Talmud als Medium benutzt, ebenso in vielen anderen vorwiegend religiösen Schriften. Die zweite Gruppe wurde von Juden aus Alexandria und anderen Städten in den östlichen Provinzen des Römischen Reiches gebildet; sie hatten die griechische Sprache übernommen und sich in die damalige hellenistische Kultur integriert.

Neben dieser kulturellen gab es auch eine politische Spaltung zwischen den Juden des Römischen und später des Oströmischen Reiches einerseits und denen des Persischen Reiches andererseits. Die beiden erstgenannten Imperien umfaßten alle Mittelmeerländer, zum zweiten gehörten die persische Hochebene sowie der Irak, wo die Sassaniden in der Hauptstadt Ktesiphon residierten. Die alten, gelehrten jüdischen Gemeinden von Babylonien und ihre Glaubensgenossen in Palästina waren somit Untertanen zweier Reiche, zwischen denen ständig Rivalität und häufig Krieg herrschte.

Arabien, wo der islamische Glaube geboren worden war, gehörte zu keinem der beiden Reiche. Allerdings waren Rom wie auch Persien aktiv auf der Halbinsel vertreten, die gelegentlich zum Schauplatz kommerzieller, diplomatischer und auch militärischer Zusammenstöße der beiden wurde. Während des 6. Jahrhunderts, also am Vorabend von Mohammeds Sendung, spielten arabische Juden eine unklare, aber möglicherweise wichtige Rolle in diesem imperialen Wettstreit.[15]

Die arabischen Eroberungen und die Errichtung des islamischen Kalifats brachten erstmals seit dem Tod Alexanders des Großen die östliche und westliche Hälfte des Vorderen Orients zusammen. Das Persische Reich wurde besiegt und sein Territorium restlos absorbiert. Das Byzantinische Reich blieb bestehen, wurde jedoch auf Anatolien und Südosteuropa reduziert. Syrien, Palästina, Ägypten und Nordafrika wurden erobert, und die dortigen jüdischen Gemeinden bildeten nach dem erfolgten Zusammenschluß mit denen in Irak und Persien die überwiegende Mehrheit sowie den fortschrittlichsten und aktivsten Teil des jüdischen Volkes.

In diesen unter islamischer Herrschaft vereinigten Gemeinden Südwestasiens und Nordafrikas fanden etliche bedeutsame Veränderungen statt. Zunächst der Prozeß der Vereinigung selbst, das Verschmelzen sehr ungleichartiger, mannigfaltiger Gruppen, die jetzt unter einer Herrschaft zusammengeschlossen waren. Juden von der Atlantikküste bis zu den Grenzen Indiens und Chinas bildeten eine Gesellschaft, die eine Zeitlang einem Staat untertan war. Und selbst als dieser aus mehreren Gründen in viele kleine Staaten zerfiel, blieb die kulturelle, soziale und bis zu einem gewissen Grade auch die wirtschaftliche Einheit der Gesellschaft erhalten, mit einem beachtlichen Maß an persönlicher und materieller Mobilität zwischen so weit voneinander entfernten Ländern wie Persien und Marokko oder Spanien und Jemen. Das ganze Mittelalter hindurch bestand kommerziell und kulturell ein reger Verkehr zwischen den ausgedehnten Regionen dieser immensen islamischen Welt und folglich auch zwischen ihren jüdischen Gemeinden.

Eine der wesentlichen Veränderungen, die sich im jüdischen Leben dieser Länder vollzogen, war der Prozeß der Arabisierung, womit an erster Stelle, jedoch nicht ausschließlich, die Ablösung der älteren Sprachen durch das Arabische gemeint ist. Aramäisch als Umgangssprache starb aus und blieb – von wenigen entlegenen, isolierten Gemeinden abgesehen – nur im Rechtswesen und in der Liturgie erhalten. Griechisch war in Vergessenheit geraten, und das Lateinische hatten die Juden kaum übernommen. Das Hebräische blieb natürlich, wurde aber nur in Grenzen gebraucht. Vor allem anderen war es eine religiöse Sprache, die in der Liturgie oder Synagoge und in der Poesie, mitunter auch allgemein in der Belletristik, verwendet wurde. Auf den meisten Gebieten jedoch trat an die Stelle des Hebräischen und aller anderen früher von den Juden benutzten Sprachen das Arabische, das zum Medium von Naturwissenschaft und Philosophie, von Verwaltung und Handel, sogar von jüdischer Theologie wurde, als sich eine solche Disziplin unter islamischem Einfluß zu entwickeln begann. Jehuda Halevi schrieb seine Gedichte, Maimonides seine Abhandlungen über das jüdische Gesetz auf hebräisch, doch wenn sie eine Philosophie erläutern wollten, benutzten beide das Arabische, das über die erforderliche Terminologie verfügte. Es dominierte überall, außer in den östlichsten Teilen des Islamischen Reiches, in Persien und jenseits davon. Selbst dort war es eine Zeitlang vorherrschend, wenn es auch unter persischen Juden und unter anderen Persern nicht zur Umgangssprache wurde. In Persien und weiter östlich bediente man sich weiterhin des Persischen, das später in neuer Form seinen literarischen Rang zurückgewann. Westlich von Persien wurde Arabisch nicht nur zur literarischen, sondern auch zur Amts- und Umgangssprache. Die Juden übernahmen es und machten es sich zu eigen, wie sie es in ihrer Geschichte nur mit wenigen anderen Sprachen getan haben. Dies stand in auffallendem Gegensatz zur Situation in der mittelalterlichen christlichen Welt, wo die Juden von Griechisch nur sehr begrenzten Gebrauch machten und vom Lateinischen so gut wie gar keinen.

Die jüdische Geschichte weist in den kulturellen Beziehungen zwischen Juden und ihren Nachbarn zwei gegensätzliche Muster auf. In dem einen sind die Juden in die Gesellschaft, in der sie leben, integriert; sie benutzen dieselbe Sprache und haben weitgehend Anteil an denselben kulturellen Werten wie die Mehrheit. Dies ist im modernen Westeuropa und in Amerika der Fall. Nach dem anderen Schema sind die Juden sprachlich und damit auch kulturell abgesondert, sie benutzen entweder das Hebräische oder, häufiger, eine andere Sprache, die sie von irgendwoher mitbrachten und zu einer jüdischen, ausschließlich von Juden gebrauchten umformten. So war es mit dem Jüdisch-Spanischen der Sephardim im Osmanischen Reich, dem Spaniolisch, oder dem Jüdisch-Deutschen, dem Jiddisch, der Aschkenasim im Königreich Polen und im Russischen Reich. Das gleiche galt auch für die jüdisch-aramäischen Dialekte, die in früherer Zeit im Gebiet des Fruchtbaren Halbmondes gesprochen wurden. Unter beiden Voraussetzungen entwickeln sich unterschiedliche Lebensformen und natürlich auch unterschiedliche Beziehungen zwischen der jüdischen Minderheit und der herrschenden Mehrheit.

Die mittelalterliche Symbiose von Juden und Arabern ist in dieser Hinsicht dem Modell im modernen Westeuropa und in Amerika weit näher und unterscheidet sich erheblich von der Situation im Römischen, Osmanischen und Russischen Reich. Wie Professor Goitein ausgeführt hat, zeitigte diese Symbiose nicht bloß eine jüdische Kultur auf arabisch. Man könnte vielmehr von jüdisch-arabischer oder sogar von jüdisch-islamischer Kultur sprechen. In der Sprache gab es einige geringfügige Unterschiede. Die Juden entwickelten wie die Christen phonetisch und im Wortschatz[16] ihre eigenen spezifischen arabischen Dialekte mit spezifischen Merkmalen. Zu bestimmten Zwecken schrieben sie Arabisch in hebräischer Schrift, die Christen wiederum benutzten dafür mitunter die altsyrische. Bei den Religionen des Vorderen Orients, die auf schriftlichen Offenbarungen und Liturgien beruhen, besteht ein enger Zusammenhang zwischen Schrift und Kult, zwischen Schrift und Glaubenslehre. Doch die daraus herrührenden Unterschiede im muslimischen, christlichen und jüdischen Arabisch waren im Mittelalter vergleichsweise unerheblich. Weit wichtiger war der gemeinsame Anteil an der Sprache und an den darin ausgedrückten kulturellen Werten – der ganze kulturelle Bezugsrahmen, der ein Ausmaß an Kommunikation, ja an Kooperation ermöglichte, wie es in der Geschichte der jüdischen Diaspora verhältnismäßig selten ist.

Der kulturelle Assimilationsprozeß der Juden in der arabischen islamischen Welt geht über eine bloße Arabisierung hinaus, ein Begriff, der sich vielleicht zu eng aufs Sprachliche beschränkt, und ließe sich besser als Islamisierung bezeichnen. Das bedeutet nicht unbedingt Bekehrung zum Islam, obwohl es natürlich zahlreiche jüdische Konvertiten gab, von denen einige eine recht bedeutende Rolle spielten. Gemeint ist nicht die Annahme der islamischen Religion, sondern die Assimilierung an islamische Denk- und Verhaltensweisen – mit einem Wort, eine jüdisch islamische Tradition parallel zur jüdisch-christlichen, von der wir in der neuzeitlichen Welt zu reden pflegen.

Einige Probleme in der Wechselbeziehung zwischen Judaismus und Islam sowie die Einflüsse, die sie aufeinander ausgeübt haben dürften, wurden bereits erwähnt. Es ist oft schwer, manchmal unmöglich zu sagen, welcher Brauch oder welcher Gedanke früher und welcher später entstand und welcher daher den anderen inspirierte oder beeinflußte. Unter den gegebenen Umständen empfiehlt es sich, eine neutrale Formulierung zu benutzen und von einer Reihe bemerkenswerter Ähnlichkeiten zwischen Entwicklungen im Judaismus und parallel verlaufenden im Islam zu sprechen. In manchen Fällen zeigt der tatsächliche chronologische Ablauf zweifelsfrei, von wem der Einfluß ausgegangen ist und wer ihn aufgenommen hat. In anderen ist der Entwicklungsverlauf schwieriger zu bestimmen.

Der verstorbene Rabbi Ignaz Maibaum, ein reformistischer Rabbiner in London, war an einem Meinungsstreit mit einigen seiner orthodoxen rabbinischen Kollegen beteiligt, der in den Spalten einer jüdischen Wochenzeitung ausgetragen wurde. In einem Brief eines orthodoxen Rabbiners stand lapidar zu lesen, reformistische Rabbiner seien nichts weiter als „jüdische Geistliche", eine Formulierung, die eindeutig beinhalten sollte, daß sie von der authentischen jüdischen Tradition abgewichen waren und christlichen Priestern und Pfarrern nacheiferten. Maibaum entgegnete, wenn man reformistische Rabbiner als jüdische „Geistliche" beschreiben wolle, ließen sich mit dem gleichen Recht orthodoxe Rabbiner als jüdische ʿUlemā bezeichnen.

Die Bedeutung der Gegenbeschuldigung ist ziemlich offensichtlich. Zwischen der Stellung der Ulema im islamischen Leben und der des Rabbinats in orthodoxen jüdischen Gemeinden bestehen in der Tat gewisse Ähnlichkeiten. Weder der *ʿālim* (Singular von ʿUlemā) noch der Rabbiner ist ein geweihter Priester; keiner von beiden hat ein priesterliches Amt inne. Weder Judaismus noch Islam haben Sakramente, Altäre, Ordination oder priesterliche Fürbitte. Es gibt keine religiöse Funktion, die ein *ʿālim* oder ein Rabbiner ausüben kann, die nicht jeder gewöhnliche erwachsene männliche Gläubige, mit den erforderlichen Kenntnissen ausgestattet, ebensogut erfüllen könnte. Beide sind von Beruf Männer des Glaubens, aber keiner ist in irgendeinem Sinne Priester. Sie erwerben ihren Status durch Wissen, durch Studium und durch Anerkennung, die einer amtlichen Beglaubigung gleichkommt – die *semicha* des Rabbiners weist starke Ähnlichkeit mit der *iǧāza* auf, die ein neuer *ʿālim* von seinem Lehrer erhält. In diesen wie in vielen anderen Punkten bestehen bei Ausbildung, Qualifikation und Funktion erstaunliche Parallelen zwischen dem orthodoxen Rabbiner und dem sunnitischen muslimischen *ʿālim.* (Der schiitische Mullah unterscheidet sich wesentlich.) Eine derart verblüffende Ähnlichkeit, die noch unterstrichen wird durch den Unterschied zwischen ihrem gemeinsamen Status und dem der Geistlichkeit im

Christentum und einigen anderen Religionen, spricht deutlich für einen historischen Zusammenhang.

Diese Ähnlichkeit, die sich bei den Rechtsgelehrten zeigt, erstreckt sich auch auf das Gesetz selbst – ein weiterer Punkt, in dem Judaismus und Islam einander gleichen und sich vom Christentum unterscheiden. Die beiden Religionen haben in ihrer Rechtskonzeption vieles gemeinsam: Spielraum, inhaltliche Spannweite und der Stellenwert, den das Gesetz im öffentlichen und privaten Alltagsleben einnimmt. Beide stimmen im wesentlichen überein, was den göttlichen Ursprung und den dualen Charakter des Gesetzes betrifft, schriftlich und mündlich, in Offenbarung und Überlieferung. Zwischen der jüdischen Vorstellung von *Halacha* und der islamischen von *Šarīʿa* – beide Wörter bedeuten „Pfad" oder „Weg" – besteht mit Sicherheit eine enge Verwandtschaft. Da die *Halacha*, der normative Teil der Mündlichen Lehre, etliche Jahrhunderte vor der Šariʿa entstand und im Talmud verankert wurde, dürfte in diesem Fall der erste Einfluß wohl vom Judaismus auf den Islam ausgegangen sein und nicht umgekehrt. Doch auch hier gibt es in der weiteren Entwicklung der beiden Gesetzessysteme eindeutig gegenseitige Einflüsse.[17]

Vieles im Vokabular der *fiqh*, der muslimischen Jurisprudenz, ist den rabbinischen Vorgängern zu verdanken. Aber zur späteren Entwicklung und Auslegung des rabbinischen Gesetzes haben die muslimischen Rechtsgelehrten eine Menge beigesteuert – Kategorien, Formulierungen, sogar die Terminologie.

Eine offenkundige Parallele besteht in der Praxis der Responsen – der rabbinischen *Teschuwot*, des islamischen *fatwā*. Die frühesten erhaltenen Beispiele für beide sind ungefähr gleichen Datums; hier läßt sich jedoch in den *responsa prudentium* der römischen Rechtsgelehrten, die wesentlich früher datieren als beide und wahrscheinlich beiden zugrunde liegen, ein gemeinsamer Ursprung finden.

In der philosophischen und sogar in der theologischen Literatur kann man unbedenklich sagen, daß der Islam das Judentum beeinflußte und nicht umgekehrt. Der Begriff einer Theologie, einer Formulierung religiösen Glaubens in Form philosophischer Grundsätze war den Juden der biblischen und talmudischen Zeit fremd. Die jüdische Theologie entstand fast ausschließlich in islamischen Ländern. Sie war das Werk von Theologen, die sowohl die Begriffe als auch den Wortschatz (entweder auf arabisch oder ins Hebräische lehnübersetzt) der muslimischen *kalām* benutzten.[18] Hier zeigt sich ein weiterer wichtiger Einfluß – die lexikologische Einwirkung des Arabischen auf das Hebräische. Natürlich handelt es sich um verwandte Sprachen mit einem umfangreichen Bestand gemeinsamer Wurzeln, so daß sich das Wortmaterial mühelos von der einen in die andere entleihen oder nachahmen ließ. Gebildete Juden in den islamischen Ländern des Mittelalters waren mit beiden Sprachen bestens vertraut. Ein beträchtlicher Teil des philosophischen und naturwissenschaftlichen Vokabulars im mittelalterlichen Hebräisch, von dem vieles ins moderne Hebräisch übernommen wurde, ging auf Lehnübersetzung aus dem Arabischen zurück. Um nur ein Beispiel zu nennen: Das hebräische *murkav* (Mischung, Masse, Zusammensetzung) ist eindeutig eine Lehnübersetzung des arabischen *murakkab.* Es gibt viele ähnliche Bildungen.

Damit erhebt sich die generelle Frage nach dem arabischen Einfluß auf die hebräische Philologie. Juden, die Hebräisch studierten, um die Bibel besser verstehen zu können, benutzten viele Verfahren muslimischer Sprachforscher, die einem ähnlichen Zweck dienten, nämlich dem Studium der geheiligten Texte des Korans. Die Ursprünge, die Erweiterung und Entwicklung von Grammatik und Lexikographie, der Wunsch und das Bemühen, einen authentischen Text zu erarbeiten, sind in beiden Religionen auffallend ähnlich, und es drängt sich die Frage auf nach einem Zusammenhang zwischen den Aktivitäten der Massoreten und ihrem Anliegen, den Text der hebräischen Bibel festzulegen, und dem entsprechenden, wahrscheinlich früheren muslimischen Bestreben, einen maßgebenden Text für den Koran zu erstellen.

Die muslimischen Einflüsse auf den Judaismus gingen über den philosophischen und wissenschaftlichen Bereich hinaus und berührten sogar das Ritual und den Gottesdienst der Synagoge. Vor einigen Jahren veröffentlichte Dr. Naftali Wieder eine bemerkenswerte Studie über islamische Einflüsse im jüdischen Kult. Es handelt sich dabei übrigens um eines der wenigen hebräischen geisteswissenschaftlichen Werke, das ins Arabische übersetzt wurde.[19]

In der Literatur und in den Geisteswissenschaften ist der muslimische Einfluß auf die Juden enorm und fast durchweg einspurig. Im Mittelalter, dem Goldenen Zeitalter, hält sich die hebräische Dichtkunst eng an die Prosodie und Technik der arabischen Poesie und ihr ganzes System von Symbol und Anspielung. Obwohl in einer nichtislamischen Sprache und Schrift geschrieben, gehört die mittelalterliche hebräische Lyrik und viel von der Prosa zum gleichen Kulturkreis wie die arabische und die anderen Literaturen des Islam. Der islamische Einfluß auf die hebräische Poesie beschränkt sich nicht auf die Juden in der islamischen Welt, sondern erstreckte sich über Spanien bis in die Provence. In den bildenden Künsten haben Judaismus und Islam bestimmte gemeinsame Verhaltensweisen in bezug auf die figürliche Darstellung von Menschen und selbst Tieren, und die daraus resultierende künstlerische Gestaltungsform ist bei beiden zu beobachten.[20] Es gibt auffallende Ähnlichkeiten zwischen islamischer Kunst und jüdischen Kunstwerken, die nicht nur in islamischen Ländern, sondern, wie die Poesie, auch im christlichen Abendland geschaffen wurden, wo beispielsweise jüdische Buchillumination einerseits und jüdische Tempelarchitektur andererseits erkennbare islamische Einflüsse aufweisen.

Ein Vergleich zwischen den Juden im christlichen und denen im islamischen Bereich zeigt, in welchem Ausmaß die jüdischen Minderheiten den Sitten folgten und die Normen der herrschenden Gemeinschaften übernahmen, selbst in Fragen von zutiefst persönlicher und religiöser Bedeutung. Ein eklatantes Beispiel bietet das Ehegesetz. Zu den markantesten Unterschieden zwischen christlichem und islamischen Brauch gehört, daß der Islam Polygamie und Konkubinat zuläßt, während das Christentum beides verbietet. In der christlichen Welt übernahmen die Juden die Monogamie und schrieben sie sogar gesetzlich vor; in der muslimischen Welt praktizierten die meisten jüdischen Gemeinden Polygamie und Konkubinat oder ließen beides zumindest zu, und das fast bis zum heutigen Tag.[21]

Die Auffassung von Märtyrertum und den Umständen, unter denen es zur Pflicht wird, ist ebenfalls höchst unterschiedlich. Es gibt eine jüdisch-christliche Tradition des Martyriums – und in diesem Fall kann man zu Recht jenen einigermaßen überstrapazierten Ausdruck „jüdisch-christlich" benutzen –, derzufolge der Gläubige bereit sein muß, eher sein Leben zu opfern als seine religiösen Überzeugungen zu widerrufen. Die Juden bewahren den alten jüdischen Märtyrern ein ehrenvolles Andenken: Hannah und ihren Söhnen, Rabbi Akiba und seinen Gefährten und vielen anderen. Die gleiche Tradition wurde von den Christen beibehalten und ebenso von den Juden in christlichen Ländern, wofür es an Gelegenheit keineswegs mangelte. Das Christentum war eine Religion, die Märtyrer schuf – als Subjekte wie als Objekte.

In der islamischen Welt waren die Muslime und auch ihre Untertanen, ausgenommen vielleicht die Schiiten, in diesem Punkt wesentlich gelassener. In einem bereits zitierten Vers postuliert der Koran: „Zwingt keinen zum Glauben", was in dem Sinne ausgelegt wurde, daß die Menschen nicht gezwungen werden dürfen oder sollten, ihren Glauben zu wechseln, es sei denn natürlich, sie wären Heiden oder Götzendiener – in diesem Fall verdienten sie keine Rücksicht. Doch in den Kernlanden des Islam, wo die Tradition im wesentlichen entstand und das gemeinschaftliche historische Gedächtnis herstammt, gab es so gut wie keine Heiden oder Götzendiener. Für Christen und Juden unter muslimischer Herrschaft stellte sich die Frage zwangsweiser Bekehrung und somit des Märtyrertodes nur selten, für Muslime selber erst Jahrhunderte später.

Der Islam besitzt jedoch den Begriff Märtyrertum, der in einem Wort mit derselben Bedeutung enthalten ist. Der islamische Terminus für Märtyrer ist *šahīd*, der auf eine arabische Wurzel zurückgeht, die „Zeugnis ablegen" bedeutet, also dem griechischen *martyros* entspricht. Das gebräuchliche arabische Wort für einen Zeugen im rechtlichen Sinne ist *šahīd*, aus derselben Wurzel. Aber ein muslimischer *šahīd* ist etwas ganz anderes als ein jüdischer oder christlicher Märtyrer. Als *šahīd* bezeichnet man denjenigen, der im Heiligen Krieg für den Islam kämpft und auf dem Schlachtfeld stirbt. Da der Heilige Krieg eine den Gläubigen obliegende religiöse Pflicht ist, gelten diejenigen, die in Erfüllung dieser Pflicht den Tod erleiden, im islamischen Sinn des Wortes als Märtyrer und als würdig, den Lohn für ihren Märtyrertod zu empfangen. Die jüdisch-christliche Vorstellung von Märtyrertum – eher zu leiden und Zeugnis abzulegen für seinen Glauben als ihn zu verleugnen – ist dem Islam nicht unbekannt. Das Schicksal des jüdischen Stammes der Banū-Qurayẓa zu Medina, die lieber den Tod hinnahmen, als ihrem Glauben abzuschwören, gehört zur quasi geheiligten Biographie des Propheten, und man berichtet davon voller Hochachtung, die mitunter an Bewunderung grenzt.[22] Aber als Beispiel, dem die Muslime folgen sollten, wurde das nicht betrachtet – aus dem einfachen Grund, weil sich in der Frühgeschichte des Islam die Frage nicht stellte und Muslime sich einer solchen Bewährungsprobe nicht unterziehen mußten. Die seltenen Fälle, in denen sich Muslime religiösem Zwang ausgesetzt sahen, spielten sich mehr intern ab, wobei diese oder jene Schule der islamischen Lehre versuchte, ihre Auffassungen den übrigen aufzudrängen. In einer solchen Situation wurde Unterwerfung natürlich nachsichtiger beurteilt, und es entstand die weitgehend akzeptierte Doktrin, daß es statthaft sei, die wahren Überzeugungen zu verbergen, solange man sie in seinem Herzen und Verstand bewahrte – daß es vernünftig sei, sich um des Überlebens willen den vorherrschenden Lehren anzupassen, damit man unter günstigeren Umständen rechtzeitig seinen wahren Glauben wieder aufnehmen und bekennen könne.[23] Jahrhunderte später, beim Rückzug aus Spanien und Italien, sahen sich die Muslime einer weit größeren Gefahr für ihren Glauben gegenüber – nicht nur dem Druck einer rivalisierenden muslimischen Doktrin, sondern der entschlossenen Verfolgung durch eine konkurrierende Religion. Einige wählten den Märtyrertod oder das Exil. Andere praktizierten Anpassung und hielten insgeheim an ihrem Glauben fest, solange es ging.

Diese Reaktion auf Verfolgung ist natürlich in der jüdischen Geschichte bekannt, und zwar unter dem Namen Marranismus, die Praxis der spanischen und portugiesischen Marranen, die vorgeblich zum Katholizismus übertraten, aber ihren jüdischen Glauben bewahrten und nach Möglichkeit sogar heimlich am Gottesdienst teilnahmen, bis andere Zeiten oder, häufiger, ein anderes Domizil es ihnen wieder erlaubten, sich offen zu ihrem Glauben zu bekennen. Bezeichnenderweise beschränkt sich das Phänomen des Marranismus in der jüdischen Geschichte auf Länder mit islamischer Kultur. Die markantesten Beispiele bieten die Juden aus Spanien und Portugal nach der Vertreibung, andere aus islamischen Ländern sind von Nordafrika bis Persien und Zentralasien bekannt. Unter den Juden innerhalb der christlichen Welt, die unvergleichlich schwerere Verfolgung erlitten und dennoch – in seltsamer Übereinstimmung mit ihren Verfolgern – lieber den Tod oder das Exil wählten als Unterwerfung, hat es dieses Phänomen so gut wie nie gegeben.

Einige jüdische Autoren des Mittelalters, darunter der große Maimonides, versuchten sogar, eine theoretische Rechtfertigung für diesen Gegensatz zu liefern, und führten theologische Motive an, daß ein Jude eher Folter und Tod erdulden müsse, als ein christliches Glaubensbekenntnis abzulegen, während er die Bekehrung zum Islam um des Überlebens willen vortäuschen dürfe. Ein wesentlicher Unterschied lag darin, daß die Juden den Islam als strengen Monotheismus von der gleichen Art wie der ihre anerkannten, am Christentum dagegen etliche Zweifel hegten, die sie mit den Muslimen teilten. Für denjenigen, der an keine der beiden Aussagen glaubte, war es ein weniger gravierender Meineid, sich dazu zu bekennen, daß Mohammed der Prophet Gottes sei, als feierlich zu erklären, Jesus sei Gottes Sohn. Diese Unterscheidungen beruhten zwar zweifellos auf einem unzureichenden Verständnis der christlichen Lehre, spielten aber dennoch eine wichtige Rolle bei der Ausprägung interkonfessioneller Verhaltensweisen.

Eine weitere Frage, in der Judaismus und Islam einander näher sind als jede von ihnen dem Christentum, betrifft die Speisegesetze. Die muslimischen sind nicht so streng wie die vom rabbinischen Gesetz auferlegten. Auf die Lockerung einiger dieser Einschränkungen wird ausdrücklich im Koran hingewiesen, und tatsächlich wurde die Bereitschaft, Kamelfleisch zu essen, mitunter als Test für die Aufrichtigkeit eines jüdischen Konvertiten benutzt, etwa ebenso, wie es getauften Juden auferlegt wurde, Schweinefleisch zu verzehren. Das Schweinefleisch und einige minder verabscheuungswürdige Nahrungsmittel betreffende Verbot gilt jedoch für Muslime ebenso wie für Juden. Wichtiger noch war die beiden gemeinsame, den Christen unbekannte Vorstellung, daß manche Speisen verboten und andere durch göttliches Gesetz erlaubt waren. Dies konnte sogar praktische Konsequenzen nach sich ziehen. Den Muslimen war es von den meisten religiösen Autoritäten gestattet, koscheres Fleisch zu essen[24] – bei Reisen in ferne Länder, in denen jüdische Gemeinden, aber keine Muslime ansässig waren, ein wichtiger Faktor. Den Juden ihrerseits war der Verzehr von Fleisch, das auf muslimische Art geschlachtet worden war, untersagt, was nicht hinderte, daß ihnen die muslimische Grundeinstellung bei weitem näher lag. Die große Ausnahme bildete der schiitische Islam, der auf ritueller Reinheit beharrte und jedem Kontakt mit einem *ḏimmī* verunreinigende Wirkung zuschrieb und somit jede von Juden bereitete oder auch nur berührte Speise als unrein ablehnte, geschweige denn koscherem Fleisch Gesetzmäßigkeit zuerkannte.

Vergleicht man die muslimische Einstellung zu Juden und deren Behandlung in mittelalterlichen Zeiten mit der Stellung der Juden unter ihren christlichen Nachbarn im mittelalterlichen Europa, so registriert man etliche auffallende Gegensätze. Selbst die Feindseligkeiten der beiden Mehrheitsgemeinschaften unterscheiden sich beträchtlich. In der islamischen Gesellschaft ist die Judenfeindlichkeit nicht theologischer Natur. Sie hängt weder mit einer spezifisch islamischen Doktrin zusammen noch mit irgendeinem spezifischen Umstand in der heiligen islamischen Geschichte.[25] Für die Muslime gehört dies nicht zu den Geburtswehen ihrer Religion, wie es bei den Christen der Fall ist. Es handelt sich vielmehr um die übliche Haltung des Herrschenden gegenüber dem Untergebenen, der Mehrheit gegenüber der Minderheit, ohne jene zusätzliche theologische und somit psychologische Dimension, die dem christlichen Antisemitismus seinen einzigartigen, besonderen Charakter verleiht.

Teils lag es daran, daß die gegen Juden gerichtete Feindseligkeit nicht ideologischer Natur war, teils auch daran, daß die jüdischen Minderheiten in islamischen Ländern anders als die innerhalb der Christenheit eine unter vielen in einer vielfältigen, pluralistischen Gesellchaft darstellten, so daß sie weitaus weniger auffielen. Das war insgesamt ein Vorteil.

Im allgemeinen widmen muslimische Polemiker den verhältnismäßig unbedeutenden Juden geringe Aufmerksamkeit. Soweit sie sich herablassen, über die überholten Religionen zu reden, befassen sie sich weit mehr mit den Christen, die als Vertreter eines konkurrierenden, auf Bekehrung ausgerichteten Glaubens und als Herren eines rivalisierenden Weltreichs eine ernstliche Alternative und daher eine potentielle Gefahr für die muslimische Ordnung und für den Islam als Weltreligion darstellten. Die Juden waren keine politische Bedrohung für die islamische Weltordnung, keine religiöse Herausforderung für den islamischen Glauben; auch wetteiferten sie nicht, wie die Christen, mit den Muslimen, die noch unbekehrten Heiden als Anhänger zu gewinnen. Trotz der Verdammung von Juden und Judaismus im Koran und im Kommentar sowie im Ḥadīṯ war antijüdische Polemik selten, und wenn sie auftauchte, stammte sie meist von zum Islam übergetretenen Juden, die ihren Glaubenswechsel rechtfertigten und ihre neuen Glaubensgenossen mit Fakten und Argumenten zur Verwendung gegen die alten belieferten.

Über christliche Konvertiten, die dank ihrer größeren Zahl und Bedeutung auch viel größere Wirkung besaßen, läßt sich weitgehend das gleiche sagen. Zu den von ihnen in den Islam eingebrachten Ansichten und Verhaltensweisen gehörte eine gewisse Judenfeindlichkeit, die gelegentlich auf einschlägige muslimische Schriften abfärbte. Professor Moshe Perlmann, Verfasser einer fundierten Studie über diese Literaturgattung, stellt hierzu fest:

> Es hat den Anschein, daß gegen Juden und Judaismus gerichtete islamische Polemik in einem sehr großen, entscheidenden Maße aus christlichem Quellenmaterial stammte, zum Teil aus vorislamischer Zeit, das mit der massenweisen Bekehrung von Christen in das islamische Milieu eingeflossen ist. Diese Argumente wurzelten ihrerseits zum Teil in der antijüdischen Überlieferung der Antike und wurden durch jüdische Konvertiten wiederbelebt. Es gab einen Vorrat an Argumenten für den Islam und gegen die älteren Glaubensbekenntnisse, einen Vorrat, den zum Islam übergetretene Juden und Christen beschafften.[26]

Wenn in muslimischen religiösen Schriften Juden und Judaismus abgehandelt werden, geschieht dies gewöhnlich in recht negativer Weise. Angesichts der vorwiegend feindseligen Darstellung des Juden im Koran wie im Ḥadīṯ und der später hauptsächlich aus christlichen Quellen bezogenen Informationen über die Juden ist dies kaum erstaunlich.

Es gibt freilich Ausnahmen. So enthält ein Werk des Bagdader Theologen al-Bāqilānī aus dem 10. Jahrhundert, in dem er den Islam gegen andere Religionen und Philosophien verteidigt, auch eine Passage über den Judaismus. Er behandelt die jüdischen Schriften und Glaubenslehren nur kurz, aber mit Sachkenntnis. Das Buch ist frei von Verunglimpfungen, dagegen höflich, sogar achtungsvoll im Ton.[27] In einer Zeit, in der die Religionen theologische Differenzen intern und untereinander leidenschaftlich und mit starken Worten auszutragen pflegten, ist eine solche Mäßigung bemerkenswert. Noch bemerkenswerter dürfte sein, daß aus der klassischen Ära nur ein ernstlicher Angriff auf den Judaismus erhalten geblieben ist, der von einem bedeutenden Verfasser stammt. Der Gelehrte Ibn Ḥazm (994–1064), Häresiologe und Literat, eine dominierende Persönlichkeit in der Geistesgeschichte des muslimischen Spaniens, ist bekannt durch ein reizendes Büchlein über galante und poetische Liebe sowie durch eine große Abhandlung über die Weltreligionen. Seine schroffe, intolerante Haltung äußert sich nicht nur den nichtmuslimischen Religionen gegenüber, sondern erstreckt sich auch auf all jene Ideen und Erscheinungen im Islam, die nicht mit seinen eigenen übereinstimmten. Des weiteren schrieb Ibn Ḥazm ein antijüdisches Traktat, in dem er ein angeblich von Samuel Ibn Negrella stammendes Pamphlet gegen den Islam widerlegte. Ibn Ḥazm war Samuels Abhandlung, sofern sie überhaupt je existiert hatte, nie zu Gesicht gekommen, so daß er sich auf eine frühere muslimische Replik stützte. Das Buch ist in Ton und Inhalt extrem feindselig, was wohl auch mit seinem Haß auf Samuel Ibn Negrella (993–1056) zusammenhing, der eine bemerkenswert erfolgreiche Laufbahn als Staatsmann und General im Dienst eines muslimischen Herrschers und als Gelehrter, Dichter und führendes Gemeindemitglied der Juden aufzuweisen hatte. Wie stark Ibn Ḥazms Schmähschrift die mittelalterliche muslimische Meinung beeinflußte, läßt sich schwer sagen. Daß es sich um das einzige bekannte Machwerk dieser Art handelt, ist sicherlich bezeichnend.[28]

In seinem großen Werk über die Weltreligionen widmet Ibn Ḥazm dem Judentum mehr Raum als dem Christentum. Dieses Mißverhältnis, das zweifellos auf die damaligen besonderen Verhältnisse im südlichen Spanien zurückgeht, findet sich nur bei ihm. Die meisten Schriftsteller befassen sich weit intensiver mit den Christen, was nicht nur an deren Anzahl und Bedeutung liegt, sondern auch daran, daß sie als etablierter Bestandteil der Bürokratie und Intelligenz in den Städten des Vorderen Orients den muslimischen Gelehrten besser bekannt und vertraut waren.

Eine positivere Einstellung zeigt sich bei manchen muslimischen Autoren, die an das Thema Juden und Judaismus unter rationalistischen, sogar skeptischen, gelegentlich auch unter sufistischen Aspekten herangehen. Skeptiker wie Mystiker nahmen religiöse Unterschiede nicht sonderlich wichtig. Die einen verurteilten sämtliche Religionen in Bausch und Bogen als falsch, die anderen sprachen allen fast den gleichen Wahrheitsgehalt zu.[29] Allgemeiner gesagt: Innerhalb der städtischen Mittelschicht in Zeiten und Gegenden hoher kultureller Blüte herrschte eine tolerantere und liberalere Einstellung, die in der Literatur ihren Niederschlag fand. Die Ausbreitung von rationalistischem Relativismus und mystischem Pantheismus hatte daran zweifellos ihren Anteil.

All dies trug dazu bei, in früheren, wenn auch nicht in späteren islamischen Epochen eine Art von Symbiose zwischen Juden und ihren Nachbarn zu schaffen, die in der westlichen Welt zwischen hellenistischer und Neuzeit nicht ihresgleichen hatte. Zwischen Juden und Muslimen bestanden weitreichende, enge Beziehungen, zu der soziale ebenso wie intellektuelle Bindung gehörten – Kooperation, Austausch, sogar persönliche Freundschaft. Mit Ausnahme gewisser mystischer Dichter, die von der Identität aller Religionen ausgingen, bestand auf muslimischer Seite keine Neigung, Gleichheit zuzugestehen; dennoch gab es eine Grundhaltung – leben und leben lassen – und sogar eine gewisse Achtung vor den Besitzern und Übermittlern älterer Kulturen und Offenbarungen.

So zählte beispielsweise im Toledo des 11. Jahrhunderts ein muslimischer Kadi in einem Buch über die „Kategorien der Völker“ acht auf, die zur Entwicklung von Wissenschaft und Forschung beigetragen haben. Es sind dies: Inder, Perser, Chaldäer, Griechen, Römer (ein Oberbegriff, der die Byzantiner und morgenländischen Christen einschließt), Ägypter (gemeint sind die alten Ägypter), Araber (Muslime insgesamt eingeschlossen) und Juden. Die Juden befinden sich damit in guter Gesellschaft, und das ihnen gewidmete Kapitel ist verbindlich im Ton und sachkundig im Inhalt. In frühen Zeiten, stellt der Kadi fest, zeichneten sich die Juden nicht in der Philosophie aus, sondern waren hauptsächlich mit dem Studium des Heiligen Gesetzes und den Lebensläufen der Propheten befaßt. Auf dem zweiten Gebiet war ihr Wissensstand unerreicht, so daß sie eine unschätzbare Informationsquelle für muslimische Gelehrte darstellten. Das Land ihrer Väter war die Wiege der Prophetie, und aus ihrem Volk kamen die ersten Sendboten. Die meisten Propheten waren Juden, merkt er an. Das übrige Kapitel ist den jüdischen Forschern und Gelehrten in den islamischen Ländern gewidmet und endet mit den Zeitgenossen des Autors im muslimischen Spanien.[30] Neben diesem in der klassischen islamischen Literatur einzigartigen bewundernden Bericht über jüdische Leistungen gibt es Abhandlungen über jüdische Glaubenssätze und sektiererische Spaltungen sowie über ihre Zeitrechnung und Kalender – Themen, die muslimische Gelehrte interessiert zu haben scheinen.

Dieses Interesse wurde zweifellos geweckt durch die Hinweise auf biblische Personen und Ereignisse im Koran, von denen einige so in die klassische islamische Historiographie eingingen. Die alten jüdischen Helden und Propheten erhielten sozusagen über den Koran Zutritt zum Islam, und einige muslimische Wissenschaftler suchten sogar in anderen, auch jüdischen Quellen nach weiterem Material, um die kurzen, manchmal dunklen Anspielungen im Koran zu ergänzen. Eine solche Forschung, zu der das Studium kassierter Schriften und überholter Religionen gehörte, erforderte ziemlichen geistigen Wagemut, so daß es auch nur wenige auf sich nahmen. Das reichte jedoch aus, ein bescheidenes Maß an biblischem und rabbinischem Wissen in den islamischen Lehrstoff einzubringen.[31]

Während die früheren Weltgeschichten gewöhnlich einiges über die Propheten vor Mohammed berichteten, finden sich erst im späten Mittelalter zusammenhängende Darstellungen jüdischer Geschichte, darunter zwei herausragende Werke von arabischen und persischen Autoren. Rašīd al-Dīn (1247–1318), selbst ein zum Islam übergetretener Jude, fügte in seine Weltgeschichte einen Bericht über die „Geschichte der Kinder Israel" ein, der auf dem Alten Testament fußte und für die nachbiblische Periode durch nicht spezifizierte apokryphische Materialien ergänzt wurde. Anders als die meisten übrigen muslimischen Autoren, die über die alte israelitische Geschichte schreiben, schließt Rašīd al-Dīn nicht mit der Zerstörung des Zweiten Tempels anno 70, sondern spielt kurz auf den Bar-Kochba-Aufstand und dessen Niederringung an: „Hierauf erschien Hadrianus und zerstörte diesen Ort und nahm das Volk mit Hab und Gut gefangen." Er endet mit einer Aufzählung der byzantinischen und römischen Kaiser, die über Palästina herrschten, bis zur Eroberung durch die Araber.[32] Ibn Ḫaldūn (1332–1406), ein anderer bedeutender islamischer Historiker, fügt in seine Weltgeschichte ebenfalls einen Bericht über die Kinder Israel ein; er ist einer von einem jemenitischen Juden stammenden arabischen Übersetzung der hebräischen Chronik des Josippon entnommen, die ihrerseits in etwa auf den Schriften des Josephus basiert.[33] Einige Handschriften der Chronik des Rašīd al-Dīn enthaltenen Illustrationen, die Episoden aus der Geschichte der alten Israeliten darstellen sollen. Solche bildlichen Darstellungen von Juden und ebenso von anderen spezifischen ethnischen oder religiösen Gruppen sind eine Rarität.

Insgesamt jedoch werden Juden von muslimischen Autoren, ob Historiker oder Theologen, kaum beachtet, und positive Kommentare finden sich genauso selten wie Angriffe.

Wenn auch die Juden im islamischen Machtbereich, anders als in Europa, keinen beruflichen Einschränkungen unterworfen waren, so bestand doch aus einer Vielzahl von Gründen bei ihnen die Tendenz, einige Berufe zu bevorzugen und andere zu meiden. Einer militärischen oder Beamtenlaufbahn waren eindeutig Grenzen gesetzt; begabte, gebildete Juden suchten daher andere Aufgabengebiete, wo sie mitunter eine wichtige, freilich niemals eine überragende Rolle spielten. Eine alte arabische Redensart besagt, daß der Jude sich zur Größe erhebt entweder mit der Arzneiflasche oder mit dem Geldbeutel in der Hand. Dies spricht eine im großen und ganzen nachweisbare historische Wahrheit aus, daß nämlich einem ehrgeizigen Juden zwei Wege zum Erfolg offenstanden – entweder in der Medizin oder im Finanzwesen.

Die Vorteile dieser beiden Berufe liegen auf der Hand. Da der Umgang mit Geld und Edelmetallen als gefährlich für ihre unsterblichen Seelen galt, gab es für Muslime eine Reihe von Verboten und Hürden. Diese innere Einstellung hatte zur Folge, daß solche Angelegenheiten in der muslimischen Welt weitgehend den Christen und Juden überlassen blieben. Herrscher, die Bargeld brauchten, nahmen häufig die Dienste von Bankiers aus den Kreisen der *ḏimmīs* in Anspruch, die ihrerseits die Beziehungen zu den überall im ausgedehnten islamischen Herrschaftsgebiet verstreuten Glaubensbrüdern und Kollegen spielen lassen konnten. Geld kurzfristig und in großer Menge beschaffen zu können, bot die Chance, sich Zugang und Gunst bei Hofe zu erwerben.

Die Arztpraxis hatte ebenfalls ihre Vorzüge. Bei Schwerkranken wird der Wunsch nach bestmöglicher ärztlicher Behandlung wahrscheinlich auch die stärksten religiösen Vorurteile überwinden. Da jüdische Ärzte im islamischen Herrschaftsbereich während des Mittelalters ebenso wie zu anderen Zeiten und in anderen Regionen keine öffentlichen Stellen bekleideten, sondern eine Privatpraxis ausübten, konnten sie es je nach Fähigkeit weit bringen. Daß sie sprachkundig und daher auch in ausländischer Fachliteratur bewandert waren, verschaffte ihnen mitunter einen Vorsprung vor ihren muslimischen Kollegen. Ein erfolgreicher Arzt konnte hohe Beamte und sogar Regenten zu seinen Patienten zählen, was ihm direkten Zugang zum Machtzentrum eröffnete. So konnte er manchen Vorteil für die jüdische Gemeinde, zu der er gehörte, und natürlich für sich selbst, für seine Familie und seine Freunde erlangen. Gelegentlich spielten jüdische Ärzte eine nicht unbedeutende politische Rolle, wenngleich dies in mittelalterlichen Zeiten selten der Fall war und gewöhnlich irgendwann den Übertritt zum Islam bedingte, ehe der Arzt seine Position voll ausschöpfen konnte.

In einer autokratisch regierten Gesellschaft war der Zugang zum Herrscher ein wichtiger, oft der einzige Weg zu einer Stellung mit Macht und Einfluß. Freilich war diese Macht ständig bedroht, ebenso wie die Autorität, die sie verliehen hatte. Ihr konnte ein jähes, schmerzliches Ende bereitet werden durch den Tod oder den Sturz des Herrschers, durch eine bloße Veränderung der politischen Verhältnisse oder dadurch, daß der Günstling in Ungnade fiel. Das brachte oft katastrophale Folgen mit sich für die Familie und die Gemeinde des Amtsinhabers, die mit ihm aufgestiegen und gestürzt waren.

Neben diesen zwei Wegen, über die ein Jude zu politischer Macht gelangen konnte, gab es freilich andere, sich den Lebensunterhalt zu verdienen. Die armen Juden waren wohl vorwiegend kleine Gewerbetreibende und Handwerker; die reichen waren Kaufleute und stellten in früheren Zeiten einen wichtigen Faktor im Handel des Islamischen Reiches dar.

Neigten die Juden auch im allgemeinen dazu, sich auf Berufszweige zu verlegen, die bei Muslimen nicht hoch im Kurs standen, so gab es doch andere „delikate" Berufe, um Professor Goiteins Formulierung zu benutzen, die zu meiden ihnen sicherer erschien.[34] Das breit gefächerte Betätigungsfeld, das Juden, den Genisa Dokumenten aus dem mittelalterlichen Ägypten zufolge, besetzt hatten, weist bezeichnende Lücken auf; am auffallendsten zeigt sich das in solchen Bereichen, die mit Ernährung, Transportwesen und Krieg zusammenhängen. Juden treten nicht als Händler auf bei den Hauptgetreidesorten wie Weizen, Hafer und Reis. Ebensowenig beschäftigten sie sich mit Aufzucht und Verkauf von Schlachtvieh. Sie handelten nicht mit Kamelen, Pferden und anderen Reit- oder Lasttieren. Sie kauften und verkauften keine Waffen, nur in begrenztem Umfang für ihre eigenen Wachmannschaften. Ferner enthalten diese Dokumente keinerlei Hinweis auf eine jüdische Beteiligung am Sklavenhandel, obwohl Juden in anderen Zeiten und Gegenden dabei eine gewisse Rolle spielten. Über die Gründe für diese Ausnahmen, die in der islamischen Geschichte keineswegs allgemeingültig sind, lassen sich nur Vermutungen anstellen. Goiteins Ansicht, daß diese Gewerbe im strategischen Sinne „delikat" sind, kann sehr wohl die Antwort sein. Es ist sicher aufschlußreich, daß die Juden diese Artikel vom Handel mit dem christlichen Abendland ausschlossen, nicht aber im Warenaustausch mit Indien, wo es keine größeren religiösen oder militärischen Konflikte gab.

Der Weg, auf dem die Juden all diese Schwierigkeiten überwinden konnten, hieß: Übertritt zum Islam.

Im Lauf der Jahrhunderte, in denen jüdische Gemeinden unter muslimischer Herrschaft lebten, hat sich eine beträchtliche Anzahl aus dem einen oder anderen Grund zum Islam bekehrt, worüber insgesamt nur spärliche Informationen vorliegen. Jüdische Schriftsteller zogen es vor, ein so schmerzliches Thema auszusparen, während muslimische Autoren es kaum für erwähnenswert hielten. Im Gegensatz zu den Christen hatte der Übertritt von Juden zu ihrem Glauben für Muslime keine besondere theologische Bedeutung. Bei der unaufhaltsamen Ausbreitung des wahren Glaubens unter der Menschheit fiel dieser relativ kleine Teil kaum ins Gewicht.

Das vorhandene Material befaßt sich hauptsächlich mit drei Situationen: der Übertritt von namentlich genannten, bekannten Persönlichkeiten, der in der historischen und biographischen Literatur einiges Echo hervorruft; Bekehrungen, die juristische Erörterungen zu Fragen des persönlichen Status auslösen und daher schriftliche Unterlagen hinterlassen; die vergleichsweise seltenen Gelegenheiten, bei denen – entweder durch Zwang oder durch inneren Antrieb – Juden in erheblicher Anzahl, aufrichtig oder zum Schein, den herrschenden Glauben annehmen.

Die erste derartige Bekehrungswelle scheint es in den frühen Jahren des Islam gegeben zu haben. Als damals Mohammed in Arabien ein neues Weltreich begründete, das Rom ebenso wie Persien entmachtete und Jerusalem und das Heilige Land aus der Gewalt von Byzanz befreite, sahen manche Juden darin offenbar ein Vorzeichen für die unmittelbar bevorstehende Erfüllung der jüdischen Prophezeiungen und für das Herannahen des messianischen Zeitalters. Fragmente von jüdischen apokalyptischen und anderen Schriften jener Zeit geben manchen Hinweis auf die leidenschaftliche Erwartung, die zu Beginn des arabischen Siegeszuges geweckt wurde. Ein *piyyūt* (liturgisches Gedicht), das vermutlich nach den ersten arabischen Siegen in Palästina, doch noch vor der Eroberung Jerusalems oder der römischen Provinzhauptstadt Caesarea verfaßt wurde, mag als Beispiel dienen:

> Eines Tages wird kommen der Messias, Davids Sohn, zu einem Volke, das geknechtet
> In aller Welt man wird die Zeichen sehn, die davon künden:
> Verdorren werden Erde und Himmel,
> Verkrüppeln werden Sonne und Mond,
> Verstummen alle Menschen im Land.
>
> Zwei Könige aus Westen und Osten
> Begegnen sich in erbittertem Kampf,
> Und das Heer aus dem Westen hält sicher das Land.

Und ein König wird kommen aus dem Lande des Joktan
Erobert mit seinen Heeren das Land,
Die Erdenbewohner werden gerichtet,
Aus den Himmeln regnet hernieder der Staub,
Und Winde fegen durchs ganze Land.

Gog und Magog stürmen heran
Entzünden Furcht in den Herzen der Christen,
Und Israel wird ledig all seiner Sünden
Und nicht mehr verbannt vom Haus des Gebets
Segen und Trost wird es reichlich empfangen
Und im Buche des Lebens verewigt sein.
Keine Könige mehr aus dem Lande Edom,
Das Volk von Antiochia steht auf und schließt Frieden
Getröstet werden Machuza, Samaria
Akko und Galiläa wird Gnade zuteil.
Edomiter und Ismael – sie kämpfen im Tale von Akko,
Bis die Pferde sinken zu Boden im Blut.
Gasa samt Töchtern, sie werden zu Stein
Askalon und Ashdod erstarren vor Grauen.[35]

Die Hochstimmung verflog, als klar wurde, daß vom jüdischen Standpunkt aus das Kalifat zwar eine erhebliche Verbesserung gegenüber dem Vorausgegangenen bedeutete, aber noch nicht die Erfüllung jüdischer Träume vom Messias brachte. Viele Juden waren zum Islam übergetreten und identifizierten sich mit dem neuen Glauben und seiner Ordnung; der Rest paßte sich nach und nach einer neuen Existenz unter muslimischer Herrschaft an, woraus sich mit der Zeit eine neue Symbiose entwickelte.

Die messianischen Erwartungen, die die Juden an den Islam knüpften, erstarben nie ganz und tauchten dann und wann wieder auf in synkretischen Bewegungen unter der Führung von Juden, die Anspruch auf die Bezeichnung Messias erhoben. Zu ihnen gehörte ein gewisser Abū ʿĪsā aus Isfahan, der zu Anfang des 8. Jahrhunderts als jüdischer Messias auftrat, aber gleichzeitig bereit war, Christentum wie Islam als echt und gültig anzuerkennen – für Christen und Muslime.[36]

Derartige Bewegungen wurden zunehmend seltener. In den späteren Jahrhunderten waren Zwang und Repression die gängigsten Gründe für Massenbekehrung. Manchmal verfügte ein muslimischer Herrscher, gegen Gesetz und Tradititon, durch Dekret die zwangsweise Islamisierung seiner jüdischen Untertanen, die darauf mit Übertritt, Marranismus oder Emigration reagierten. Zwangsbekehrung dieser Art gab es vergleichsweise selten; üblicher, insbesondere in Nordafrika und in Persien, war eine Situation, in der sich die Juden ständig steigender Demütigung und Erniedrigung ausgesetzt sahen und ihren Schwierigkeiten durch Beitritt zur Mehrheit zu entkommen suchten. Dieser Ausweg war immer komplikationslos möglich, und so ist es nicht weiter verwunderlich, daß davon Gebrauch gemacht wurde, sondern höchstens, daß dies so selten geschah. Der Dichter und Philosoph Jehuda Halevi spricht in seinem „Kusari" voller Stolz von „hervorragenden Männern unter uns, die dieser Erniedrigung durch ein leicht dahingesprochenes Wort entkommen und freie Menschen werden könnten und dann sich gegen ihre Unterdrücker wenden, die jedoch dies nicht tun aus Treue zu ihrem Glauben".[37]

Von solchen Fällen abgesehen, bezieht sich unsere Kenntnis über Konversion auf individuelle Akte. Für einen Muslim war es nur natürlich anzunehmen, daß die offenkundige Wahrheit des Islam den neuen Glaubensgenossen überzeugt hatte – tatsächlich lautet die wörtliche Übersetzung von *muhtadī:* einer, der den rechten Weg gefunden hat. Ebenso natürlich war es, daß die ehemaligen Glaubensgenossen des Bekehrten, die ihn als Apostaten oder Renegaten ansahen, nach niedrigeren Motiven suchten. Die nicht religiösen Gründe, die einen Juden bewegen könnten, zum Islam überzutreten, hat der jüdische Philosoph Ibn Kammūna im 13. Jahrhundert aufgelistet: „Er ist durch Furcht oder Ehrgeiz getrieben; er unterliegt einer hohen Steuer oder wünscht, der Demütigung zu entfliehen, oder er kommt ins Gefängnis, verliebt sich in eine Muslimin oder andere ähnliche Motive."[38]

Ibn Kammūnas Aufzählung dürfte die meisten Fälle erfassen, bei denen sich die Konversion nicht religiös motivieren läßt. Furcht – vor Verfolgung oder selbst Diskriminierung – muß zu individuellen wie zu gruppenweisen Übertritten geführt haben. Ehrgeiz war eindeutig das Motiv von vielen, die während einer erfolgreichen Laufbahn im Dienst eines Herrschers als Angehörige einer Minderheitsreligion das Maximum an möglicher Beförderung erreicht hatten. Manche begnügten sich damit, an diesem Punkt innezuhalten; andere durchbrachen mit Hilfe des Übertritts die Schranke, um höhere und gefährlichere Gipfel zu erklimmen. Manchmal war die Bekehrung nicht wegen des Weiterkommens erforderlich, sondern nur, um sich auf der bereits erreichten Stufe halten zu können; es erschien als der einzige Weg, dem Neid und der Feindseligkeit zu entfliehen, die frühere Erfolge ausgelöst hatten. Konversion als Alternative, um ein Todesurteil, Haft oder geringere Strafmaßnahmen aufzuheben, ist bei Strafverfahren ein durchaus üblicher Schritt. Und die Ehe dürfte im Mittelalter wie in der Neuzeit das gängigste Motiv für einen Glaubenswechsel abgeben. Nach muslimischem Gesetz kann ein Muslim eine Christin oder eine Jüdin heiraten. Sie wird nicht gezwungen, zum Islam überzutreten, doch ihre Kinder müssen zu Muslimen erzogen werden. Ein Nichtmuslim darf jedoch unter keinen Umständen eine Muslimin zur Frau nehmen. Auf eine solche Ehe oder jede derartige sexuelle Beziehung steht die Todesstrafe. Nur durch Übertritt zum Islam kann sich ein Nichtmuslim den

Folgen einer früheren Verbindung entziehen oder eine künftige möglich machen.

Die Personen, deren Übertritt zum Islam bekannt und belegt ist, liefern Beispiele für all diese Motivationen, einschließlich religiöser Überzeugung. Einige repräsentative Fälle mögen das veranschaulichen.

Der bei den Muslimen zweifellos berühmteste Konvertit war ein jemenitischer Jude namens Kaʿb al-Aḥbār, der vermutlich um 638 übergetreten ist.[39] Er soll während der Regentschaft von Kalif Omar I. in Medina angekommen sein und ihn 638 nach Jerusalem begleitet haben. Der Name Kaʿb kann für den hebräischen Jakob (Yaʿkov) oder, wahrscheinlicher, für Akiba stehen; Aḥbar ist der Plural von *Ḥabr* oder *Ḥibr* aus dem hebräischen *Haver*. Dies war der Titel für Gelehrte, unter dem Rang eines Rabbis, an den jüdischen Hochschulen Palästinas. Aus jüdischen Quellen scheint über Kaʿb nichts bekannt zu sein, doch in der islamischen Literatur wird er als maßgebender Überlieferer von Traditionen gewürdigt. Er starb in Syrien zwischen 652 und 656. Laut Gibb ist heute noch ein Grabstein mit seinem Namen in Damaskus vorhanden. Im allgemeinen stellt die muslimische Tradition Kaʿb in günstigem Licht dar. Ihm wird Weisheit und Wissen zugeschrieben, wobei letzteres sowohl biblische Gelehrsamkeit als auch alte jemenitische Tradition einschließt. Außer dem Wissensschatz, über den er als gebildeter Jude und als Jemenit verfügte, gilt er als Autorität für das Leben und die Zeit von Kalif Omar, mit dem er auf vertrautem Fuße stand.

Die historische Gestalt von Kaʿb tritt hinter einer Fülle von Mythen und Legenden kaum zutage, doch bleibt immerhin erkennbar, daß sein Bild aus muslimischer Sicht sowohl eine negative wie eine positive Seite aufweist. Weil er häufig biblisches und rabbinisches Material für die Interpretation und Ausarbeitung der muslimischen Lehre benutzte, beschuldigte man ihn, er versuche, jüdische Elemente in den Islam einzuschleusen. Politisch trug ihm seine nachdrückliche Unterstützung für Kalif Osman in der Auseinandersetzung, die den ersten Bürgerkrieg im Islam einleitete, die Mißbilligung von Osmans Feinden und Anklägern ein. Einer von ihnen, der radikale Asket Abū Ḏarr, der sich heutzutage als Vorläufer des arabischen Sozialismus neuer Beliebtheit erfreut, soll sogar über Kaʿb hergefallen sein und ihn geschlagen haben. Thematisch spielt die Frage, ob Kaʿb ein heuchlerischer Konvertit war, der den Islam von innen zu unterhöhlen und zu vernichten trachtete, in der klassischen islamischen Literatur eine relativ geringe Rolle, wiewohl sie in jüngster Zeit wieder aufgelebt ist. Gewöhnlich genießt Kaʿb hohes Ansehen und wird von großen Erzählern muslimischer Tradition häufig als Quelle zitiert.

Ein weiterer, ebenfalls oft zitierter früher Erzähler ist Wahb ibn Munabbih, geboren 654 oder 655 zu Sanaa im Jemen. Manchen muslimischen

Überlieferungen zufolge war er entweder durch Geburt oder durch Vorfahren Angehöriger des Volkes der Bibel *(ahl al-kitāb)*; andere sind präziser und bezeichnen ihn als Juden. Die vorhandenen Zeugnisse sind widersprüchlich. Er wird als Autorität für christliche wie jüdische Materie genannt, und man schreibt ihm sogar ein Werk mit dem Titel *Kitāb al-Isrāʾīliyyāt,* das Buch des israelitischen Gegenstandes, zu. Während das zweifelhaft erscheint, zitiert man ihn häufig als Quelle für *Isrāʾīliyyāt* Geschichten und Interpretationen. Trotz seiner allgemein bekannten frommen, asketischen Lebensweise brachte er es fertig, sich mit der Obrigkeit zu überwerfen, und starb 728 oder 732 nach einer Auspeitschung, die ihm auf Befehl des Gouverneurs von Jemen verabfolgt wurde.[40]

Viele der frühen vom Judentum Übergetretenen wurden zweifellos durch echte religiöse Überzeugung dazu bewogen und leisteten dank ihrer jüdischen Gelehrsamkeit einen wesentlichen Beitrag zur Religion und zur Gemeinschaft, der sie sich angeschlossen hatten, genau wie nach ihnen ihre Söhne und Enkel. Auch jene, deren zu einem späteren Zeitpunkt erfolgte Konversion nicht rein religiös motiviert war, erwiesen dem Islam manchen Dienst. Eine wohlbekannte Figur war Yaʿqūb ibn Killis (930–991), ein Jude aus Bagdad, der sich zuerst in Palästina und dann in Ägypten niederließ, wo er in den öffentlichen Dienst eintrat und unter der Herrschaft von Kāfūr zu hohen Würden aufstieg. Einem frühen Bericht nach hatte Kāfūr ihm in Aussicht gestellt, wenn er Muslim würde, könnte er es zum Wesir bringen, woraufhin ibn Killis 967 zum Islam übertrat und einen Lehrgang für religiöse Unterweisung in seinem neuen Glauben übernahm. Irgendwann scheint er sich den Fatimiden und ihrer ismailitischen Lehre angeschlossen zu haben. Er floh von Ägypten nach Nordafrika, trat in den Dienst des Fatimiden-Kalifen al-Muʿizz (952 bis 975) und kehrte mit ihm nach Ägypten zurück, wo ihm die Verwaltung der Staatsfinanzen übertragen wurde. Den Gipfel seiner Macht erreichte er unter al-Azīz (975–996), dem zweiten Fatimiden-Kalif in Ägypten. Muslimische Historiker und Biographen äußern sich höchst anerkennend über seine Leistungen und seine Verdienste um den Staat. Manche Autoren charakterisieren ihn sogar als Spezialisten für ismailitische Rechtswissenschaft und als Verfasser einer Abhandlung über ismailitisches Recht, die jedoch in der bibliographischen Überlieferung der Ismailiten unbekannt ist.[41] Obwohl an der Aufrichtigkeit seiner Bekehrung keine grundsätzlichen Zweifel bestanden, wurde er doch beschuldigt, seine ehemaligen Glaubensgenossen zu favorisieren. Solche Bezichtigungen sind gang und gäbe, wenn *ḏimmīs* oder auch frühere *ḏimmīs* Machtpositionen innehaben. Häufig entbehren sie nicht der Grundlage.

Ibn Killis ist geradezu das klassische Beispiel des Konvertiten, dessen Übertritt ein notwendiger und in seinem Fall auch akzeptabler Schritt in seinem *cursus honorum* war. Die Gründe, die den Philosophen Abu'l-

Barakāt Hibatallāh Ibn Malka al-Baġdādī, bekannt als Awḥad al-Zamān, „der Einzigartige seiner Zeit" (etwa 1077–1164), zu seinem Glaubenswechsel veranlaßten, hingen, wenn auch auf andere Weise, ebenfalls mit seiner Karriere zusammen. Geboren in der Gegend von Mosul, gelangte er wie so viele andere Juden durch Ausübung der Medizin zu Ansehen und diente sowohl den Abbasiden-Kalifen in Bagdad als auch den Seldschuken-Sultanen als Arzt. Seinen Biographen zufolge gestalteten sich die Beziehungen zu seinen fürstlichen Gönnern und zu seinen Rivalen bei Hofe des öfteren problematisch, so daß er offenbar in vorgerücktem Alter beschloß, zum Islam überzutreten. In den Quellen werden dafür verschiedene Gründe genannt, was zweifellos damit zu erklären ist, daß sie aus der höfischen Gerüchteküche stammten. Eine Version schreibt seinen Glaubenswechsel gekränktem Stolz zu; eine andere der Angst vor den Folgen, als eine Frau des Sultans während seiner Behandlung gestorben war; eine dritte gibt an, er habe seinem Glauben abgeschworen, um sein Leben zu retten, als er in einer Schlacht zwischen den Heeren des Kalifen und des Sultans in Gefangenschaft geriet. Eine annähernde Vorstellung von der Situation der *ḏimmīs* unter den Ärzten vermittelt ein Zwischenfall, der in der Biographie seines Rivalen bei Hofe, des christlichen Arztes Ibn al-Tilmīḏ, bekannt als Amīn al-Dawla, berichtet wird. Danach verunglimpfte der Christ den Juden in einem Spottvers als Dummkopf, dem sogar ein Hund überlegen sei. Ein muslimischer Kollege erteilt daraufhin dem Christen wie dem Juden einen gehörigen Verweis:

> Abu'l-Ḥasan der Arzt und sein Rivale
> Abu'l-Barakāt liegen in Fehde
> Der eine in seiner Bescheidenheit schwingt sich empor zu den Plejaden
> Der andere in seinem Hochmut stürzt tief in den Abgrund.[42]

Zu Abu'l-Barakāts Schülern gehörte ein gewisser Isḥāq, Sohn des berühmten hebräischen Dichters Abraham ibn Ezra und Schwiegersohn des noch berühmteren Jehuda Halevi. Im Jahre 1140 reiste er mit seinem Schwiegervater von Spanien nach Ägypten, wo sie sich trennten. Isḥāq ging nach Bagdad und wurde Schüler von Abu'l-Barakāt, auf den er einen Hymnus in hebräischer Sprache verfaßte. Irgendwann trat er aus unbekannten Gründen zum Islam über. Später entschloß er sich offenbar, zum Judentum zurückzukehren, und wanderte deshalb in ein christliches Land aus, da Apostasie nach islamischem Gesetz als Kapitalverbrechen galt. Fern von den Segnungen der Zivilisation erkrankte er und starb.[43]

Ein anderer Schüler von Abu'l-Barakāt war ein gewisser Samaw'al (Samuel) al-Maġribī, ein Jude nordafrikanischer Herkunft, der sich als Gelehrter, Arzt und Mathematiker einen Namen machte. Wie sein Meister Abu'l-Barakāt und sein Studiengefährte Isḥaq ibn Abraham ibn Ezra entschloß sich Samuel, zum Islam überzutreten. Doch anders als sie wurde er zum überzeugten Muslim und blieb vor allem wegen seiner Polemiken gegen den Judaismus und die Juden in Erinnerung.[44]

Gelegentlich gab es Ausnahmen von der Regel, wonach auf Apostasie die Todesstrafe stand. Ein berühmter Fall war der des Maimonides, der nach einem in seinem Geburtsort erzwungenen Übertritt zum Islam sich wieder zum Judentum bekehrte, als er sich in den Orient absetzen konnte. Er befand sich in Kairo auf der Höhe seiner Macht und seines Ruhmes, als ihn eines Tages ein muslimischer Landsmann wiedererkannte, der von seinem Übertritt wußte, ihn als Apostaten denunzierte und die Todesstrafe forderte. Zum Glück für Maimonides wurde der Fall vor dem Kadi al-Fāḍil, seinem Freund und Gönner, verhandelt. Der Kadi entschied, der Übertritt zum Islam sei in Córdoba unter Zwang zustande gekommen und daher weder vom gesetzlichen noch vom religiösen Standpunkt aus gültig; aus diesem Grunde stelle die Wiederbekehrung zum Judentum keine Apostasie dar.[45]

Nicht alle entdeckten Apostaten hatten dieses Glück. Wie die spanischen Marranen, die aus dem christlichen Spanien in die muslimische Türkei oder nach Marokko flüchteten, um sich wieder zum jüdischen Glauben zu bekennen, so mußten unter muslimischer Herrschaft jüdische Konvertiten, die sich anders besannen, die islamischen Territorien verlassen und in christliche übersiedeln. Offenbar hatten weder Muslime noch Christen etwas gegen Juden einzuwenden, die dem rivalisierenden Glauben abschworen.

Manchmal setzte selbst die Bekehrung den Schwierigkeiten eines ehemaligen Juden kein Ende. Das war bei dem berühmten Rašīd al-Dīn Fażlallāh der Fall, von Geburt persischer Jude und, nach einer frühen Quelle, Sohn eines jüdischen Heilkundigen in Täbris. Er schlug den üblichen Weg zu Ruhm und Macht ein und übte den Arztberuf aus, blieb aber nicht in erster Linie deshalb in Erinnerung. Am Hof der mongolischen Il-Chane in Persien entfaltete er beachtliches Talent und erwarb sich Respekt als Administrator und Staatsmann, während ihn gleichzeitig seine voluminöse Weltgeschichte, die er konzipierte, herausgab und großenteils selber schrieb, unter die erstrangigen Historiker des Islam einreiht. Wie viele jüdische Höflinge und Beamte fand er es zu einem bestimmten Zeitpunkt seiner Laufbahn angebracht, zum Islam überzutreten; wie nicht wenige unter ihnen scheint er während seines Glaubenswechsels oder danach eine echte Bekehrung durchgemacht zu haben. In seinen Taten und Wohltaten ebenso wie in seinen Schriften finden sich hinreichend Belege für eine tiefe Bindung an den islamischen Glauben.

Sein Engagement bewahrte ihn jedoch weder vor Verdächtigung zu seinen Lebzeiten noch vor Diffamierung nach seinem Tod. Im Jahre 1312 kam er um Haaresbreite davon, als seine Feinde einen gefälschten Brief vorlegten, mit dem ein anderer Arzt angestiftet werden sollte, den Il-Chan zu vergiften. Rašīd al-Dīn konnte den Brief als Fälschung entlarven und das Komplott aufdecken und blieb noch eine Zeitlang in Gunst. Bezeichnenderweise war der vermeintliche Giftmörder ein Jude und der gefälschte Brief in hebräischer Schrift geschrieben. Wenige Jahre später, 1318, wurde er wiederum von seinen Rivalen beschuldigt, den Vater des Il-Chan und dessen Vorgänger vergiftet zu haben. Diesmal erreichten die Ankläger ihr Ziel. Im Verhör gab Rašīd al-Dīn zu, gegen den Rat der Leibärzte des Il-Chan ein Abführmittel verordnet zu haben, was die Krankheit verschlimmerte, anstatt sie zu heilen. Obwohl er über Siebzig war, ließ man ihn enthaupten. Seine gesamte bewegliche Habe und seine Ländereien wurden konfisziert, das von ihm gegründete und subventionierte Viertel in Täbris, das seinen Namen trug, plünderte der Mob. Selbst die *waqfs*, von ihm errichtete religiöse islamische Stiftungen, hielt man für suspekt und beschlagnahmte ihr Vermögen. Mehrere frühe Quellen berichten, daß sein abgeschlagener Kopf nach Täbris gebracht und etliche Tage in der Stadt zur Schau gestellt wurde, von Ausrufern begleitet: „Dies ist das Haupt des Juden, der den Namen Allahs schändete, möge Allah ihn verfluchen!" Nahezu ein Jahrhundert später eröffnete ein anderer Herrscher, Mīrānšāh, der wahnsinnige Sohn des großen Tamerlan, abermals den Angriff auf Rašīd al-Dīn. Sein Grab wurde zerstört, die Gebeine exhumiert und auf dem jüdischen Friedhof wieder beigesetzt.[46]

In den zentral gelegenen Ländern jedoch waren Konvertiten zumeist willkommen, wurden gut behandelt und integrierten sich schnell. Es geschah selten, daß Muslime, die von Geburt Juden waren oder jüdische Vorfahren hatten, deshalb gebrandmarkt oder benachteiligt wurden. In Persien und Nordafrika dagegen behielt man eine jüdische Abstammung über viele Generationen, bei den Nachfahren der Konvertiten und mehr noch bei ihren Nachbarn im Gedächtnis.[47] Bezeichnenderweise wurde in beiden Ländern Zwangsbekehrung praktiziert.

Für diejenigen, die Juden blieben, hatte das Leben als *ḏimmīs* unter islamischer Herrschaft eine dunkle und eine helle Seite. „Elend und Armut waren dafür ihre Strafe, und Allahs Zorn traf sie", heißt es im Koran (II, 62) über die Juden. Hin und wieder hielten es muslimische Herrscher und häufiger die muslimische Bevölkerung für notwendig, diesen Zustand wiederherzustellen, wenn die Juden ihm zu entfliehen schienen. Was diese generell zu befürchten hatten, waren nicht Gewalttätigkeit, nicht Verfolgung, nicht Vertreibung, sondern kleinliche Belästigungen, Schikanen, Schmähungen und Beleidigungen und natürlich ständige Unsicherheit. Zur Zeit der Kreuzzüge und danach gab es eine spürbare Verschlechterung in der Stellung der Juden, wie auch anderer religiösen Minderheiten. Der Arzt und Philosoph Maimonides, dessen wissenschaftliche Schriften in arabischer Sprache und dessen Werk zur jüdischen Religionsphilosophie auf arabisch und hebräisch zu den größten Leistungen der arabisch-jüdischen Symbiose zählen, war selbst ein Opfer der neuerlichen Intoleranz. Daher beruhte der briefliche Rat, den er 1172 den Juden im Jemen erteilte, als auch sie sich dem Problem der Zwangsbekehrung gegenübersahen, ebenso auf persönlicher Erfahrung wie auf wissenschaftlicher Erkenntnis und religiöser Sorge. Es besteht ein eklatanter Gegensatz zwischen dem Brief des Maimonides an seinen hebräischen Übersetzer in Europa, in dem er vom Reichtum der arabischen Sprache und der Überlegenheit der arabischen Naturwissenschaft spricht, und jenem an die verfolgten Juden im Jemen, in dem er den elenden Zustand der Juden unter muslimischer Herrschaft bitter beklagt: „Ihr wißt, meine Brüder, daß Gott uns um unserer Sünden willen mitten unter dieses Volk zerstreut hat, das Volk des Ismail, das uns unnachsichtig verfolgt und auf Wege sinnt, uns zu schaden und uns zu entwürdigen ... Kein Volk hat jemals Israel mehr Leid zugefügt. Keines hat es ihm gleichgetan, uns zu erniedrigen und zu demütigen. Keines hat es vermocht, uns so zu unterjochen, wie sie es getan haben.“[48]

Diese kritischen Bemerkungen, die sicherlich unter dem Einfluß seiner eigenen, durch die jüngsten Nachrichten aus dem südlichen Arabien wiederaufgelebten Erinnerungen an Spanien und Marokko geschrieben wurden, lassen sich nicht als exaktes, allgemeingültiges Bild werten. Die Stellung, die Maimonides selbst innehatte, sein Stolz und sein Erfolg als Leibarzt und Führer der Gemeinde in Kairo bezeugen das Gegenteil. Doch unzweifelhaft ist an seinen Worten auch manch Wahres.

Wie das Bild aussah, das die Muslime sich von Juden und vom Judaismus machten, läßt sich aus den Klischees entnehmen, die in bestimmten Zusammenhängen immer wieder auftauchen. Auf eines trifft man in klassischen Zeiten häufig, daß nämlich auf jüdische Abstammung oder Vorfahren verwiesen wird, um eine Person, eine Gruppe, einen Brauch oder eine Idee zu diskreditieren. Ein von Goldziher zitiertes Beispiel zeigt, daß diese Praxis auf frühe arabische Zeiten zurückgeht. In der von ihm angeführten Stelle machen zwei rivalisierende Dichter aus dem arabischen Stamm der Awf sich gegenseitig den Anspruch auf diese Herkunft streitig. Einer warf dem anderen vor, jüdischer Abstammung zu sein, um ihn damit herabzusetzen. Eine ähnliche Beschuldigung wurde gegen den Philologen Abū ʿUbayda von seinen Feinden erhoben und von ihm selbst gegen einen Omaijaden-Gouverneur, den er zu verunglimpfen trachtete.[49]

Diese und andere ähnliche Beispiele laufen mehr oder minder auf gesellschaftlichen Snobismus hinaus – das in vielen Gesellschaften beliebte Spiel, mit dem Stammbaum zu manipulieren. Ernster zu nehmen ist die immer wiederkehrende Tendenz, subversive oder extremistische Doktrinen jüdischen Urhebern oder Drahtziehern zuzuschreiben. So wird etwa behauptet, der Schiismus und insbesondere die Überhöhung von ʿAlī und den späteren Imams sei das Werk des dämonischen ʿAbdallāh ibn Sabā, eines angeblich zum Islam übergetretenen jemenitischen Juden. In der sunnitischen Tradition gilt er als Initiator des Schiismus; in der schiitischen erscheint er mitunter als Urheber extremer Lehren des Typs, wie sie von der gemäßigten Zwölfer-Schia mißbilligt wurden. Von der modernen kritischen Forschung wird Abdallāh ibn Sabā's Rolle, sein Judentum und sogar seine historisch verbürgte Existenz fortgesetzt in Zweifel gezogen.[50]

Als weiteres Beispiel aus dem 9. Jahrhundert ist der Muʿtazilit Ibn al-Rāwandī zu nennen, auf dessen Konto einige der von den frühen Abbasiden oder in ihrem Namen verkündeten extremen Ideen zurückgeführt werden können. Ferner wird ihm angelastet, er sei einer der damals führenden Verfechter von Freigeisterei und Materialismus gewesen. Es gibt verschiedene Versionen über Ibn al-Rāwandīs Herkunft; manche sagen ihm jüdische Abstammung nach.[51]

Ein drittes bekannteres Beispiel ist ʿAbdallāh ibn Maymūn al-Qaddāḥ, der in polemischen Schriften gegen die Ismailiten und gegen die Fatimiden als Gründer des ismailitischen Glaubens und als Ahnherr der Fatimiden-Kalifen figuriert. ʿAbdallāh ibn Maymūn ist eine schattenhafte Gestalt, und wiederum existieren verschiedene Versionen seiner Biographie. In mehreren heißt es, er sei von Geburt Jude gewesen, wobei impliziert wird, daß der Ismailismus eine judaisierende Häresie und die Fatimiden Usurpatoren jüdischer Abstammung waren.[52]

Es erübrigt sich zu sagen, daß für keine dieser Behauptungen ein ernst zu nehmender Beweis vorhanden ist. Dennoch bestand die zu anderen Zeiten und andernorts durchaus geläufige Tendenz, bei subversiven Ideen und aufrührerischen Aktionen jüdische Beteiligung vorauszusetzen, zeitweilig auch bei den Muslimen. Ein typisches Beispiel ist der gefährliche Derwisch-Aufstand, der Anfang des 15. Jahrhunderts beinahe das gerade entstehende Osmanische Reich zerstört hätte. Der Anführer der Derwische, den die historiographische Tradition beschuldigte, Interkonfessionalismus und Kommunismus gepredigt zu haben, war der bekannte Kadi von Simavna, Bedreddin. Mit ihm verbündet war ein gewisser Torlak Hu Kemal, von dem verschiedentlich behauptet wird, er sei vom Judentum übergetreten und habe eine besonders üble Rolle gespielt.[53]

In der Neuzeit hat sich diese Argumentationskette von der religiösen auf die politische Subversion verlagert. So dramatisierten konservative Gegner der Jungtürken besonders in den arabischen Provinzen des Osmanischen Reiches deren angebliche jüdische Verbindungen – wozu allerdings zu bemerken wäre, daß diese spezielle Bezichtigung ihren Ursprung im christlichen Europa zu haben scheint. Später machte man die Juden dafür verantwortlich, in der islamischen Welt sozialistisches und verwandtes Gedankengut verbreitet zu haben. Als sich das Image des Sozialismus wandelte und der Begriff nicht mehr negativ, sondern positiv besetzt war und viele Staaten und politische Parteien sich offiziell sozialistisch nannten, hörten diese Beschuldigungen auf. Es waren nur die Feinde des Sozialismus, die dahinter jüdische Drahtzieher sahen, und sie verhalten sich jetzt still oder zumindest vorsichtig.

Ebenso wie der demiurgische Subversive erscheint auch der Jude in der muslimischen Folklore in einer anderen Rolle – als das Schulbeispiel des Demütigen und Getretenen. In muslimischen Schriften ist es üblich, eine Tatsache oder eine Behauptung grotesk oder übertrieben zu formulieren – nicht um sie, wie in der westlichen reductio ad absurdum, als falsch zu beweisen, sondern um im Gegenteil zu zeigen, daß sie wahr bleibt, selbst wenn sie zum unglaubwürdigen Extrem gesteigert wird. Für diesen Zweck muß der Jude wie der Schwarze manchmal herhalten. Eine kleine Geschichte, die von verschiedenen muslimischen Herrschern berichtet wird, ist exemplarisch. In der osmanischen Variante heißt es, daß Sultan Süleyman der Prächtige bei den Vorarbeiten für den Bau der großen süleymanischen Moschee in seinen Plänen behindert wurde durch einen widerspenstigen Juden, dem ein kleines Grundstück auf dem vorgesehenen Gelände gehörte und der sämtliche Angebote, es ihm abzukaufen, zurückwies. Seine Ratgeber drängten den Sultan, das Stück Land des störrischen Ungläubigen entweder zu konfiszieren oder ihn zumindest zum Verkauf zu zwingen; er jedoch lehnte das ab, da dies gegen das Gesetz Allahs wäre. Die gleiche Geschichte erzählen Sunniten von Kalif Omar, die Schiiten von Kalif Ali, und zweifellos gibt es diese Standardlegende vom gerechten Herrscher noch viele Male mehr. Mitunter taucht das Motiv in einem deutlicher geschichtsbezogenen Zusammenhang auf. So wird der Emir Zangi, der im 12. Jahrhundert in Mesopotamien und im nördlichen Syrien herrschte, von Geschichtsschreibern wegen seiner Frömmigkeit und der Wiederherstellung islamischer Gesetzesnormen gepriesen; als Beispiel: „Selbst wenn der Kläger ein Jude und der Beklagte sein eigener Sohn war, ließ er dennoch dem Kläger Gerechtigkeit widerfahren.“[54] Goiteins Folgerung, daß „ein schutzloser Angehöriger einer Gemeinschaft zweiter Klasse normalerweise wenig Aussicht hatte, daß sein Fall ordnungsgemäß verhandelt wurde“, erscheint hier – und wohl auch für manch andere Zeiten und Orte – plausibel. Sie traf jedoch nicht auf das Osmanische Reich zu, wo die Gerichtsakten einwandfrei beweisen, daß Juden von der Möglichkeit, ihr Recht beim Kadi zu suchen, häufig Gebrauch machten und daß sie – wenn nötig – Muslime verklagen und den Prozeß gewinnen konnten.[55]

Manchmal wandten sich Juden sogar an den Kadi wegen einer richterlichen Entscheidung in Streitigkeiten, die sie untereinander hatten. Normalerweise unterstanden sie jedoch ihren eigenen jüdischen Gerichten, wo rabbinische Richter Recht sprachen nach dem Halacha-Gesetz. Dies war ein Element – und vielleicht das bedeutsamste – des gesamten Systems einer Quasi-Autonomie, wodurch die jüdische Gemeinde, wie andere Religionsgemeinschaften dem muslimischen Staat untertan, weitgehend für die Regelung ihrer internen Angelegenheiten verantwortlich war und sogar, in bestimmten Perioden, für die Festsetzung und Erhebung von Steuern, die dann den staatlichen Behörden zugeführt wurden. Dieses System war eine natürliche Fortsetzung der Praxis der vorislamischen Reiche; es gedieh in einer Gesellschaft, in der die Religion der bestimmende Faktor für die Identität eines Menschen war und als dominierende Kraft seine Lebensweise formte. Die *ḏimma* war eine Übereinkunft – ob Pakt oder Zugeständnis –, die der Gemeinschaft, nicht dem Individuum gewährt wurde; der *ḏimmi* hatte Status und Funktion nur als Mitglied einer Gemeinschaft, die anerkanntermaßen über diese Attribute verfügte. Dieses Modell sozialer Organisation verlieh den Führern der Gemeinschaft große Autorität, manchmal sogar Macht, zumal wenn sie vom muslimischen Staat anerkannt oder legitimiert waren. Der Exilarch – Resch Galuta, Exilfürst – im Bagdad der Abbasiden bekleidete ein Amt, das seit den Zeiten der Sassaniden existierte, und er spielte in der Hauptstadt des Kalifats oft eine wichtige Rolle. Als in anderen muslimischen Metropolen ähnliche Gemeindeführer aufkamen, schwächte das seine Position. Und als dann im späten Mittelalter die staatliche Autorität erstarkte und die autonomen Institutionen allgemein geschwächt wurden, verlor das Amt des weltlichen Oberhauptes der Juden seine Bedeutung.

Die vereinfachten und idealisierten Berichte des 19. Jahrhunderts über die Geschichte der Juden in Spanien malen ein Schwarz-Weiß-Bild von christlicher Intoleranz und muslimischer Toleranz, wobei die Juden vom einen zum anderen flüchten. In den Jahrhunderten, in denen auf der Iberischen Halbinsel sowohl muslimische wie christliche Staaten existierten, gab es Zeiten und Orte, etwa in der Geburtsstadt des Maimonides, wo es die Muslime waren, die verfolgten, und die Christen Zuflucht boten. In Nordafrika einerseits und in Persien und Zentralasien andererseits war das jüdische Leben vom späten Mittelalter an von wachsender Armut, Not und Erniedrigung geprägt. Nur in den zentralen Gebieten des Vorderen Orients, unter den Mameluken-Sultanen und weit mehr unter der Herrschaft des Osmanischen Reiches, konnten die Juden einen gewissen Status und einige Würde wahren und sogar eine neue Blütezeit erleben.

III. Spätes Mittelalter und frühe Neuzeit

Seit geraumer Zeit schon ist es Usus bei westlichen Historikern, die Geschichte einfachheitshalber in drei Epochen zu gliedern – Antike, Mittelalter und Neuzeit, die sich jeweils in früh und spät und noch kleinere Abschnitte unterteilen lassen. Diese Klassifizierung hat sich aus dem Studium der europäischen Geschichte ergeben und eignet sich streng genommen nur zur Abhandlung europäischer Themen. Es hat sich jedoch eingebürgert, diese Kategorien auch auf die Geschichte anderer Kulturkreise anzuwenden, was sich mit unterschiedlichem Tempo und Rhythmus und als Reaktion auf unterschiedliche Pressionen und Impulse entwickelt haben mag. Selbst in den islamischen Ländern des Vorderen Orients ist es heute bei Historikern üblich, die Geschichte ihrer eigenen Länder und Gesellschaften in dieser Terminologie zu schreiben. Arabische, persische und türkische Autoren haben sich das erforderliche Vokabular in ihren Sprachen geschaffen, einschließlich Übersetzungen solcher früher unbekannter Begriffe wie Mittelalter und mittelalterlich.

Kategorien, die aus einem Kulturkreis stammen, zur Klassifizierung der Phänomene und Entwicklungen eines anderen zu benutzen, ist immer riskant, häufig problematisch und mitunter ausgesprochen irreführend. Wann beginnt beispielsweise die „mittelalterliche" Geschichte des Islam oder auch Indiens und Chinas? Wann endet sie? Meint die mittelalterliche Geschichte des Islam die Ereignisse in jenen Jahrhunderten, die man in Europa als mittelalterlich bezeichnet? Oder meint sie die Periode, in der die islamische Geschichte bestimmte charakteristische Merkmale, bestimmte spezifische Eigenschaften mit den mittelalterlich genannten europäischen Gesellschaften gemeinsam hatte? Wann endet die mittelalterliche Geschichte des Islam? Als die Geschichte der Neuzeit in Europa beginnt, oder als die Modernisierung den Vorderen Orient erfaßt und verändert? Selbst die Formulierung dieser Fragen setzt bestimmte Gegebenheiten voraus, vor allem daß die entscheidenden Faktoren, die Haupttriebkräfte des Wandels die gleichen sind wie in Europa oder zumindest hinreichend verwandt, um solche Analogien sinnvoll zu machen.

Ein Kapitel in der Geschichte des islamischen Vorderen Orients und Nordafrikas mit den Begriffen „spätes Mittelalter und frühe Neuzeit" zu überschreiben, bedarf daher vielleicht einer Entschuldigung, gewiß aber einer Erklärung. Die Begriffe werden gebraucht, weil sie zu einer weltweit akzeptierten Terminologie gehören, die heute auch im Vorderen Orient und in Nordafrika geläufig ist, und deshalb in knappen Worten eine annähernde Vorstellung des geplanten Inhalts zu vermitteln vermögen. Es dürfte jedoch von Nutzen sein, kurz auf die Periodisierung der Geschichte des Vorderen Orients einzugehen in der Ära, die mit dem Aufkommen des Islam im 7. Jahrhundert begann und bis zum heutigen Tag andauert. Die Diskussion über eine Gliederung der islamischen Geschichte in Zeitabschnitte befindet sich noch immer im Anfangsstadium; dies mag in der Tat ein Hauptgrund sein für die allgemeine Akzeptanz der europäischen Kategorien. Eine vorläufige und provisorische Periodisierung – ein Hilfsmittel für den Historiker, kein Versuch, einen eigenen Raster in der Geschichte des Vorderen Orients auszumachen – muß vorerst genügen.

Wohl die einfachste und verständlichste Methode, die Geschichte des Vorderen Orients in der islamischen Periode zu unterteilen, ist die an Invasionen orientierte. Es hat viele gegeben, von denen jedoch insbesondere drei gewaltigen, in vieler Hinsicht entscheidenden Einfluß auf die nachfolgenden Ereignisse hatten. Als erstes der Einfall der arabischen Muslime im 7. und 8. Jahrhundert; er brachte eine neue Religion, den Islam; eine neue Sprache, das Arabische; und eine neue politische Struktur, das Kalifat. Diese Veränderungen setzten eine neue politische, soziale und kulturelle Ordnung in Gang, die in hohem Maße ihre eigene innere Logik besaß und sich wesentlich von dem Vorangegangenen unterschied.

Die nächste große Umwälzung beginnt mit dem Einfall der Steppenvölker aus dem Norden und Nordosten; sie setzt mit der Wanderung der Turkvölker im 10. und 11. Jahrhundert ein und erreicht im 13. Jahrhundert mit den mongolischen Eroberungen, durch die das islamische Kalifat vernichtet und eine neue Epoche eingeleitet wurde, ihren Höhepunkt. Politisch beherrschten nun Mongolen und Türken das Feld, und die Regierungsgewalt lag bei den langlebigen, effizient verwalteten Imperien, die sie schufen. Kulturell dienten hauptsächlich Persisch und verschiedene türkische Sprachen als Medien. Religion blieb der Islam, allerdings in einer neuen Form – strukturierter, hierarchischer, mehr auf Ordnung und Strenggläubigkeit ausgerichtet.[1]

Auch diese Periode endet mit einer weiteren Invasion, diesmal aus Europa. Die Imperien des Islam hatten mehrmals versucht, Europa zu erobern – die Araber in Spanien und Sizilien, die islamisierten Tataren der Goldenen Horde in Rußland, die osmanischen Türken in Südosteuropa, wobei sie zweimal bis an die Stadtmauern Wiens vordrangen. Alle drei Versuche, Europa zu beherrschen, scheiterten, und als die Europäer die Eindringlinge und Eroberer vertrieben hatten, begannen sie ihren ehemaligen Herren in deren Heimatländer nachzusetzen. Die Spanier und Portugiesen und später die maritimen Völker Westeuropas verfolgten die Mauren nach Marokko, umsegelten Afrika und trugen dann den Krieg gegen die Muslime nach Südasien und in die südlichen Zugänge zum

Vorderen Orient. Als die Österreicher und Ungarn sich von ihren Niederlagen erholt hatten, schickten sie sich an, die Osmanen durch den Balkan in Richtung Istanbul zurückzutreiben. Sobald die Russen Moskau vom „Tatarenjoch" befreit hatten, starteten sie breit angelegte Eroberungsfeldzüge, die sie nach Süden bis ans Schwarze Meer, zum Kaukasus und ans Kaspische Meer brachten und damit an die nördlichen Zugänge zu den Kernländern des Islam im Vorderen Orient.

Die Periode, mit der wir es hier zu tun haben, ist die zweite – das heißt jene, die mit dem Erscheinen der Steppenvölker beginnt und mit dem Auftauchen der Europäer endet; zu diesem Zeitpunkt kann man mit Fug und Recht von der modernen Geschichte des Vorderen Orients oder der islamischen Länder sprechen.

Chronologisch setzt diese Periode etwa im 13. Jahrhundert ein, als die Herrschaft der mongolischen Khans sich auf den Hauptteil Vorderasiens erstreckte und als die von Saladin begründete Ajjubiden-Dynastie durch das Sultanat der Mameluken, das in Ägypten von Mitte des 13. bis Anfang des 16. Jahrhunderts regierte, abgelöst wurde. Das Ende dieser Periode läßt sich nur schwer einigermaßen genau datieren, da der Prozeß der europäischen Expansion und die daraus resultierenden Veränderungen sich in verschiedenen Teilen des Vorderen Orients und Nordafrikas zu verschiedenen Zeiten auswirkten – wobei einige bereits im 17. Jahrhundert einsetzten, andere sich dagegen bis ins 19. oder gar bis ins 20. Jahrhundert hinauszogen.

Zu Beginn dieser Epoche gab es in der Welt des Islam sechs große Machtzentren, die bis auf eines sämtlich von den türkischen Dynastien und Armeen beherrscht wurden. Diese Zentren waren Indien, Zentralasien, Persien, die Türkei, Ägypten mit Syrien und Nordafrika. Im 16. Jahrhundert reduzierte sich diese Zahl durch eine beträchtliche Machterweiterung der Osmanen, die bereits Anatolien und einen Großteil von Südosteuropa kontrollierten, nun das Mameluken-Sultanat vernichteten und dessen Territorien – Ägypten, Syrien, Palästina und Teile von Arabien – in das Osmanische Reich eingliederten. Dem folgte die Ausdehnung der osmanischen Oberherrschaft über Nordafrika, die das heutige Libyen, Tunesien und Algerien einschloß. Lediglich Marokko wurde nach wie vor von arabischen Dynastien regiert und blieb dem Zugriff der osmanischen Macht entzogen. In einem der endlosen Serie von Kriegen zwischen den Osmanen und den Schahs von Persien wurde schließlich im Jahre 1534 der Irak den Persern entrissen und dem osmanischen Imperium einverleibt.

Das Osmanische Reich erreichte seinen Höhepunkt im 16. und frühen 17. Jahrhundert, als es mit dem Habsburgischen Reich um die Kontrolle über Mitteleuropa kämpfte. In diesem Ringen waren die Türken anfangs siegreich, wurden anderthalb Jahrhunderte hindurch zum Stillstand gebracht und dann langsam, aber entscheidend geschlagen. Auf die zweite erfolglose türkische Belagerung Wiens 1683 folgte drei Jahre später der Verlust von Buda, das heißt von Budapest, seit 1541 Sitz des türkischen Paschas. Ende des 17. Jahrhunderts, nach den Siegen der Österreicher und ihrer Verbündeten, wurde das Osmanische Reich erstmals in seiner Geschichte von einem siegreichen Gegner gezwungen, als geschlagene Macht einen Friedensvertrag zu unterzeichnen. Inzwischen bedrohte ein neuer und noch gefährlicherer Feind die Osmanen – die aufstrebende, expandierende Macht Rußland, die sich in Richtung Süden und Osten weitgehend auf Kosten der Türken vorschob. Im Jahre 1783 konnten die Russen die Krim annektieren, die jahrhundertelang ein türkisches und muslimisches Land gewesen war. Von der eroberten Krim aus stießen sie entlang der Nordküste des Schwarzen Meeres nach Osten und Westen vor und nahmen damit die Türken in die Zange. Die Stadt Odessa wurde 1795 auf dem Terrain eines tatarischen Dorfes gegründet.

Persien und Zentralasien wurden eine Zeitlang von islamisierten Nachfolgestaaten der großen mongolischen Khans beherrscht – in einigen regierten Nachfahren des Dschingis Khan, in anderen Mongolen und Tataren unterschiedlicher Abkunft. In Zentralasien blieben diese Dynastien an der Macht, bis im 19. Jahrhundert die Russen ihre Länder eroberten und sie ihrem Reich einverleibten. In Persien selbst wurden sie durch eine neue Dynastie verdrängt, die Safawiden, die Anfang des 16. Jahrhunderts an die Macht kamen und die Grundlagen für das Gebiet des neuzeitlichen Iran schufen. Im muslimischen Indien, wo seit den ersten Einfällen im 11. Jahrhundert verschiedene türkische Dynastien die Herrschaft innegehabt hatten, regierte eine andere türkisch-mongolische Linie, Nachfahren des gefürchteten Tamerlan oder Timur Lenk, über den größten Teil des Subkontinents, bis sie durch die Briten verdrängt wurden. Man bezeichnet sie mitunter als Großmoguln.

Zu Anfang gab es zwei große jüdische Gruppen in der islamischen Welt, eine persisch, die andere arabisch. Die erste wurde von Persisch sprechenden jüdischen Gemeinden im Iran gebildet, deren Kulturbereich sich nach Osten bis in die Gebiete des heutigen Afghanistan und der zentralasiatischen Sowjetrepubliken erstreckte. Überall dort gab es jüdische Gemeinden persischer Sprache und Kultur. Selbst in Indien, das damals zur persisch-islamischen Welt gehörte, finden sich, in wesentlich geringerem Umfang, Hinweise auf die Existenz von Juden. Bis ins 16. Jahrhundert bildeten die Persisch sprechenden Juden eine einzige Gemeinde. Sie wurde in zwei Teile gespalten durch die Errichtung der schiitischen Safawiden-Dynastie, die Persien vom sunnitischen Zentralasien trennte. Die in Zentralasien ansässige Gemeinde wurde wiederum gespalten durch den Aufstieg neuer kriegerischer Mächte, der zur Gründung von Buchara und Afghanistan führte. Die drei jüdischen Gemeinden scheinen wenig Kontakt zur Außenwelt oder auch nur untereinander gehabt zu haben.

Westlich von Persien, vom Irak bis nach Marokko, gab es die zahlreichen Arabisch sprechenden jüdischen Gemeinden, die in früheren Zeiten Begründer und Hüter jüdisch-islamischer Tradition gewesen waren.

Neben diesen zwei Hauptgruppen gab es eine dritte, die sich von beiden unterschied und anfangs verhältnismäßig klein und unbedeutend war. Sie bestand aus den Juden des ehemaligen Byzantinischen Reiches, die noch in Kleinasien und Südosteuropa zu finden waren: Sie hatten nie unter arabischer oder persischer Herrschaft gelebt und sich auch nie die arabische oder persische Sprache zu eigen gemacht. Die meisten sprachen anscheinend Griechisch, manche in den ehemals byzantinischen Gebieten Kleinasiens, die nun von türkischen Emiraten regiert wurden, begannen in gewissem Umfang das Türkische zu übernehmen. Dies scheint jedoch nie sonderlich weit gegangen zu sein, und die Türkisch sprechenden Juden blieben in den Emiraten eine kleine Minderheit. Schließlich wurden sie ebenso wie die griechischsprachigen jüdischen Gemeinden in diesem Raum Ende des 15. Jahrhunderts durch den Zustrom europäischer Juden überschwemmt.[2]

Die Arabisch sprechenden jüdischen Gemeinden lassen sich politisch, entsprechend den Staaten, deren Untertanen sie waren, aufgliedern. Der Irak, in der Antike wie im islamischen Mittelalter ein Hauptzentrum, hatte seither erheblich an Bedeutung verloren. Kein großes Imperium, nicht einmal mehr ein unabhängiger Staat hatte dort noch seinen Sitz, und so war er zur entlegenen und häufig umkämpften Provinz der anderen Reiche geworden. In früheren Jahrhunderten hatte er zumeist unter persischer Herrschaft gestanden und wurde dann nach längeren Kämpfen schließlich vom Osmanischen Reich vereinnahmt. Nach wie vor blieb er jedoch Grenzgebiet, das anfangs von der rivalisierenden islamischen Strömung in Persien und später durch das Vorrücken der europäischen Seemächte vom Persischen Golf bedroht wurde. In diesen Jahrhunderten boten die Verhältnisse im Irak weder Juden noch anderen Minderheiten irgendwelche Entwicklungsmöglichkeiten.

Syrien und Palästina wurden während dieser Periode ebenfalls extern regiert – zuerst von den Mameluken-Sultanen in Ägypten und später von der Türkei aus. In der Mameluken-Epoche war Ägypten zeitweise ein nicht unbedeutendes Zentrum, was in weitaus geringerem Maße auch für Syrien galt. Mit der Eingliederung beider Gebiete in das Osmanische Reich verlagerte sich das Hauptzentrum der Aktivität unvermeidlich in die neue Metropole, und die Länder versanken in provinzielle Bedeutungslosigkeit. Westlich von Ägypten gab es in allen nordafrikanischen Regionen jüdische Gemeinden, die größten in Marokko und – in wesentlich bescheidenerem Umfang – in Tunesien. Bei dieser Aufzählung der

Arabisch sprechenden Juden sollte der Jemen in der Südwestecke Arabiens nicht fehlen. Es handelt sich dort um eine entlegene, isolierte jüdische Gemeinde, die von den meisten anderen Zentren abgeschnitten war, aber über ein reiches, vielfältiges eigenes kulturelles Leben verfügte.

Von all diesen jüdischen Gemeinden wurde die des Osmanischen Reiches zur weitaus wichtigsten. Sie verdankte ihre Bedeutung zwei großen Entwicklungen – einer allgemeinen und einer spezifisch jüdischen. Der allgemeine Faktor war natürlich der Aufstieg und die Ausbreitung des Osmanischen Reiches selbst, wodurch alle zu ihm gehörenden Gemeinden mehr Gewicht bekamen. Der spezifisch jüdische Faktor bestand in der Masseneinwanderung von Juden aus Europa, insbesondere, wenn auch nicht ausschließlich aus Spanien, Portugal und Italien. Durch diesen Zustrom von Menschen wurde der verkümmernden Judenheit der Levante Wissen, Reichtum und neues Leben zugeführt, und – vielleicht zumindest kurzfristig am wichtigsten – es wurde ihnen ein Zugang zu Europa eröffnet, das sich damals die Vormachtstellung in der Welt zu erobern begann.

Im Verlauf seiner Expansion gewann der osmanische Staat auf diese oder jene Weise eine erhebliche Anzahl jüdischer Untertanen hinzu, die eine ausgedehnte, verzweigte Gemeinde von breiter regionaler und sozialer Vielfalt bildeten. Wer die Geschichte der Juden unter islamischer Herrschaft studiert und dabei sowohl die Informationsquellen als auch das erarbeitete wissenschaftliche Material einbezieht, kann nicht umhin, sich über den Gegensatz zwischen der klassischen und der osmanischen Epoche zu wundern. Für faktisch sämtliche vorosmanischen Gemeinden ist das vorhandene Quellenmaterial bedauerlich dürftig. Die spärliche jüdische Geschichtsschreibung gibt inhaltlich wenig her. Rabbinische Responsen sind erhalten, freilich in sehr geringer Anzahl und nur aus ein paar Orten. Die jüdische Literatur ist zwar reichhaltig, das historische Material aber, das sie liefert, nebensächlich und oft substanzlos. Die allgemeine muslimische historiographische und sonstige Literatur enthält viele Hinweise auf Juden, jedoch nur unzusammenhängende bruchstückhafte Informationen, deren Wert hauptsächlich darin besteht, den allgemeinen kulturellen und sozialen Hintergrund zu erläutern. Es gibt keine Archive, lediglich die Genisa bietet eine Sammlung wesentlicher zeitgenössischer Dokumentation. Das große Werk von D. S. Goitein über die Juden im mittelalterlichen Ägypten, das weitgehend auf Genisa-Material basiert, zeigt, wie viel sich selbst aus dieser Art der Dokumentation erfahren läßt und wie viel ohne das für immer verlorengeht. Und auch die Genisa ist nur eine zufällige Sammlung von Makulatur, alles andere als ein echtes Archiv, in dem Dokumente noch in der ursprünglichen Reihenfolge chronologisch sortiert aufbewahrt werden.

Wer osmanisch-jüdische Geschichte studiert, ist in jeder Beziehung besser dran. Die ihm zur Verfügung stehenden Quellen lassen sich in drei Hauptgruppen unterteilen – jüdische, europäische und osmanische, in Türkisch, Arabisch und anderen Sprachen. Unter den jüdischen Quellen sind die rabbinischen Responsen die wichtigste, die in großer Anzahl aus verschiedenen osmanischen Städten und insbesondere aus Zentren wie Saloniki, Istanbul und Izmir überliefert worden sind.[3] Überaus reichhaltig und informativ, erhellen sie die Sozial- und Wirtschaftsgeschichte. Mitunter enthalten die Responsen sogar Einzelheiten über den Ablauf von Ereignissen, was freilich ihrem Wesen nach nicht viel bringt. Insgesamt setzt sich die spärliche Geschichtsschreibung in den osmanischen Zeiten fort, allerdings mit geringfügigen Verbesserungen. Es mag seltsam anmuten, daß die Gelehrten dieser – in anderer Beziehung so aktiven – Gemeinden so wenig Interessse an ihrer eigenen oder an der Geschichte des Landes, in dem sie lebten, an den Tag gelegt haben sollten.[4] Die einzigen hebräischen Bücher, die sich mit osmanischer oder auch mit osmanisch-jüdischer Geschichte befassen, wurden außerhalb des Osmanischen Reiches geschrieben. Eins davon entstand auf Kreta zu einer Zeit, als die Insel noch im Besitz der Republik Venedig war und damit im geistigen Bereich der europäischen Renaissance, das andere verfaßte ein Jude französischer Abstammung in Italien.[5] In Art und Aufbau beider Bücher zeigt sich, daß die neue geisteswissenschaftliche Forschung in Europa weitaus mehr Wirkung auf die Juden ausübte als irgendwelche Einflüsse aus der osmanischen oder jüdischen Welt.

Neben literarischen Quellen gibt es jüdische Aufzeichnungen verschiedener Art – Unterlagen aus Gemeinde und Synagoge nicht nur in den osmanischen und ehemaligen osmanischen Gebieten, sondern auch in Europa. Die Gemeinde spanischer und portugiesischer Juden in London zum Beispiel hatte zwei Serien von Dokumenten in Verwahrung, die für den Orient aufschlußreich waren. Die eine mit dem portugiesischen Titel *Cautivos* behandelt den Freikauf von Gefangenen, die muslimische Korsaren oder christliche Piraten und Freibeuter im Mittelmeer gemacht hatten; in der anderen, *Terra Santa* betitelten, geht es um Geldforderungen von armen, verzweifelten Menschen, die aus dem Heiligen Land kamen – eine Bezeichnung, die gelegentlich das gesamte syrische Territorium einschloß. Diese Unterlagen sind zwar inhaltlich begrenzt, gewähren aber doch einen gewissen Einblick in zumindest einen Aspekt des jüdischen Lebens in der Levante.[6] Sehr wohl möglich, daß eine ähnliche Dokumentation in den Archiven anderer jüdischer Gemeinden in Europa existiert, insbesondere in Italien, wo Beziehungen zu den Glaubensgenossen im Orient bestanden. Die Archive internationaler jüdischer Organisationen werden ebenso wie die der osmanischen jüdischen Gemeinden erst für das 19. Jahrhundert von Belang.

Weit reichhaltiger als jüdische dokumentarische Quellen sind die der verschiedenen europäischen Länder, die auf diese oder jene Art mit dem Osmanischen Reich zu tun hatten. Dazu gehörten diplomatische und konsularische Berichte, die in faktisch jedem Staat Europas existieren, ebenso wie die Unterlagen der Handelsgesellschaften und Handelskammern, die in den osmanischen Gebieten ein weitverzweigtes Tätigkeitsfeld hatten. Diese staatlichen und kommerziellen europäischen Archive sind insgesamt gut erhalten und recht gründlich erforscht. Die europäischen Kaufleute und ihre diplomatischen und konsularischen Schirmherren hatten häufig Gelegenheit, mit osmanischen Juden verschiedener Berufsgattungen Geschäfte zu machen, und ihre Berichte enthalten einen Großteil nützlicher Information.[7]

Diese Quellen lassen sich durch eine recht umfangreiche Reiseliteratur ergänzen. Im Lauf der Jahrhunderte besuchten Reisende aus dem christlichen Abendland in beträchtlicher Zahl die Türkei sowie die angrenzenden Länder: Pilger und Missionare, Händler und Diplomaten, Spione und Offiziere, Archäologen und Wissenschaftler, und gegen Ende der abzuhandelnden Periode Touristen, später sogar Touristinnen auf der Suche nach neuen Eindrücken und neuen Erfahrungen – die Vorhut des modernen Massentourismus. Diese Reisenden haben oft Interessantes zu berichten über einzelne Juden und auch über jüdische Gemeinden in den Städten, durch die sie kamen, und wenngleich ihre Kommentare häufig mehr aussagen über sie selbst und ihre Herkunftsländer als über die Menschen und Länder, die sie schildern, so haben sie dennoch viel zu bieten. Im allgemeinen sind sie informativer als die jüdischen Reisenden aus Europa. Abgesehen von den zahlreichen Pilgern und Siedlern, die uns Beschreibungen von Jerusalem und dem Heiligen Land hinterlassen haben, ist die jüdische Reiseliteratur recht dürftig und unergiebig, bis dann im 19. Jahrhundert europäische Juden in größerer Zahl ihren Wunsch zu reisen auch verwirklichen konnten.[8]

Bis vor kurzem stützten sich wissenschaftliche Studien über die Geschichte der Juden im Osmanischen Reich fast ausschließlich auf diese beiden Quellengruppen, die jüdische und die europäische. Als Ergebnis wurden dann osmanische jüdische Gemeinden häufig so dargestellt, als lebten sie im luftleeren Raum, unter nahezu völliger Aussparung der Gesellschaften und Staatswesen, zu denen sie gehörten. Daraus folgte gewöhnlich eine schwerwiegende Verzerrung der Perspektive. Um ein einzelnes Beispiel herauszugreifen: Die Stellung der Juden als Minderheit in den osmanischen Ländern läßt sich unmöglich einschätzen, ohne daß man gleichzeitig die parallele Position der christlichen Minoritäten in Betracht zieht. Die jüdische Minderheit ist nicht, wie vielfach in Europa, ein Unikum, sondern sozusagen ein Element in einer ganzen Erscheinungsgattung, und ihre Stellung läßt sich nur verdeutlichen, wenn man sie in Bezug zu anderen in derselben Gattung setzt. Und selbstverständlich ist es von Nutzen, etwas über den osmanischen Staat und seine Gesellschaft zu wissen, wenn man die osmanische jüdische Geschichte begreifen will – ein Aspekt, der auf der Hand zu liegen scheint, jedoch häufig von Wissenschaftlern, die auf diesem Gebiet arbeiteten, übersehen wurde.

Um sich dieses Wissen anzueignen, ist natürlich das Studium der türkischen Quellen erforderlich, das im Hinblick auf die jüdische Geschichte gerade erst begonnen hat. Hinweise auf Juden sind in türkischen Chroniken und anderen literarischen Materialien vergleichsweise selten.[9] Die Historiker des Osmanischen Reiches sahen die Belange der *ḏimmīs* – Juden und anderer – nicht als sonderlich wichtig an und schenkten ihnen daher wenig Beachtung. Im allgemeinen ist in osmanischen Chroniken von Juden nur die Rede in Zusammenhang mit Taten oder Untaten von gelegentlich namentlich erwähnten Einzelpersonen oder – und das sogar noch seltener –, wenn es sich um einen öffentlichen Zwischenfall oder Aufruhr handelt, von dem Juden betroffen sind, sei es als Täter oder als Opfer.

Den spärlichen literarischen Quellen stehen jedoch ungeheuer reichhaltige und wertvolle Archive gegenüber. Archivierte Sammlungen sind in vielen Provinzstädten noch erhalten, sowohl in der heutigen türkischen Republik als auch in manchen der einstigen osmanischen Provinzen, zum Beispiel in Damaskus, Aleppo, Jerusalem, Kairo, Sofia und zweifellos noch in anderen Städten. Von allen am wichtigsten sind die ehemaligen Reichsarchive in Istanbul, die nach aktuellen Schätzungen über 60000 gebundene Verzeichnisse und Briefordner enthalten und vierzehn bis fünfzehn Millionen Dokumente. Diese Unterlagen sind selbstverständlich außerordentlich aufschlußreich für jeden Lebensaspekt im Osmanischen Reich, insbesondere in dessen großen Zeiten, aber auch in nicht geringem Umfang während der Jahrhunderte des Niedergangs.

Besondere Bedeutung für das Studium jüdischer Geschichte kommt dem *Defter-i Hakani* zu, auch unter dem Namen *Tapu* bekannt, dem für den Herrscher bestimmten Inspektionsbericht über Land, Bevölkerung und Einkommen. Für jeden *sancak* oder jede Provinz, von Buda bis Basra, gibt es ein Verzeichnis, oft eine ganze Reihe von Registern, in denen die Bevölkerung erfaßt wird, Stadt um Stadt und Dorf um Dorf, und innerhalb jeder Stadt Viertel um Viertel, Gemeinde um Gemeinde, Straße um Straße und Haus um Haus. Die *Tapu*-Serie allein umfaßt schätzungsweise fünfzehnhundert Bände nur in den Archiven von Istanbul neben weiteren in Ankara und anderswo. In dieser Reihe sind Ägypten und die übrigen afrikanischen Territorien des Reiches nicht enthalten, ebensowenig die arabische Halbinsel. Es gibt nur ein paar Verzeichnisse für die *sancaks* des Irak – das heißt für Mosul, Bagdad und Basra – und eine recht beträchtliche Anzahl für die Provinzen, in die Syrien und

Palästina unterteilt waren. Für die anatolischen und europäischen *sancaks* ist die Zahl der Register sehr viel größer, und die Aufstellungen wurden in häufigeren Abständen revidiert.[10]

Aus diesen Berichten lassen sich die jüdischen Gemeinden in fast allen europäischen und asiatischen Provinzen des Osmanischen Reiches tabellarisch erfassen – wo sie lebten, in welchen Vierteln oder Gemeinden sie organisiert waren und wie viele es insgesamt gab, gewöhnlich anhand einer Namensliste erwachsener männlicher Juden. In den Gebieten, wo die Register regelmäßig revidiert wurden, kann man nicht nur die Verteilung tabellarisch darstellen, sondern auch über einen Zeitraum hinweg Veränderungen beobachten. Ein türkischer Wissenschaftler, der verstorbene Professor Ömer Lûtfi Barkan, fertigte nach den zwischen 1520 und 1530 vervollständigten Übersichten Statistiken an über die Religionszugehörigkeit der Einwohner in den wichtigsten Städten des Osmanischen Reiches.[11] (s. Tabelle). Die Zahlen beziehen sich auf die Haushalte. In jüngster Zeit erstellte Mark Epstein Bevölkerungsstatistiken für sämtliche jüdischen Gemeinden in den europäischen und asiatischen Provinzen des Osmanischen Reiches, die auf denselben Registerreihen beruhten, sich jedoch über einen längeren Zeitraum erstreckten.[12]

Selbst für die Geschichte der Juden in Persien stammt das beste statistische Material aus der vergleichsweise kurzen Periode, in der Teile von Westpersien, die Provinzen Aserbaidschan, Hamadān und Kermānšāh, ins Osmanische Reich eingegliedert und in ähnlichen Registern erfaßt wurden. Sie nennen foglende Zahlen:

Täbris	54 jüdische Haushalte
Hamadān	132 jüdische Haushalte
Kermānšāh	53 jüdische Haushalte

Zusammensetzung der Bevölkerung nach Religionszugehörigkeit in den Hauptstädten des Osmanischen Reiches, 1520–1530

Städte	Muslimische Haushalte	Christliche Haushalte	Jüdische Haushalte	Haushalte insgesamt
Istanbul	9517	5162	1647	16326
Bursa	6165	69	117	6351
Edirne	3338	522	201	4061
Ankara	2399	277	28	2704
Athen	11	2286	–	2297
Tokat	818	701	–	1519
Konya	1092	22	–	1114
Sivas	261	750	–	1011
Sarajewo	1024	–	–	1024

Monastir	640	171	34	845
Skopje	630	200	12	842
Sofia	471	238	–	709
Saloniki	1229	989	2645	4863
Serres	671	357	65	1093
Trikala	301	343	181	625
Larissa	693	75	–	768
Nikopolis	468	775	–	1343

Das erste Register ist – nach islamischer Zeitrechnung – 1140 datiert, was nach der christlichen dem Jahre 1727 entspricht. Das zweite und dritte sind undatiert, wurden aber unter der Regierung von Ahmed III. (1703–1730) erstellt.[13]

Während die *Tapu*-Reihe gebrauchsfertig aufbereitet ist, lassen sich ebenfalls viele nützliche Informationen über das Leben und die Aktivitäten der Juden aus anderen Sammelregistern und Dokumenten in den osmanischen Archiven gewinnen, von denen einige sich speziell mit den Angelegenheiten nichtmuslimischer Gemeinden befassen. Eine Reihe ist besonders aufschlußreich, für jüdische wie allgemeine Geschichte, nämlich die *Sicill*-Register mit den Unterlagen aus dem Amt des Kadis. Der Kadi einer osmanischen Provinzstadt war nicht nur die oberste richterliche Instanz, sondern hatte außerdem eine Fülle von administrativen und sogar fiskalischen Funktionen, und die oft außerordentlich detaillierten Register bieten dem Forscher ein chronologisches Bild der Tagesereignisse. Im Prinzip sollte in jeder Stadt, in der sich der Sitz eines osmanischen Kadis befand, eine Reihe von *Sicill*-Registern vorhanden sein. Tatsächlich wurde eine beträchtliche Anzahl zutage gefördert, deren Auswertung erste Ergebnisse zu zeitigen beginnt. Die Untersuchungen von Amnon Cohen über die *Sicill*-Register für Jerusalem haben gezeigt, wieviel diese zur jüdischen Geschichte beisteuern können.[14] Ähnliche Arbeiten über andere Serien werden zweifellos vergleichbare Resultate erbringen.

Lange Zeit blieb die Erforschung osmanischer jüdischer Geschichte naturgemäß den vorneuzeitlichen Wissenschaftlern überlassen, so daß eine vorwissenschaftliche Historiographie entstand, gelegentlich ergänzt durch rabbinische Studien, die auf der einen oder anderen Sammlung von Responsen basierten und oft benutzt wurden, ohne auch nur am Rande auf den osmanischen Hintergrund und dokumentarische Bezüge zu verweisen. Verglichen mit diesen vorneuzeitlichen Versuchen stellen die neueren Arbeiten einen wesentlichen Fortschritt dar, insbesondere die von Uriel Heyd und einigen anderen, die türkische literarische und Archivquellen ausgewertet haben.[15]

Nach diesem Exkurs über die Dokumentation osmanisch-jüdischer Geschichte können wir uns jetzt der Struktur jüdischer Gemeinden im Osmanischen Reich zuwenden, und zwar nach Schichten spezifiziert und in chronologischer Reihenfolge. Die ersten und ältesten sind die sogenannten Romaniot – die einheimischen Griechisch sprechenden Juden, die die Türken vorfanden, als sie die Kernprovinzen eroberten, aus denen das Osmanische Reich hervorging. Es waren die Gemeinden im westlichen Kleinasien, in der byzantinischen Metropole Konstantinopel, in Griechenland und in einigen Städten auf dem Balkan. Im jüdischen Ritual und in der Liturgie folgten sie der *Minhag* Romania, das heißt dem Brauch im Byzantinischen Reich. Sie hatten die griechische Sprache übernommen, als sie vor langer Zeit in diese Gebiete gekommen waren, und sie beibehalten.

Die zweite Schicht bestand aus frühen Einwanderern aus Europa, hauptsächlich Aschkenasim aus Deutschland sowie aus Frankreich, die Anfang des 15. Jahrhunderts erstmals erwähnt werden; manche mögen bereits vorher gekommen sein. Sie wurden bei weitem übertroffen durch die Ende des 15. Jahrhunderts einsetzende scharenweise Einwanderung der Sephardim aus Südeuropa. Nach Erlaß des Ausweisungsedikts waren sie ab 1492 aus Spanien und ab 1496 aus Portugal in ständig wachsender Anzahl in die osmanischen Gebiete geflüchtet. In der Hauptstadt Istanbul entstanden ansehnliche Gemeinden der Sephardim, ebenso in Saloniki, Izmir (Smyrna), Edirne (Adrianopel) und anderen Städten in Anatolien und auf dem Balkan. Edirne war vor der Eroberung von Konstantinopel die Hauptstadt des Osmanischen Reiches gewesen und besaß bereits eine jüdische Gemeinde. Aus den osmanischen Registern lassen sich einigermaßen genau Bevölkerungszahl, Verteilung und sogar Herkunft dieser Gemeinden ablesen. In Städten, wo es Juden in nennenswerter Zahl gab, werden die Namen der einzelnen Gemeinden und die der erwachsenen männlichen Einwohner aufgeführt. Hebräische Quellen bezeichnen diese Gemeinden als *kehillot,* in türkischen Registern wird der für neu angekommene Gruppen übliche Begriff *cemaʿat* verwendet.

Mit der Eroberung des Fruchtbaren Halbmonds und Ägyptens und der Ausdehnung seiner Oberherrschaft über Nordafrika gewann das Osmanische Reich auch eine breite Bevölkerungsschicht Arabisch sprechender Juden hinzu. Diese werden in den osmanischen Unterlagen zumeist als *mustaʿriba* bezeichnet, was arabisiert bedeutet und offenbar von den osmanischen Beamten benutzt wurde, um zwischen den Arabisch sprechenden Juden in Syrien, Irak und Ägypten und den Griechisch, Türkisch oder Spanisch sprechenden zu unterscheiden, die ihnen vertrauter waren. In entlegenen Gegenden gab es außerdem noch wesentlich kleinere Gruppen, die Kurdisch oder Aramäisch sprachen. Diese sind philologisch und historisch hochinteressant, zahlenmäßig aber unbedeutend.

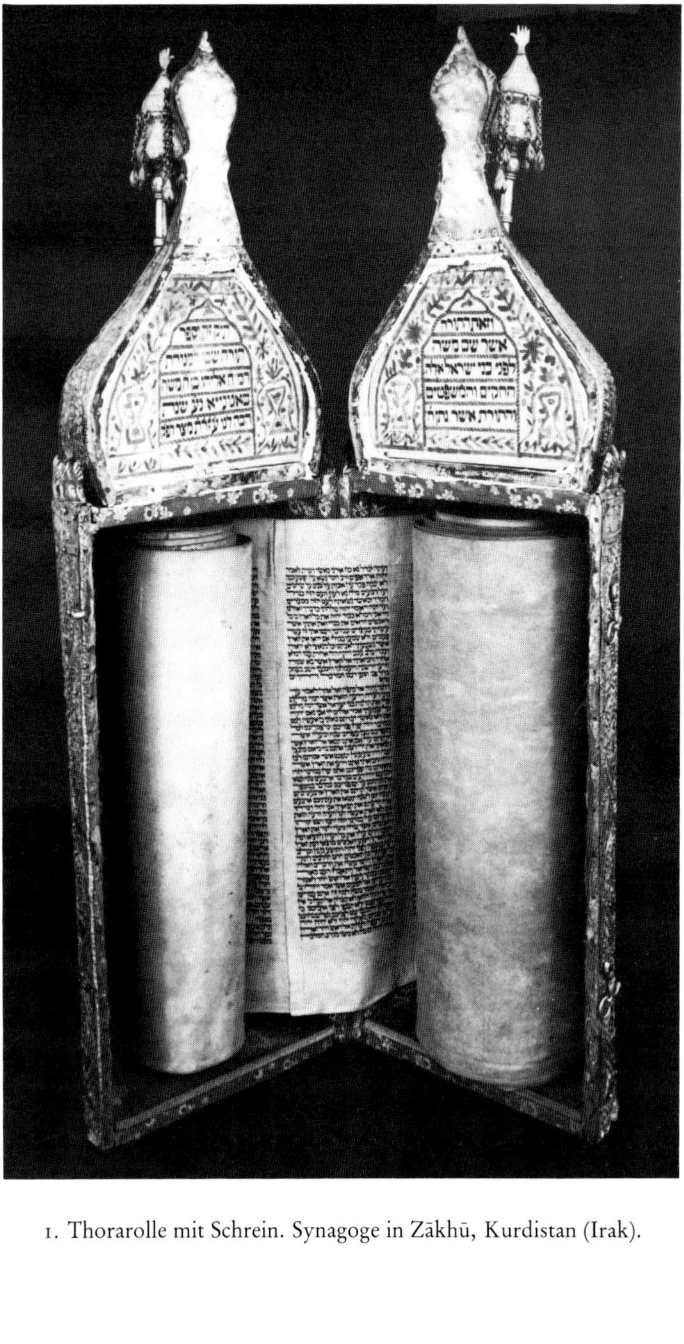

1. Thorarolle mit Schrein. Synagoge in Zākhū, Kurdistan (Irak).

2. Kultgefäß mit hebräischen Schriftzeichen. Vorderer Orient, 18. Jahrhundert.

3. Sabbatlampe mit hebräischer Inschrift. Damaskus, 19. Jahrhundert.

4. Thora-Aufsätze aus Persien. 18.–19. Jahrhundert.

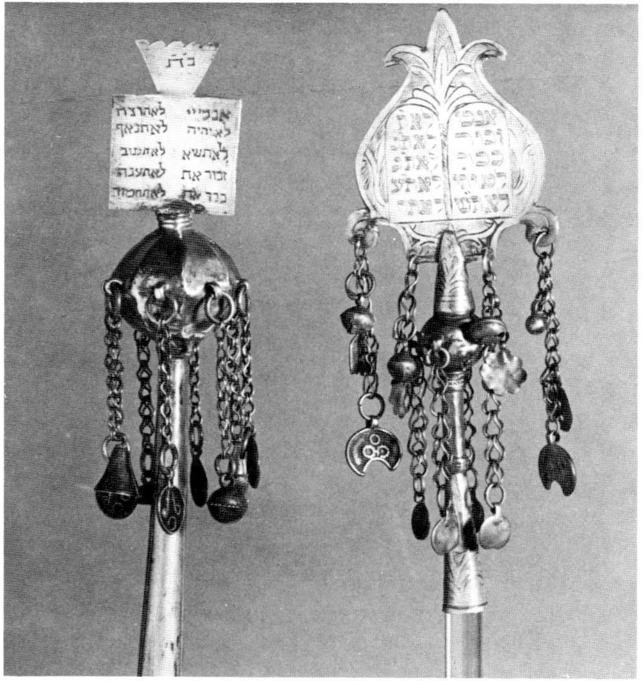

5. Thora-Aufsätze aus Nordafrika. 19. Jahrhundert.

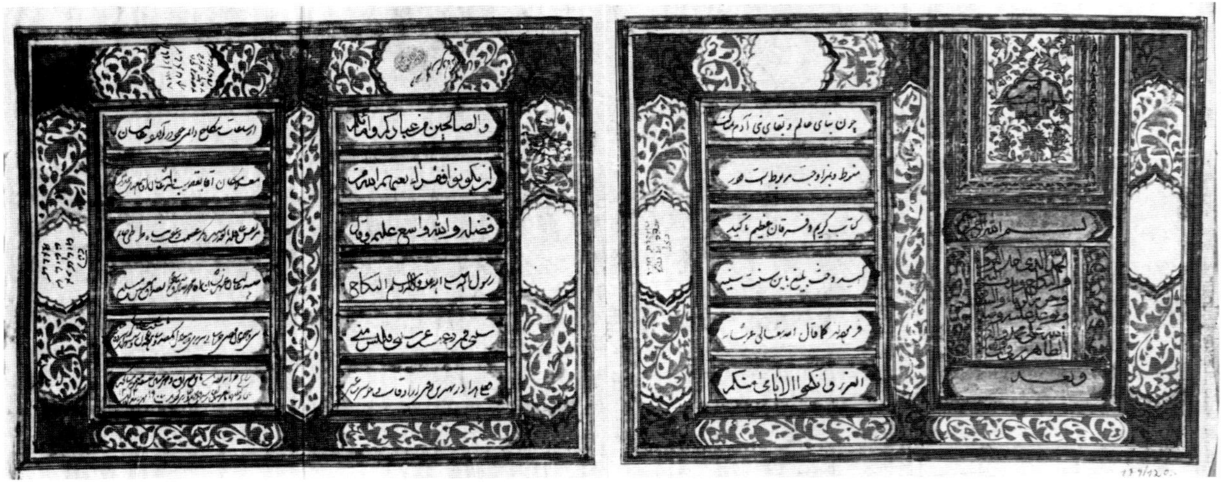

6. Ketubba (Eheurkunde), Mashhad, Iran, Ende 19. Jahrhundert.

7. Ketubba, Isfahan, Iran, 1874.

8. Jüdisch-persische Handschrift einer Version des Buches Exodus. Illustriert von Nehemia ben Amschel aus Täbris, 1686.

9. Opferszene aus dem Buch Exodus (siehe Abb. 8).

10. Handschrift der Sabbat-Segenssprüche aus Kurdistan (Iran), Mitte 19. Jahrhundert.

وصلة اولو رایکن حزا هشکار   دیر ایکن البشته قنشر ه الم اود

تخت راینده دیه اول ملعون   ای یکا قیمه عزیز باشک بجین

سبزه هب زیکری اهل و شنایکنی   زن وعطلانیده بدل دلشوایکن

البنه بوعقده ده واردرشبهم   الکه حل اوله سید امراهم

مسلی نک بیه قز لقه مسنی   النجبه یر کفته ناکنه یسنی

11. Jüdin, aus einer türkischen Handschrift
eines Buches über Frauen. Um 1793.

12. Bräutigam Ben Schlomo spielt *tar*. Iran, ca. 1846.

13. Braut Rahel schminkt sich die Augen. Iran, ca. 1846.

14. Jüdinnen – die eine verheiratet, die andere verwitwet.
Istanbul, 1574. Unbekannter Künstler.

15. Juden – der eine Arzt, der andere Kaufmann.
Istanbul, 1574. Unbekannter Künstler.

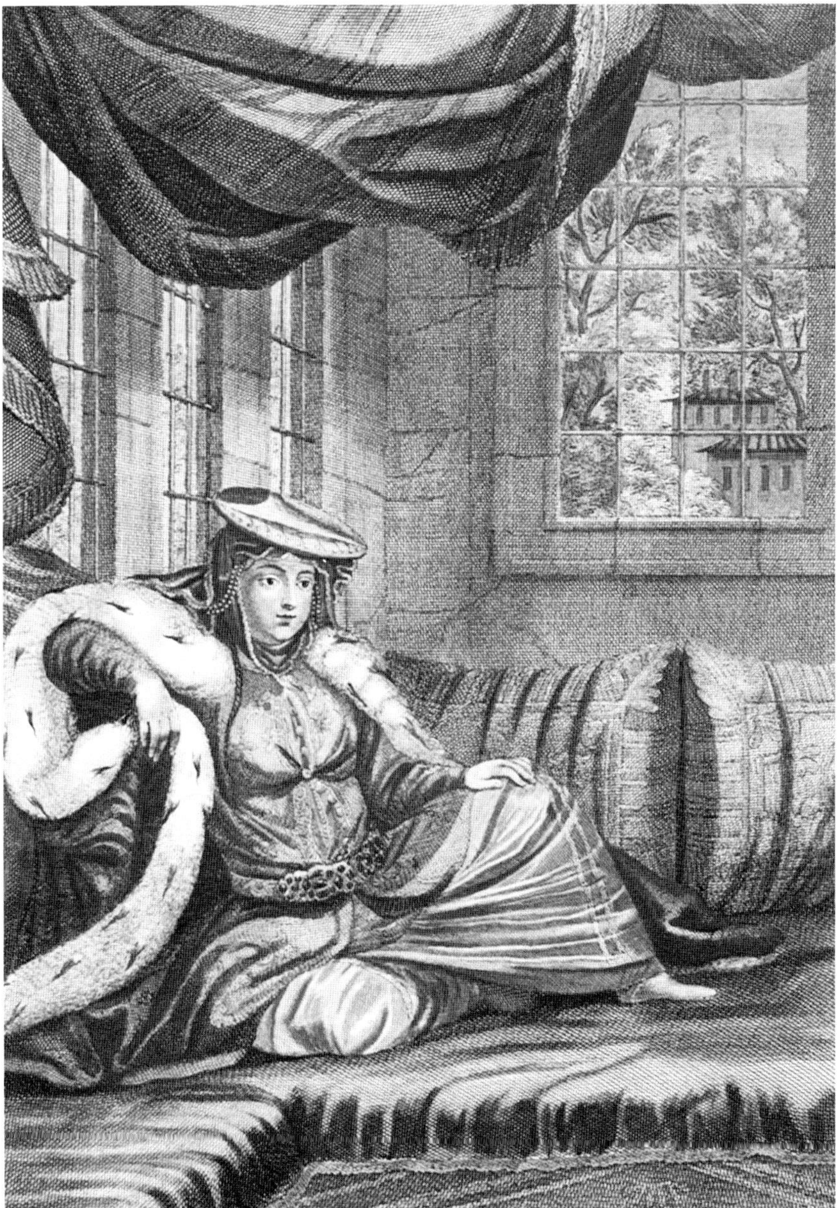

16. Jüdische Frau. Istanbul, 1714. Unbekannter Künstler.

17. Haham und Witwe. Istanbul, ca. 1850.
Von Amadeo, Graf Preziosi.

18. Jüdin, Tschibuk rauchend. Istanbul, 1768. Von G. Rumpf.

19. Rabbiner. Istanbul, 1769. Von G. Rumpf.

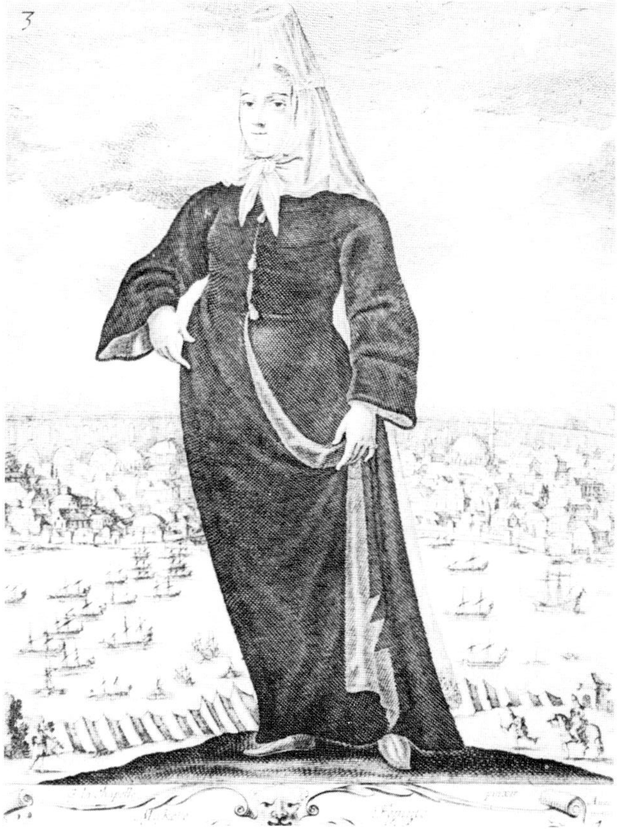

20. Jüdische Haremsdame. Istanbul, 1848.
Von Georges de La Chappelle.

21. Jüdin aus der Gegend von Akra, Kurdistan. Aufgenommen in Israel.

Der laufende Zuwachs an jüdischen Untertanen wurde auf zweifache Weise noch beschleunigt, nämlich durch Eroberung und Einwanderung. Der erstgenannte Grund traf genauso auf viele andere Gemeinden zu, die durch das Vorrücken der osmanischen Armeen und die Ausdehnung osmanischer Macht zu osmanischen Untertanen wurden. Der zweite beschränkte sich fast ausschließlich auf die Juden, die damit sozusagen den Vorzug genossen, durch eigene frei Wahl osmanische Untertanen zu werden. Jahrhundertelang wanderten Juden aus verschiedenen Teilen des christlichen Abendlandes in die osmanischen Gebiete aus, angelockt von Berichten über die größere Toleranz und die besseren Chancen, die von der osmanischen Regierung geboten wurden.

Diese Wanderbewegungen erfolgten jedoch nicht immer ganz freiwillig. Manchmal führen die Register Gruppen von Juden auf, die als *sürgün* bezeichnet werden,[16] was auf türkisch Exil oder Deportation oder einfach Zwangsumsiedlung bedeutet. Der *sürgün* war ein im osmanischen Staat durchaus geläufiges Verfahren; es konnte auf eine Einzelperson oder eine Familie angewendet werden oder auch auf eine Gruppe von Einzelpersonen oder Familien, auf einen Nomadenstamm, auf ganze Einwohnerschaften, manchmal sogar auf ganze Distrikte. Es gab zwei Arten von *sürgün.* Die eine, seltenere, hatte Strafcharakter; das heißt, eine Person oder eine Gruppe wurde vertrieben oder zwangsweise umgesiedelt wegen irgendeines Deliktes, das sie begangen hatten. Häufiger wurde der *sürgün* verhängt aus Gründen der Staatsräson, weil man meinte, es diene den Interessen des Reiches, bestimmte Einwohnerschaften umzusiedeln.

Diese Praxis beschränkte sich keineswegs auf Juden, sondern war gegenüber vielen anderen Elementen im Reich durchaus gängig, so auch für Muslime und Christen. Manchmal scheint das Motiv wirtschaftlicher Natur gewesen sein, beispielsweise wenn es sich um landwirtschaftliche Siedler oder um nomadisierende Hirten handelte. Mitunter hatte es strategische Hintergründe, wenn Einwohnerschaften von fragwürdiger Loyalität in Grenzgebieten gegen andere ausgetauscht wurden, die sowohl kämpferisch als auch verläßlich waren. Juden wurden nicht selten durch solche Zwangsumsiedlungen betroffen.

Nach der Eroberung Konstantinopels im Jahre 1453 wird von einer derartigen Aktion berichtet, wobei auf Befehl des Herrschers zahlreiche Juden in der nunmehrigen osmanischen Hauptstadt Istanbul angesiedelt wurden. Man verfrachtete sie aus osmanischen Provinzstädten in Anatolien und auf dem Balkan, wo viele Orte fast ihre sämtlichen jüdischen Einwohner einbüßten, wie aus den osmanischen Katasterverzeichnissen ersichtlich.[17] Etwa hundert Familien wohlhabender Genueser Juden, die zum Zeitpunkt der Eroberung in Pera lebten, wurden damals offenbar ebenfalls über das Goldene Horn in die Altstadt von Istanbul gebracht. Anscheinend bezweckte man damit, eine wirtschaftlich aktive und zugleich politisch zuverlässige Bevölkerung hereinzuholen. Auf diese Weise konnte man die Entwicklung der Stadt fördern, ohne den vermutlich illoyalen christlichen Kaufleuten ein riskantes Übergewicht im Wirtschaftsbereich zu lassen. Ein türkischer Volkszählungsreport von 1477 zeigt, daß Istanbul damals 1647 jüdische Haushaltungen besaß, was elf Prozent der Gesamtbevölkerung ausmachte.[18] Diese Zahlen erhöhten sich nach der Ankunft der iberischen und italienischen Juden beträchtlich, wie aus späteren Schätzungen hervorgeht. Ein türkisches Register von 1535 führt 8070 Haushalte in der Hauptstadt auf. Ende des 15. Jahrhunderts beziffert der deutsche Pilger Arnold von Harff die Anzahl der Juden in Istanbul auf 36000; ein spanischer Reisender schätzt Mitte des 16. Jahrhunderts 10000 Haushalte; ein englischer Kaufmann wiederum, der Istanbul 1594 besuchte, spricht von „Juden in der Stadt und ihrer näheren Umgebung, mindestens 150000 an der Zahl"; Frauen sind in diesen Zahlen nicht enthalten.[19] An der Schwelle des 16. Jahrhunderts verfolgte man in Saloniki, das 1430 von den Osmanen erobert worden war, die gleiche Politik. Im Mittelalter hatte es dort eine jüdische Gemeinde gegeben, deren Mitglieder jedoch die Stadt verließen, als sie unter venezianische Herrschaft kam.[20] Sofern überhaupt welche zurückblieben, gehörten sie wahrscheinlich zu den nach Konstantinopel Umgesiedelten. Das erste osmanische Verzeichnis für Saloniki, das 1478 erstellt wurde, enthält eine große Anzahl Griechisch-Orthodoxer, einige Katholiken und ein paar Muslime, jedoch keine Juden. Die folgenden wiesen eine rasche Zunahme der jüdischen Bevölkerung aus. Ein Register von 1519 verzeichnet vierundzwanzig jüdische Gemeinden, die meist die Namen südeuropäischer Städte oder Länder tragen und zusammen mehr als die Hälfte der Gesamtbevölkerung von 4073 Haushalten ausmachen. Bis 1613 sind die Gemeinden auf fünfundzwanzig angewachsen, mit einer Liste von 5163 Namen: 2933 Haushalte und 2230 Junggesellen. Mittlerweile stellten sie 68 Prozent der Einwohner.[21] Aus anderen Quellen wissen wir, daß die osmanischen Behörden bestrebt waren, jüdische Bevölkerungsgruppen in neu eroberten christlichen Städten anzusiedeln. Die Juden wurden manchmal überredet, manchmal auch gezwungen, sich dort niederzulassen.

Nachdem die Türken 1523 Rhodos und 1571 Zypern erobert hatten, kamen jeweils Befehle des Herrschers, Juden in den neu erworbenen Provinzen anzusiedeln. Der Fall von Zypern ist insofern interessant, als er erstaunlich gut durch Urkunden belegt wird. Die osmanischen Unterlagen für den Zeitraum unmittelbar nach der Eroberung enthalten eine Anzahl von Deportationsanweisungen für die Umsiedlung von Einwohnerschaften nach Zypern. Dazu gehörten türkische Bauern, die auf die Insel geschickt werden sollten, um das Land nicht ausschließlich Griechen und Christen zu überlassen, sondern zum Teil auch Türken und

Muslimen. Es gab Befehle, turkmenische Stämme – türkische nomadisierende Hirten – aus Anatolien umzusiedeln, so daß Viehzucht und Versorgung mit Schlacht- und Zugvieh sicher in muslimischer Hand ruhten. Und etwa ab 1567 finden sich Anweisungen, Juden nach Zypern zu schicken. So instruiert ein Befehl aus diesem Jahr den Gouverneur von Safed in Palästina, „1000 reiche und wohlhabende Juden ... mit ihrem Hab und Gut und mit ihren Familien" nach Zypern zu schicken. Etwas später spricht eine 1577 datierte Order von „500 jüdischen Familien unter den reichen und wohlhabenden Juden von Safed", die nach Zypern umgesiedelt werden sollen. Ein anderes, an den Generalgouverneur von Zypern adressiertes Dokument, avisiert ihm die Ankunft dieser Juden und weist ihn an, für deren Unterbringung zu sorgen. Die Order beginnt mit einem bemerkenswerten Satz: „Im Interesse der erwähnten Insel ist mein erlauchter Befehl ergangen ..., 500 der jüdischen Familien aus Safed zu rekrutieren und zu entsenden." Bezweckt wurde, „den Interessen der erwähnten Insel" zu dienen, was natürlich hieß, den Interessen des osmanischen Staates auf der erwähnten Insel. Dem Gouverneur von Safed wurde eingeschärft, reiche und nicht etwa arme Juden zu schicken: „Wenn im Laufe der Rekrutierung und Registrierung der vorgeschriebenen Anzahl von Juden irgendeiner Protektion erhält oder wenn jemand von der Liste gestrichen wird und an seine Stelle andere treten, so daß nicht reiche, sondern arme Juden rekrutiert werden, gibt es dafür Eurerseits keine Entschuldigung ..." Weiterhin wurde dem Gouverneur bedeutet, daß er dann nicht nur seine Entlassung, sondern außerdem strenge Bestrafung zu gewärtigen habe. All das gewährt einen interessanten Einblick in die Absichten und Modalitäten der Umsiedlung.

Tatsächlich aber blieben die Juden aus Safed verschont. Sie hatten einflußreiche Freunde in Istanbul, die mit Mitteln, über die in den Archiven bedauerlicher-, wenngleich keineswegs überraschenderweise nichts zu lesen ist, die Behörden zu bewegen vermochten, diesen Plan fallenzulassen. Der Generalgouverneur von Zypern jedoch, der offenbar sehr auf dessen Verwirklichung erpicht war, wurde 1597 wenigstens zum Teil durch eine Order entschädigt; sie ermächtigte ihn, eine Gruppe von Juden, die er auf dem Weg von Saloniki nach Safed an der Weiterfahrt gehindert hatte, dort zu behalten und wieder anzusiedeln.[22]

Für diese strategische Siedlungspolitik wurden Juden gebraucht. Wenn die etablierten Gemeinden im Reich sich weigerten und die freiwillige Einwanderung nicht ausreichte, ließen sich weitere Juden durch das Recht des Siegers beschaffen.

Nach der türkischen Eroberung von Belgrad im Jahre 1521 und von Buda im Jahre 1524 wurden dort ansässige Juden und Christen zu Tausenden in osmanische Städte umgesiedelt – nach Edirne, Izmir, Saloniki und Istanbul. Mit den Worten eines osmanischen Chronisten der Eroberung von Buda: ,,Unter den ansässigen ungläubigen Rajahs und Juden befanden sich etliche tausend, die darum ersucht hatten und die man mitsamt ihren Familien auf Schiffe verfrachtete und als *sürgün* ins Reich des Islam entsandte. Man siedelte etliche Familien im Bezirk Yedikule (in Istanbul) an; von den Juden schickte man einige nach Saloniki und die übrigen an andere Orte.“[23]

Die gleiche Geschichte berichtet auch der europäische jüdische Chronist Joseph ha-Kohen und bestätigt, daß es sich bei den jüdischen Umsiedlern um Freiwillige handelte und daß sie auf Schiffen befördert wurden, vermutlich donauabwärts.[24] Gemeinden von ,,Juden aus Buda“ oder von ,,*sürgün* aus Buda“ werden ordnungsgemäß in den osmanischen Registern von Saloniki, Edirne, Istanbul und anderen Städten aufgeführt. Es gibt Berichte über ähnliche Umsiedlungen im 17. Jahrhundert, als die Osmanen in Polen einfielen. Einem zeitgenössischen Beobachter zufolge war die kleine Stadt Kırk Kilise, zwischen Istanbul und Edirne gelegen, ,,fast ganz von Juden beherrscht, die durch Sultan Mohammed aus Podolien umgesiedelt worden und die immer noch das gleiche falsche Deutsch sprechen wie in Polen“.[25] Die Register in Istanbul und anderen Städten, die jüdische Gemeinden spezifizieren und deren Mitglieder aufführen, enthalten gewöhnlich separate Listen derjenigen, die zwangsweise umgesiedelt wurden, und derjenigen, die aus freien Stücken kamen. Die ersteren wurden als *sürgün* registriert, die letzteren als *kendi gelen,* wörtlich ,,selbst gekommen“. Die *sürgün* stammten vorwiegend aus Gebieten, die von den osmanischen Streitkräften besetzt oder auch überfallen worden waren; dazu zählten viele Orte in Anatolien, in Griechenland und auf dem Balkan und auch welche in Mitteleuropa. Bei den *kendi gelen* handelte es sich um freiwillige Einwanderer aus den christlichen Ländern Europas, die meisten aus Spanien, Portugal und Italien, etliche jedoch auch aus Deutschland und Ungarn. Solche Ansiedlungsmuster sind in mehreren osmanischen Städten anzutreffen, in Europa ebenso wie in Vorderasien.

Die Geschichte der jüdischen Gemeindeorganisation im Osmanischen Reich bietet einige Probleme. Im 19. Jahrhundert wurde, als Teil der großen osmanischen Reformen, das berühmte *millet*-System, das in erster Linie zur Kontrolle über die griechischen und armenischen Gemeinden entwickelt worden war, in ähnlicher Form auf die jüdischen erweitert. Entsprechend diesem System, wie es damals ausgelegt wurde, war jede Religionsgemeinschaft des Reiches intern organisiert, in Fragen des Glaubens und des persönlichen Status ihren eigenen Gesetzen unterworfen und administrativ ihrem eigenen religiösen Oberhaupt unterstellt. Die Juden wurden als *millet* anerkannt und unterstanden dem *hahambaşı,* dem Oberrabbiner, eingesetzt und akkreditiert durch den osmanischen Herrscher, mit etwa gleichem Status, gleichen Rechten und Pflichten ausgestattet wie das Oberhaupt der griechischen oder armenischen Kirche. Es entstand eine Art historischer Mythologie, zu der Türken wie Juden beitrugen. Danach ging der *hahambaşı* auf die Zeit von Mehmed dem Eroberer zurück; als er 1453 Konstantinopel einnahm, erkannte er den dortigen Oberrabbiner, Rabbi Moshe Kapsali, an und schuf somit das osmanische Amt des *hahambaşı,* der Autorität über sämtliche Juden des Reiches besaß.

Diese Geschichte ist so gut wie sicher unwahr. Es war osmanischer Brauch, jeden reformistischen Gedanken in die Vergangenheit zu projizieren, um ihn dadurch in der Gegenwart verwirklichen zu können, und so läßt sich mit ziemlicher Gewißheit annehmen, daß es in diesem Fall wie in vielen anderen keine historischen Wurzeln gab. Das Zeugnis der türkischen Unterlagen, das die Aussagen der rabbinischen Responsen untermauert, vermittelt ein etwas anderes Bild. Die osmanischen Urkunden bestätigen weitgehend, daß die jüdischen Gemeinden des Reiches in *kehillot* lebten, daß jede *kehilla* ihr eigenes Viertel bewohnte, um die eigene Synagoge gruppiert, und ihrem eigenen *haham* – oder Rabbi – unterstand. Dies entsprach dem osmanischen Modell der Stadtorganisation, wonach die Leitfunktion nicht bei der Stadt selbst, sondern im Viertel oder Bezirk, der sogenannten *mahalle* lag, die aus einer Gemeinde, die sich religiös zu definieren pflegte, bestand und die um die Kultstätte – Moschee, Kirche oder Synagoge – gruppiert war, unter der Führung des Imams, Priesters oder *hahams.* Die jüdischen *kehillot* wurden gewöhnlich nach den Herkunftsländern genannt. In Edirne hießen sie zum Beispiel Katalonien, Portugal, Deutschland, Spanien, Apulien, Toledo, Aragonien, Sizilien, Italien, Buda; zu Saloniki gehörten Spanien, Sizilien, Maghreb, Lissabon, Italien, Otranto, Katalonien, Aragonien, Apulien, Provence, Kastilien, Evora, Deutschland, Kalabrien, Saragossa, Korfu; die meisten dieser Namen sind auch in Istanbul vertreten, nebst vielen balkanischen und anatolischen. In Edirne, Istanbul, Safed und anderswo sind ungarische *(Macar)* und deutsche *(Alaman)* Gemeinden aufgeführt. Einige der *kehillot* tragen hebräische Namen. Da der Hinweis auf die Herkunft fehlt, dürfte es sich hier wohl um Einheimische handeln – höchstwahrscheinlich um gebürtige griechischsprachige Juden.

Es gibt viele Belege für Spaltungen innerhalb dieser Gemeinden. So zerfielen die katalanischen in Saloniki und Edirne zu einem bestimmten Zeitpunkt in zwei Gruppen und hießen fortan „altkatalanisch“ und „neukatalanisch“. Dergleichen geschah nicht eben selten. Die Gründe für solche Spaltungen sind nicht immer bekannt, oft scheinen sie jedoch zwischen den Früh- und Spätankömmlingen stattgefunden zu haben – ein Gesichtspunkt, der im jüdischen Gemeindeleben stets von großer Bedeutung war.

Zwischen den europäischen, vorwiegend spanischen Einwanderern und den einheimischen griechischsprachigen Juden hat sich offenbar bald eine tiefe Kluft aufgetan. In ihren schriftlichen Äußerungen verwandten die eingewanderten Sephardim für die einheimischen Juden gewöhnlich den hebräischen Begriff *toshavim.* Im hebräischen Sprachgebrauch wird *toshav* häufig mit *gjer* verbunden, was sich durchaus mit „Eingeborene“ übersetzen ließe, bei in etwa deckungsgleicher Nuancierung. Auf spanisch bezeichnete man sie als Griegos, Griechen. Es hat den Anschein, als sei keines dieser Wörter als Kompliment gemeint. Die Griegos ihrerseits sprachen gelegentlich von ihren neu angekommenen Glaubensgenossen aus Spanien als *megorashim,* die Vertriebenen oder Verjagten. Auch das hört sich nicht gerade mitfühlend an.

Es existiert kein stichhaltiger Beweis aus dem 15. oder 16. Jahrhundert, daß es irgendeine Art Oberrabbinat des Osmanischen Reiches gegeben hätte, das heißt einen Oberrabbiner, dessen Zuständigkeit sich über das osmanische Gebiet erstreckte. In dieser Hinsicht dürfte das Organisationsschema der Juden im Osmanischen Reich wohl eher mit dem neuzeitlichen Amerika als mit Europa zu vergleichen sein. Durchaus glaubhaft belegt sind jene Berichte, wonach der siegreiche Sultan Mehmed II. nach der Eroberung von Konstantinopel den dortigen byzantinischen Rabbi, Moshe Kapsali, in seinem Amt bestätigte. Doch es steht faktisch fest, daß es sich dabei um das Amt des Oberrabbiners der Stadt und nicht des Reiches handelte. In spätbyzantinischer Zeit waren beide im Grunde identisch, da das Reich ja auf die Stadt zusammmengeschrumpft war. Das Osmanische Reich freilich war erheblich größer, und es gibt keinerlei Anzeichen dafür, daß Kapsali außerhalb der eroberten Hauptstadt Zuständigkeit besaß, ebensowenig für die jüdischen Gemeinden in den älteren osmanischen Gebieten.[26]

Auf Kapsali folgte wiederum ein einheimischer Jude, Rabbi Elijahu Mizrahi, dessen Amtsbereich vermutlich ebenso beschränkt war. Als Gegenleistung für dieses Privileg wurde der jüdischen Gemeinde eine Sondersteuer abverlangt, der sogenannte *rav akçesi,* der Rabbi-Asper. Als Elijahu Mizrahi 1526 starb, machten es Unstimmigkeiten zwischen den beiden Hauptgruppen unmöglich, sich auf einen Oberrabbiner, auch nur für Istanbul, zu einigen – bis zum Jahre 1834, als ihnen einer vom osmanischen Sultan aufgezwungen wurde. Ein Responsum des Rabbiners von Saloniki, Samuel de Medina (1506-1589), schildert kurz die Situation:

Diese zweite Steuer heißt in der Sprache der Ismailiten *rav akçesi,* weil als Gegenleistung den Juden ein vom Herrscher bestellter Oberrabbiner genehmigt wurde. Es ist nicht bekannt, ob der Sultan dies den Juden als eines seiner Gesetze aufzwang oder ob die Juden ihn ersuchten, ihnen den erwähnten Rabbiner zuzubilligen, und dafür diese zweite Steuer auf sich nahmen. Jedenfalls war die Sache mit dem erwähnten Rabbi nur von sehr kurzer Dauer, während das mit der zweiten Steuer immer noch auf uns lastet, „bis der Herr vom Himmel herabschaut und dareinsieht" (Klagelieder, 3, 50).[27]

Der *rav akçesi* wurde tatsächlich überall im osmanischen Bereich Kleinasiens und Europas gefordert, allerdings offenbar nicht in den arabischen Provinzen. Die jeweils erhobenen Beträge sind in den einschlägigen Registern verzeichnet. Das ging vermutlich auf die zahlreichen Rabbiner in der Provinz zurück, die, jeder in seiner Stadt oder Gemeinde, über die osmanischen Juden Autorität ausübten.

Über das religiöse und kulturelle Leben der osmanischen Juden nach dem 16. Jahrhundert gibt es nur spärliche Zeugnisse, so daß die Schlußfolgerung naheliegt, dies hänge unmittelbar mit den kärglichen Daseinsbedingungen zusammen. Zu Beginn der Epoche kam rabbinischer Gelehrsamkeit große Bedeutung zu, und es existiert eine Fülle von aufschlußreichen wertvollen Responsen. Außerdem gab es eine aktive mystische Bewegung und eine beachtliche kabbalistische Literatur. Doch beides dauerte nicht lange über das 16. Jahrhundert hinaus, danach ist die jüdische Literatur, sei es auf hebräisch oder auf spaniolisch, nicht sonderlich reizvoll. Wie bereits festgestellt, fehlt es an Geschichtsschreibung innerhalb des Reiches so gut wie ganz. Es existiert einiges an hebräischer Poesie, was aber im Urteil der Nachwelt für unwesentlich befunden wurde, mit Ausnahme der des Damaszener Dichters Israel Nağara (gest. 1628), dessen religiöse Verse auf die liturgische Dichtung in den Gemeinden des Vorderen Orients – die einzig ergiebige Sparte – beträchtlichen Einfluß ausübten. Besser bekannt ist die teils mündlich, teils schriftlich überlieferte jüdisch-spanische Literatur. Auch hier galt dem, was die Einwanderer aus Spanien einbrachten, die meiste Beachtung. Dazu zählen beispielsweise mittelalterliche spanische Romanzen, von denen manche in Spanien verlorengegangen oder nur als Fragmente erhalten sind und die durch mündliche Überlieferung unter den osmanischen Juden in stärkeren und besseren Versionen überdauerten. Zum spanischen Erbe kam einiges an Originalliteratur, was aber bislang noch nicht hinreichend erforscht worden ist.

Der kulturelle Beitrag der osmanischen Juden zum türkischen Leben – das heißt, zum kulturellen Leben des Osmanischen Reiches – hielt sich in Grenzen. In der Hauptsache beschränkte er sich auf drei Gebiete – Medizin, Schauspiel- und Buchdruckerkunst. Die Juden brachten aus Europa einen bedeutenden Fundus an medizinischem Wissen mit. Zur Zeit ihrer Ankunft hatte sich der Rang, den die islamische und christliche Welt in der Medizin und anderen Naturwissenschaften einnahmen, grundlegend verändert, und ärztliche Forschung und Praxis standen nun in Europa auf weit höherem Niveau als im Vorderen Orient. Diese Tatsache wurde von vielen hochgestellten Patienten erkannt, die sich, unbeschadet ihrer religiösen Überzeugungen, lieber von den Schülern des Paracelsus als von den Jüngern des Avicenna behandeln ließen. Avicenna hatte zu seiner Zeit den Höhepunkt ärztlicher Leistung dargestellt, doch seither waren einige Jahrhunderte verstrichen, in denen die Medizin in Europa theoretisch und praktisch große Fortschritte erzielt hatte. Muslimische Ärzte hielten sich damals meistenteils noch an die alten Bücher und Regeln und waren ihren europäischen Kollegen nicht mehr überlegen, ja, nicht einmal gleichwertig.

Die herausragende Rolle der Juden im ärztlichen Beruf begann nicht mit der Ankunft der Sephardim aus Spanien und Portugal, sondern ist bereits im 15. Jahrhundert hinreichend belegt. Ein Jude aus Italien, Giacomo aus Gaeta, diente als Leibarzt bei Sultan Mehmed II., dem Eroberer, und gelangte zu Rang und Würden. An einem Punkt seiner Karriere wurde er Muslim und Wesir und beendete seine Tage als Jakob Pascha.[28] Er hinterließ zwei Familien, eine jüdische und die andere muslimisch. Im 16. Jahrhundert gab es so viele jüdische Ärzte am osmanischen Hof, daß die Personalunterlagen des Palastes zwei getrennte Ärztekorps auswiesen; das eine bestand aus Muslimen, das andere aus Juden.[29] Es ist anzunehmen, daß die ersteren ihre Patienten nach den Regeln von Galen und Avicenna behandelten, die letzteren nach der in Europa gerade gängigen Praxis. Einige dieser jüdischen Ärzte waren dank ihres Zugangs zu den Sultanen und Wesiren in der Lage, zuweilen in Angelegenheiten der hohen Politik Einfluß auszuüben. Im 16. Jahrhundert und vereinzelt auch später erschienen Juden manchmal als informelle Ratgeber in außenpolitischen Fragen und wurden gelegentlich als Dolmetscher für die Gesandten in die europäischen Hauptstädte geschickt oder sogar, allerdings selten, als Gesandte.

Neben ihrer Praxis brachten diese aus Europa geflüchteten jüdischen Ärzte auch einiges an Fachliteratur hervor, übersetzten medizinische Werke ins Türkische und verfaßten außerdem ein paar eigene Bücher, darunter eines, das wohl zu den frühesten Abhandlungen über Zahnheilkunde gehören dürfte.[30] Doch es dauerte nicht lange über das 16. Jahrhundert hinaus, bis die Juden in der Türkei den Kontakt zu Europa verloren. Die Sephardim der zweiten und dritten Generation, im Vorderen Orient geboren und erzogen, waren nicht klüger oder fachkundiger als ihre Landsleute. Die jüdischen Ärzte am osmanischen Hof wurden immer weniger und schließlich ganz durch westlich erzogene osmanische Griechen ersetzt. Denen gelang, wozu die Juden niemals imstande gewesen waren: den Einfluß, den ihnen ihre ärztliche Praxis auf die osmanischen Auslandsbeziehungen gewährte, zu stabilisieren und sogar zu institutionalisieren. Der erste Arzt, der das neu geschaffene Amt als Pfortendolmetsch des Reiches innehatte, war ebenso wie sein Nachfolger ein in Italien ausgebildeter Grieche. Danach blieb das Amt ganz in griechischer

Hand bis zum Ausbruch des griechischen Unabhängigkeitskrieges im Jahre 1821.

Den zweiten wichtigen Beitrag leisteten die Juden in der Schauspielkunst. Sie hatten das Bühnenhandwerk mitgebracht, das zuvor im Osmanischen Reich praktisch unbekannt war, und eine Zeitlang wurden Theateraufführungen in den großen türkischen Zentren hauptsächlich von Juden bestritten. Sie scheinen einiges an Nachwuchs ausgebildet zu haben, zumeist Zigeuner. Im Lauf der Zeit machten Armenier ihnen den Rang streitig und stellten die schauspielerische Elite, bis das moderne türkische Theater in Erscheinung trat.[31]

Ein dritter jüdischer Beitrag zum osmanischen Leben, der sich dem Kunstbereich zurechnen ließe, war die Einführung der Buchdruckerkunst. Auch dies hatten die Juden aus Europa mitgebracht, und sie begannen Ende des 15. Jahrhunderts in Istanbul, Saloniki und anderswo zu drucken. Doch sie erhielten die Druckgenehmigung von den türkischen Behörden nur mit der strengen Auflage, keine arabischen Schriftzeichen zu benutzen. In Türkisch oder Arabisch zu drucken, würde die geheiligte Schrift entweihen – und natürlich gegen die berechtigten Interessen der Schreiber und Kalligraphen verstoßen. Jüdische Drucker durften entweder hebräische oder lateinische Schrift benutzen, und damit bestand weder ideell noch materiell eine Gefahr. Es dauerte bis zum 18. Jahrhundert, ehe die erste türkische Druckerpresse in Betrieb genommen wurde. Damals griff man auf die Dienste jüdischer Drucker zurück, da sie, zusammen mit einigen Griechen und Armeniern, die ebenfalls in ihrer eigenen Sprache zu drucken begonnen hatten, als einzige in Istanbul das Metier beherrschten.[32]

Der jüdische Beitrag erscheint weitaus bedeutender, wenn man den Wirtschaftssektor betrachtet. Hier leisteten die Juden auf etlichen Gebieten Hervorragendes. Ihr anfänglicher Erfolg ist unschwer zu verstehen. Als sie in der Türkei eintrafen, hatten sie nützliche Dinge zu bieten – Kenntnis Europas, seiner Sprachen sowie der dortigen Verhältnisse. Mit diesen Qualifikationen und den Diensten, die sie erbringen konnten, standen sie fast konkurrenzlos da. So nimmt es nicht Wunder, daß Juden in beträchtlicher Anzahl mit Aufgaben betraut wurden, bei denen ihnen diese Fähigkeiten und Kenntnisse zugute kamen.

Vom 15. Jahrhundert ab erwähnen osmanische wie europäische Urkunden jüdische Kaufleute, die eine bedeutende, zuweilen sogar vorherrschende Rolle im Tuchhandel, insbesondere mit Wollstoffen, spielten. Sie fungierten nicht nur als Mittler zwischen europäischen, lokalen und orientalischen Händlern, sondern betätigten sich anscheinend auch als Pioniere einer osmanischen Textilmanufaktur. Aus den Unterlagen in Saloniki und Safed, zwei wichtigen Zentren der Textilmanufaktur, geht hervor, daß diese Unternehmen durchweg von Juden gegründet wurden und vorwiegend unter jüdischer Leitung arbeiteten. Ein drittes Zentrum in Istanbul scheint ebenfalls zumindest teilweise in jüdischer Hand gewesen zu sein.

Im 15. und 16. Jahrhundert hatten die Juden als Kaufleute und Fabrikanten eine starke Position inne, und manche brachten es zu erheblichem Wohlstand. Es lag zweifellos an ihren verfügbaren Geldmitteln, daß sie zu jener Zeit einen wichtigen Platz bei der Steuererhebung einnehmen konnten. Schon vor der Masseneinwanderung aus Europa gab es jüdische Steuereinnehmer, Steuerprüfer und Steueroberaufseher ebenso wie Steuereinzieher. Sie betätigten sich vor allem in den Häfen. Ein hoher Anteil, vielleicht sogar die Mehrheit der Steuereinzieher und Angestellten im osmanischen Zolldienst waren Juden, angefangen vom Oberaufseher einer ganzen Provinz bis zum kleinen Beamten, der sich mit der Gepäckkontrolle befaßte. Ähnlich verhielt es sich in Ägypten und den anderen, entfernteren Provinzen, wo Juden als Oberaufseher, häufiger als Einzieher, beim Zoll stark vertreten waren. In späterer Zeit gab es weniger Spielraum für Wirtschaftsunternehmen im allgemeinen und für jüdische Betriebe im besonderen. Nicht im Handel oder in der Fabrikation ließ sich damals am sichersten Geld verdienen, sondern im staatlichen Finanzwesen. Ihre Rolle im osmanischen Zoll gab den Juden einen gewissen Vorteil und ermöglichte es einer kleinen, aber bedeutsamen Anzahl, zu Wohlstand und damit auch zu Macht zu gelangen. Doch Reichtum und Macht waren von jeher mit Risiken verbunden, und so ist von Zeit zu Zeit vom fatalen Sturz dieses oder jenes jüdischen Würdenträgers zu hören. Das bedeutete für gewöhnlich Enteignung und Tod des Betroffenen und häufig auch seiner Teilhaber und Diener.

Der jüdische Anteil am Zolldienst war so groß, daß viele der in den Staatsarchiven Venedigs erhaltenen Bescheinigungen für die venezianischen Kaufleute, die mit der Levante Handel trieben, in hebräischer Schrift ausgestellt sind. Das ist nicht erstaunlich, wenn man bedenkt, daß eine Zollbescheinigung ursprünglich dazu diente, im Bedarfsfall einem anderen Zollbeamten vorgelegt zu werden. So lange ist es noch nicht her, daß sie zu anderen Zwecken ausgefertigt wird.

Juden waren auch in den Münzämtern beschäftigt – im technischen Bereich beim Prägen, in der Verwaltung und im Finanzsektor. Manchmal hatten einzelne auch ausgedehnte Befugnisse in Währungsfragen über die Höhe des Geldumlaufs, dessen Kontrolle und den eventuellen Rückruf.

Zu einem verhältnismäßig frühen Zeitpunkt begründeten jüdische Kaufleute aus Saloniki eine besondere Beziehung zum Janitscharenkorps. Die Janitscharen beschäftigten einen Beamten, der den Titel *ocak bazırganı*, Kaufmann der Truppe, führte und als eine Art Quartiermeister und Privatunternehmer fungierte. Seine Aufgabe bestand darin, die Versorgung des Janitscharenkorps sicherzustellen, und wie vieles andere im

Osmanischen Reich wurden Amt und Funktion erblich. Im Grunde gehörte es zum Erbgut einer kleine Gruppe jüdischer Familien in Istanbul und Saloniki, eine Einrichtung, die bis zur Vernichtung der Janitscharen im Jahre 1828 fortbestand. Ein Großteil der Janitscharen-Uniformen wurde von jüdischen Textilfabrikanten in Saloniki geliefert. Die osmanischen Rechnungsbücher belegen, daß die Wollstofflieferung an den staatlichen Einkäufer in Saloniki zu Beginn des 16. Jahrhunderts 96000 Ellen (61280 Meter) ausmachte und sich bis zu dessen Ende auf 280000 Ellen (178733 Meter) erhöht hatte.[33]

Diese Beziehung zwischen Juden und Janitscharen beschränkte sich nicht auf Istanbul und Saloniki, sondern wiederholte sich in einer Anzahl von Provinzstädten, wo es ähnliche Vereinbarungen zwischen den Quartiermeistern der Janitscharen und jüdischen Kaufleuten und Finanziers gab.

Besondere Bedeutung kam in den osmanischen Provinzen den „Sachwaltern" der Paschas zu. Wenn ein Pascha zum Gouverneur einer Provinz ernannt wurde, pflegte er beim Verlassen von Istanbul einen „Sachwalter" mitzunehmen, zur Regelung der Angelegenheiten, die ein Pascha mit Selbstachtung für unter seiner Würde hielt und die oft auch seine Fähigkeiten überstiegen. Einige dieser Sachwalter, die den Paschas in ihre Provinzen folgten, waren Sephardim. Erste spanischsprachige Juden aus der Hauptstadt tauchten in Orten wie Damaskus, Kairo und Bagdad auf. Sie waren im Gefolge osmanischer Paschas, die als Regenten dieser Städte entsandt wurden, gekommen und gesellten sich zu den kleinen Gruppen einheimischer Juden, die im Staatsdienst beschäftigt waren.

Als später das Gouverneursamt in den Provinzen autonom und sogar erblich wurde, erfüllten jüdische Kaufleute und Finanziers mitunter ähnliche Aufgaben als „Sachwalter" für örtliche Herrscher, Paschas und andere. Die berühmte Familie Farchi aus Damaskus zum Beispiel gelangte im 18. Jahrhundert als Finanzberater der verschiedenen autonomen Regenten Syriens zu hohem Ansehen. Gelegentlich fungierten Juden auch als Zwischenhändler oder örtliche Repräsentanten europäischer Kaufleute. Doch das war eher die Ausnahme von der Regel, daß Christen den Europäern, Juden dagegen den Türken dienten.

Ein weiterer Beitrag der jüdischen Neuankömmlinge aus Europa dürfte auf militärischem Gebiet gelegen haben. Weder türkische noch jüdische Quellen sagen darüber viel aus, und auf Anhieb würde man auch kaum erwarten, daß die Juden – im Europa der Renaissance eine sehr unmilitärische Gruppe – Nennenswertes zu bieten hatten. Anscheinend besaßen sie jedoch einige Kenntnisse in Waffenkunde und einschlägiger Technologie, und zeitgenössische christliche Reisende sprachen voll Bitterkeit von dem Gewinn für die Türkei und dem entsprechenden Schaden für die Christenheit, der sich aus einem solchen Technologietransfer ergab. So schreibt der bekannte Reisende Nicholas de Nicolay, der die Türkei im Jahre 1551 besuchte, über die vor kurzem aus Spanien und Portugal vertriebenen Marranen: „Zum größten Schaden der Christenheit machen diese Leute die Türken auch mit den verschiedenen, die Kriegsrüstung betreffenden Entdeckungen bekannt, mit der Fabrikation von Artilleriegeschossen, Arkebusen, Munition und dergleichen mehr."[34]

Wenige Jahre später berichtet ein spanischer Besucher das gleiche: „Hier in Konstantinopel sind viele Juden, Nachfahren jener, die der katholische König Ferdinand aus Spanien zu vertreiben befahl, und hätte es Gott nur gefallen, sie bei der Überfahrt im Meer ertrinken zu lassen! Denn sie lehrten unsere Feinde das meiste von dem, was sie über die Schändlichkeiten des Krieges wissen, so den Gebrauch von Geschützbronze und Musketen."[35] Diese und ähnliche Reiseberichte, von denen einige die Juden beschuldigen, die Türken in der Aufstellung von Feldgeschützen unterwiesen zu haben, übertreiben wahrscheinlich in bezug auf den jüdischen Beitrag zu einer Fertigkeit, über welche die Türken bereits in hohem Maße verfügten, und spiegeln zweifellos die Ansichten von ebenso ängstlichen wie böswilligen Beobachtern wider. Die Rolle jedoch, die Juden bei der Vermittlung von Kenntnissen in der Waffenkunde spielten, mag sehr wohl ebenfalls von gewisser Bedeutung gewesen sein.

Eine naheliegende wichtige Frage betrifft die türkische Haltung den Juden gegenüber. Wie betrachteten die Türken ihre Juden? Welchen Platz räumten sie ihnen im Leben des Osmanischen Reiches ein? Jüdische Berichte über Behandlung und Verhaltensweisen seitens der Türken sind meist übereinstimmend positiv. Wohl die früheste Äußerung zu diesem Thema dürfte der berühmte Brief aus Edirne enthalten, wahrscheinlich in der ersten Hälfte des 15. Jahrhunderts verfaßt, dessen Schreiber sich als in Deutschland geborenen französischen Juden, ansässig in Edirne, bezeichnet. In diesem Brief fordert er seine Glaubensgenossen auf, die Qualen, die sie innerhalb der Christenheit erdulden, hinter sich zu lassen und Sicherheit und Wohlstand in der Türkei zu suchen.

Es ist mir von den Mühsalen, noch bitterer als der Tod, erzählt worden, welche unsere Brüder in Deutschland betroffen haben, von den tyrannischen Gesetzen, den Zwangstaufen, den Ausweisungen, die täglich vorkommen. Und wenn sie von einem Orte fliehen, trifft sie an einem anderen Orte noch herberes Unglück. – Ich höre ein freches Volk über die Treuen seine wüthende Stimme erheben; ich sehe seine Hand gegen sie schwingen. Wehe von Innen, wehe von Außen. Tägliche Erlasse und Zwingherren, um das Geld zu erpressen. – Die Geistlichen und Mönche, die falschen Priester, erheben sich gegen das unglückliche Volk und sprechen: „Wir wollen sie bis zur Vernichtung verfolgen, Israels Name soll nicht mehr genannt werden." Sie wähnen, ihr Glaube sei gefährdet, weil die Juden in Jerusalem vielleicht gar die Grabeskirche an sich kaufen würden. Darum haben sie einen Befehl erlassen, jeden Juden, der sich auf einem christlichen Schiffe befände, das nach dem Morgenlande steuert, in die Fluthen zu werfen. – Wie wird den heiligen deutschen Gemeinden mitgespielt, wie sehr ist ihre Kraft geschwächt! Sie vertreiben sie nicht nur von Ort zu Ort, sondern stellen ihnen nach dem Leben, schwingen über sie das scharfe Schwert, werfen sie in loderndes Feuer, in reißende Fluthen oder auch in stinkende Sümpfe. – Meine Brüder und Lehrer, Freunde und Bekannte! Ich, Isaak Zarfati, der ich aus Frankreich stamme, in Deutschland geboren bin und dort zu den Füßen von Lehrern gesessen, rufe euch zu: daß die Türkei ein Land ist, in dem Nichts fehlt. Wenn ihr einwilligt, so kann es euch gut gehen. Ihr könnt sicher durch die Türkei nach dem heiligen Lande gelangen. Ist es nicht besser unter Mohammedanern, als unter Christen zu wohnen! Hier dürft ihr euch in die feinsten Stoffe kleiden. Hier kann jeder unter seinem Feigenbaume und seinem Weinstocke ruhig leben. In der Christenheit dagegen dürft ihr es nicht einmal wagen, eure Kinder in Roth oder Blau zu kleiden, ohne sie auszusetzen, zerbläut oder roth geschunden zu werden. Darum müßt ihr ärmlich und zerlumpt einhergehen. Alle eure Tage sind düster, auch die Sabbate und Festzeiten. Fremde genießen euer Vermögen. Was nützen dem reichen Juden seine Schätze? Er bewahrt sie nur zu seinem Unglück auf, und an einem Tage ist's verloren. Ihr nennt's euer? Nein, ihr ist's. Lügenhafte Beschuldigung erfinden sie gegen euch. Sie achten nicht Alter, nicht Wissen. – Und wenn sie dir eine Zusicherung mit sechzig Siegeln gegeben, so brechen sie sie doch. – Sie legen immer Doppelstrafen auf, schmerzhaften Tod und Güterberaubung. Sie untersagen den Unterricht in Lehrhäusern, stören das Gebet, verbieten den Juden an christlichen Feiertagen zu arbeiten und Geschäfte zu treiben. Und nun Israel, warum schläfst du? Auf und verlasse dieses verfluchte Land!"[36]

Über ein Jahrhundert später vertritt Samuel Usque, ein portugiesischer Jude, der ein berühmtes Buch „Trost für die Unterdrückungen Israels" verfaßt hat, die gleiche Ansicht. Er unterscheidet dabei zwischen menschlichem und göttlichem Trost. In der ersten Kategorie ist „das außerordentlichste das große Türkenreich, grenzenlos wie die es umspülenden Meere, die Gott mit dem Stab seiner Gnade teilte, so wie Er einst zur Zeit des Exodus das Rote Meer geteilt hat ... Hier stehen die Tore der Freiheit stets offen für die Bewahrung des Judentums".[37] Das muß für einen Reisenden, der aus dem Portugal des 16. Jahrhunderts kam, eine atemberaubende Überraschung gewesen sein.

Gewiß fand eine große Anzahl Juden aus Europa in der Türkei Zuflucht vor der Verfolgung, und einige brachten es im 15. und mehr noch im 16. Jahrhundert zu hohem Ansehen. Zu ihnen zählten die berühmte Doña Gracia Mendes und ihr Neffe Juan Miguez, besser bekannt als Joseph Nassi, beide portugiesische Marranen. Sie begründeten ein internationales Bank- und Handelshaus, das in der zweiten Hälfte des 16. Jahrhunderts eine Zeitlang eine gewichtige Rolle in den Angelegenheiten des Reiches spielte. Dem Einfluß solcher Persönlichkeiten war es zu danken, daß die Sultane notfalls bereit waren, nicht nur Juden in ihren eigenen Territorien Schutz zu gewähren, sondern ihn auch auf ihre jüdischen Untertanen und Protégés im Ausland auszudehnen. Ein bemerkenswertes Beispiel lieferte der Zwischenfall von Ancona im Jahre 1556. Dieser Hafen, der zum Kirchenstaat gehörte, war ein bedeutendes Zentrum für den Orienthandel und hatte eine Anzahl ehemaliger Marranen angezogen, die sich nun wieder offen zum Judentum bekannten. Papst Paul IV., der die Inquisition reorganisierte und ihr eine neue Militanz verlieh, empfand das als unzumutbar. Die Juden wurden verhaftet, enteignet und ihr Leben für verwirkt erklärt, wenn sie nicht bereuten und zum Christentum zurückkehrten. Nur die direkte Intervention von Sultan Süleyman verschaffte einen Aufschub,[38] und das lediglich für diejenigen, die aus der Türkei gekommen waren und insofern türkischen Schutz beanspruchen konnten. Die verbliebenen Angeklagten, die den christlichen Herrschaftsbereich nie verlassen hatten und den Widerruf verweigerten, wurden weisungsgemäß auf dem Scheiterhaufen verbrannt.

Die türkische Haltung war zwar im allgemeinen tolerant, aber nicht ganz so herzlich und aufnahmebereit, wie in einigen dieser eher enthusiastischen Lobeshymnen geschildert. Türkische Dokumente von Ende des 16. Jahrhunderts sowie aus dem 17. und 18. Jahrhundert zeigen, daß von Zeit zu Zeit unter der muslimischen Bevölkerung und der Ulema Haß ausbrach, weil sie die Freiheiten oder Möglichkeiten, die nichtmuslimische Gemeinden hatten, als übertrieben empfanden; und so hielten es die Sultane gelegentlich für notwendig oder opportun, die Einschränkungen, die das Heilige Gesetz den *ḏimmīs,* Juden eingeschlossen, auferlegte, zu erneuern oder ihnen wieder Geltung zu verschaffen. Es finden sich Anweisungen, die den *ḏimmīs* ins Gedächtnis rufen, daß es ihnen nicht gestattet ist, Pferde zu reiten oder Sklaven zu halten oder Wein zu verkaufen, oder die sie auffordern, Kultstätten zu zerstören, die ohne ordnungsgemäße Genehmigung erbaut worden waren.[39] Selbst die Freizügigkeit in der Kleidung, die der Briefschreiber aus Edirne als einen der Anziehungspunkte der Türkei erwähnt, wich einer strengeren Anwendung der Vorschriften, insbesondere in den Provinzen. Doch das geschah immer noch halbherzig und sporadisch, zumindest eine Zeitlang und in der Hauptstadt. In einem Brief aus Istanbul vom 30. März 1600 stellt ein englischer Reisender fest, daß „in der Stadt verkündet wird, weder Juden noch Griechen dürften Kleider oder *çakşırs* (eine Hosenart) aus feinem Tuch tragen, doch dies wird, wie ich meine, nicht lange beachtet werden". Rund hundert Jahre danach trifft ein französischer Besucher der Stadt eine einigermaßen veränderte Situation an: „... die Untertanen des Hohen Herrn, Christen oder Juden, haben sie (ihre Pantoffel) entweder in Rot, Violett oder Schwarz. Diese Order ist so unverrückbar und wird mit solcher Genauigkeit befolgt, daß man in den Füßen oder am Kopf erkennen kann, welchen Glaubens jeder ist."[40]

Mitunter werden diese Wellen von Feindseligkeit gegen die *ḏimmīs* durch politische Entwicklungen ausgelöst – Angriff oder Einfall europäischer Mächte, Rebellion oder Subversion christlicher Bevölkerungsgruppen. Manchmal entstehen sie aus trivialen lokalen Zwischenfällen, wie beispielsweise Streitigkeiten wegen Inbesitznahme staatseigener Häuser durch Nichtmuslime mit staatlicher Genehmigung, wie zur Zeit der Wiederbesiedlung der Stadt durch Mehmed den Eroberer. Diese Mißhelligkeiten scheinen jedoch Christen weit mehr betroffen zu haben als Juden. Selbst das negative Verhalten der Türken den Juden gegenüber war insgesamt eher verächtlich als feindselig und hat offenbar den Juden bis zum 17. Jahrhundert und danach keine nennenswerten Schwierigkeiten bereitet.

Ein Grund für das Wohlergehen der Juden unter osmanischer Herrschaft lag darin, daß sie als nützliches und produktives Element betrachtet und als Werkzeug imperialer Politik benutzt wurden. Die meisten Lehrbücher jüdischer Geschichte enthalten einen Bericht darüber, wie die türkischen Sultane den aus ihrer Heimat vertriebenen spanischen Juden gnädig Zuflucht in der Türkei gewährten. „Gnädig gewährten" ist vielleicht nicht ganz der richtige Ausdruck. Den Juden wurde nicht bloß gestattet, sich in osmanischen Ländern niederzulassen; sie wurden vielmehr ermuntert, unterstützt und manchmal gezwungen. Die Methoden, mit denen man jüdische Siedler an bestimmte Orte dirigierte, variierten von Zwangsdeportationen bis zu Steuervergünstigungen. Wie bereits erwähnt, wurde das *sürgün*-System häufig angewandt, Juden dort anzusiedeln, wo man ihre Anwesenheit im Interesse des Herrschers für wünschenswert hielt. Die Osmanen ließen jüdische Flüchtlinge nicht nur zu; oft sorgten sie für den Transport und entschieden, wohin sie sich wenden sollten.

Für dieses Vorgehen hatten sie ganz bestimmte Beweggründe. Verallgemeinert gesagt, stellten die Juden im Osmanischen Reich des 15. und 16. Jahrhunderts und in gewissem Umfang auch danach für die Türken eine Ergänzung und keine Konkurrenz dar. Die herrschenden türkischen Eliten behielten sich Regierung, Religion und Kriegführung als berufliches Reservat vor. Außerdem waren sie indirekt an etlichen wirtschaftlichen Unternehmungen beteiligt, vorwiegend im Schiffstransport, in der Landgewinnung und in beratender Funktion. Es gab jedoch anderes, hauptsächlich im Wirtschaftssektor, was sie nicht tun wollten oder konnten oder – vielleicht am wichtigsten – als unter ihrer Würde empfanden. In späterer osmanischer Zeit entwickelten die Juden eine Art symbiotischer Beziehung zu den Türken, die ihre Dienste brauchten und die sie ihren Konkurrenten vorzogen. Diese waren zumeist Christen – anfangs Griechen und Italiener, zu denen dann arabischsprachige Christen aus der Levante und schließlich Armenier in wachsender Anzahl kamen.

Vom türkischen Standpunkt boten die Juden, besonders die aus Europa eingewanderten, mehrere Vorteile. Einige brachten dringend benötigtes Kapital mit, das die chronischen finanziellen Engpässe der osmanischen Regierung zu entschärfen half. Außerdem besaßen sie nützliche Kenntnisse über Europa. Buchdruckerkunst und Medizin wurden bereits als kulturelle Beiträge erwähnt. Dem ließen sich vielleicht noch Geschützwesen und Navigation hinzufügen, wichtig für die Kriegführung zu Lande und zur See. Wegen ihrer Sachkenntnis von Europa, dem sie zudem kaum verpflichtet waren, übten die Juden eine Zeitlang eine recht bedeutsame Beraterfunktion aus in den Auslandsbeziehungen des Osmanischen Reiches, wenn es um Verhandlungen mit den europäischen Mächten ging. Sie waren ein wirtschaftlich produktiver, profitbringender Bevölkerungsteil. Weiter besaßen sie aus türkischer Sicht den großen Vorzug, daß man sie als Nichtchristen auch nicht verdächtigen konnte, mit dem Hauptfeind der Osmanen zu sympathisieren und zu konspirieren, womit natürlich die europäische Christenheit gemeint war.

Ein französischer Kapuziner, der die Türkei bereiste, vermittelt in seinem 1681 geschriebenen Bericht eine annähernde Vorstellung davon, wie die Lage der dortigen Juden einen christlichen Besucher aus Europa beeindruckte:

> Sie (die Juden) sind so geschickt und emsig bei der Arbeit, daß sie sich jedem unentbehrlich machen. Es gibt unter den Türken und den ausländischen Kaufleuten keine Familie von Rang, die nicht Juden in ihren Diensten hätte, sei es, um Waren zu taxieren und ihre Qualität abzuschätzen, um als Dolmetscher zu fungieren oder um Rat zu erteilen bei allem, was ansteht. Sie können genau und im einzelnen alles nennen, was in der Stadt erhältlich ist, wer was hat, in welcher Qualität und Quantität, ob es zum Verkauf oder zum Tausch ansteht, und dies in einem solchen Ausmaß, daß man nur von ihnen Aufklärung über den Handel erhalten kann. Die anderen orientalischen Völker wie Griechen, Armenier und so weiter besitzen diese Gabe nicht und können sich nicht mit ihren Fähigkeiten messen; dies zwingt die Kaufleute, sich ihrer zu bedienen, mag ihre Abneigung auch noch so groß sein.[41]

Der Abstieg der osmanischen Juden wird deutlich, wenn man diese Passage mit einer anderen vergleicht, die von einem Autor des 19. Jahrhunderts namens Ubicini stammt:

> Nach und nach verloren die Juden der Türkei jedoch den Geschmack an Studium und Bildung. Als die Griechen ihrem Beispiel folgten und die europäischen Sprachen zu erlernen begannen, wirkte die Furcht, von ihnen verdrängt zu werden, nicht etwa anfeuernd, sondern ließ sie vielmehr in eine Art von Apathie verfallen, und so fanden sie sich allmählich aus ihren Stellungen als Dolmetscher und anderen einträglichen Ämtern vertrieben, die sie an der Hohen Pforte oder in den Kanzleien bekleidet hatten. Später wurden ihnen sogar die bescheideneren Posten, die sie – sei es im Zoll- oder Finanzwesen des Reiches oder in den Haushaltungen der Paschas – behalten hatten, von den Armeniern weggenommen. Während die anderen Gemeinden, christliche und muslimische, sich mehr und mehr mit den Sprachen und Angelegenheiten Europas vertraut machten,

blieben sie weiterhin passiv und sahen mit offenkundiger Gleichgültigkeit zu, wie ihre Reichtümer in die Hände ihrer Rivalen wanderten.

Doch es gab einen gewissen Trost. Derselbe Autor fährt fort:

Wenn auch die Juden geistig degeneriert sind, wenn sie auch durch eigenes Verschulden unter den zur Hohen Pforte gehörenden Völkern am niedrigsten rangieren, so gleichen sie diese Inferiorität durch wirtschaftliche und moralische Tugenden aus, die sie hoch über die Christen stellen. Keine Gemeinde wird so vorzüglich verwaltet wie die ihre. Man hört selten, daß ein Jude abtrünnig geworden ist. Ihre Sitten sind streng, keine Rede von irgendwelchen Skandalen bei ihnen. Nicht einmal von irgendwelchen Mißbräuchen, ausgenommen vielleicht solche, die durch die absolute Allmacht der Rabbis entstehen ... die unter Griechen und Armeniern so üblichen Sittenwidrigkeiten und Skandale – Ämterkauf, Wucher, Trunkenheit, Betrug, Diebstahl und Mord – sind bei Juden unbekannt.

In sein Lob mischt sich freilich auch Tadel, als er auf die Auswirkungen der Frühehe und die hohe Geburtenrate zu sprechen kommt und heftig über ihre Unsauberkeit klagt, die nach seinen Worten „bei den Juden der Türkei schlimmer ist als bei denen anderer Länder, polnische Juden vielleicht ausgenommen".[42]

Das Bild, das Ubicini vom erniedrigenden, heruntergekommenen Zustand der osmanischen Juden zeichnet und von der Geringschätzung, ja sogar Verachtung, mit der man ihnen begegnet, wird weitgehend bestätigt durch andere europäische Reisende zu Anfang und Mitte des 19. Jahrhunderts. In gewissem Sinne spiegeln sich im Kontrast zwischen diesen Berichten und denen von europäischen Besuchern der Türkei im 16. und 17. Jahrhundert nicht so sehr die osmanischen Verhältnisse als vielmehr die europäischen Erwartungen wider. Reisenden aus dem Europa der Renaissance, insbesondere aus den deutschen Gebieten und von der Iberischen Halbinsel, muß das Maß an Freiheit, das die osmanischen Juden genossen, sehr groß und tatsächlich übertrieben erschienen sein. Europäische Besucher des 19. Jahrhunderts wiederum, die von fast überallher – außerhalb des Russischen Reiches – kamen, besaßen einen anderen Maßstab für die Behandlung religiöser und ethnischer Minderheiten, waren daher häufig schockiert durch die Feststellung, daß dieser neue westliche Standard bei den osmanischen Juden und anderen Minderheiten erheblich unterschritten wurde. Doch selbst wenn man berücksichtigt, daß die europäischen Beobachter diese Veränderungen nach ihren eigenen Vorstellungen bewertet haben, kann kein Zweifel daran bestehen, daß der Weg der Juden im Osmanischen Reich zwischen dem Glanz des 16. und der Erniedrigung im frühen 19. Jahrhundert steil bergab ins Unglück geführt hat.

In gewissem Ausmaß war dies eine Folge der Schwächung, die das Osmanische Reich und faktisch die gesamte islamische Welt erlitten hatten; ein Verfallsprozeß, der sich nicht nur auf die militärische und politische Macht, sondern auch auf die kulturelle Kreativität erstreckte. Doch der Abstieg der Juden im Vorderen Orient läßt sich nicht restlos erklären mit der Veränderung islamischer kultureller Normen und mit nachlassender osmanischer Stärke. Er vollzog sich bei den Juden umfassender und schneller als bei den Muslimen selber, geschweige denn bei den nichtmuslimischen Minderheiten unter muslimischer Herrschaft. Die Frage nach den Ursachen liegt nahe.

Die Zeichen sind deutlich genug: zunehmende Absonderung, abnehmende Toleranz, verminderte gesellschaftliche Beteiligung, wachsende Armut, materiell wie intellektuell, der jüdischen Gemeinden unter muslimischer Herrschaft. Perspektivisch betrachtet, brachten die Osmanen einen Prozeß, der vor ihrem Erscheinen begonnen hatte, zum Stillstand und kehrten ihn vorübergehend um. Es gab eine Periode, in der einerseits durch die osmanische Judenpolitik und andererseits durch die Einwanderung der spanischen Juden neue Fertigkeiten und Kenntnisse einströmten – Fähigkeiten und Wissen, die auch für den osmanischen Staat unbezahlbar waren. Doch das Intermezzo war verhältnismäßig kurz, und danach setzte sich der Abstieg, zusammen mit dem der Osmanen, wieder fort, nur wesentlich schneller.

Das Augenmerk sollte sich nun auf die spezifisch jüdischen Ursachen dieses Prozesses richten. Einige lassen sich leicht ausmachen. Zweifellos liegt eine darin, daß die Einwanderung aus Europa aufhörte. Im 15. und 16. Jahrhundert hatte es einen beträchtlichen Zustrom europäischer Juden gegeben, den die osmanischen Archive eindeutig belegen und dessen Auswirkungen sich in jedem Aspekt des jüdischen und auch in manchen des osmanischen Lebens manifestierten. Die jüdischen Gemeinden des Osmanischen Reiches verdankten im 15. und 16. Jahrhundert Rang und Wohlstand den Kontakten zu Europa und den Vorteilen sowie dem Nutzen, die ihnen diese Verbindungen verschafften. Als die Einwanderung endete und der Kontakt zu Europa abbrach, schwanden auch die Fertigkeiten dahin, die den Juden und ihren türkischen Herren zuvor dienlich gewesen waren, und sie hatten nun nichts Besonderes oder Nützliches mehr anzubieten. Die Juden in den türkischen Gebieten sprachen nach wie vor Spanisch, schrieben es jedoch in hebräischer Schrift und vergaßen die lateinische. Diese hebräisch-spanische Mischsprache war zur Verständigung mit den Christen nicht mehr zu gebrauchen. Anfang des 17. Jahrhunderts lieferte ein Jude seinen Bericht an den englischen Konsul in Aleppo in dieser Mischsprache ab, das heißt auf spanisch in hebräischer Schrift, vermutlich in der Erwartung, daß der Konsul einen Juden bei sich hätte, der es ihm vorlesen könnte.[43] Die Tatsache, daß zu jener Zeit ein jüdischer Kaufmann einfach außerstande war, sich in einer westlichen Sprache an den britischen Konsul zu wenden oder wenigstens in einer

Schrift, die dieser entziffern konnte, zeigt, welch enorme Veränderung sich im Verlauf des vorangegangenen Jahrhunderts vollzogen und welch breite Kluft sich aufgetan hatte. Diese Fähigkeit, die Beherrschung einer westlichen Sprache und der sich daraus ergebende Kontakt zu Europa, war entscheidend für den Stellenwert der nichtmuslimischen Gemeinden im Osmanischen Reich.

Hinzu kam noch, wie Ubicini andeutet, daß mit dem Abstieg der Juden der Aufstieg anderer Minderheiten einherging, die sich die den Juden verlorengegangenen Fertigkeiten aneigneten.

Die Osmanen brauchten die Hilfe von Leuten, die Beziehungen zu Europa hatten. Anfangs stützten sie sich auf alles, was von dort kam – Renegaten und Abenteurer sowie eine beträchtliche Anzahl jüdischer und anderer Flüchtlinge. Als der Zustrom aufhörte, fanden sie Ersatz unter ihrer eigenen Bevölkerung. Anstelle der Wanderbewegung europäischer Juden in die Türkei fand nun eine der osmanischen Christen in umgekehrter Richtung statt. In steigendem Maße schickten die Griechen und später andere osmanische Christen ihre Söhne zur Erziehung nach Europa und erwarben so die Fertigkeiten und Kenntnisse, die früher den Juden zueigen gewesen und ihnen inzwischen abhanden gekommen waren. Bei ihrem Wettstreit mit den Juden um die osmanischen Dienste hatten die Christen viele Pluspunkte: zahlenmäßige Überlegenheit; Bildung, da sie ihre Kinder auf christliche Schulen und häufig auf europäische Universitäten schickten, was die Juden nicht taten; die Protektion der Kirchen, die den Juden fehlte, sowie des christlichen Abendlandes, das sie natürlich den Juden vorzog.

Nach dem Tod des Finanziers Joseph Nassi im Jahre 1597 gelangte nie wieder ein Jude im osmanischen Staat in eine derart exponierte – und gefährdete – Position. Eine Zeitlang konnten einige Juden immer noch eine gewisse Rolle spielen, zumeist in zwei Berufzweigen. Einmal die jüdischen Ärzte, die ihren hochgestellten Patienten Ratschläge für ihre Politik sowie für ihr körperliches Wohl erteilten; zum anderen eine Reihe bemerkenswerter Jüdinnen, unter der griechischen Bezeichnung *kira*, Dame, bekannt, die den Harem des Sultans mit Waren und Dienstleistungen versorgten und somit starken, wenngleich indirekten Einfluß ausübten. Um die Wende des 17. Jahrhunderts verschwanden beide Gruppen. Die jüdischen Ärzte wurden durch medizinisch besser qualifizierte und politisch versiertere Griechen ersetzt; die letzte *kira* kam mit ihren Söhnen bei einem Blutbad um, das die rebellierende Soldateska veranstaltet hatte.[44]

Im Kommerz konnten sich die Juden noch eine Weile halten und beispielsweise Nutzen ziehen aus der Verlegung des Handels von Venedig, das sich ihnen gegenüber stets restriktiv verhalten hatte, nach Livorno, wo man eine freizügigere Handelspolitik verfolgte. Tatsächlich ließen sich einige Juden in osmanischen Gebieten nieder und stellten damit in gewissem Umfang die persönliche Beziehung zu Europa wieder her, die osmanische Juden einst gehabt und später verloren hatten.[45]

Doch die Zeit arbeitete gegen sie. Der jüdische Anteil am internationalen Handel des Reiches schrumpfte im 17. Jahrhundert und erreichte im folgenden den Nullpunkt. Geringer an Zahl und schlechter situiert als ihre christlichen Landsleute, mußten die Juden nun die Konsequenzen auf sich nehmen, die sich aus der wachsenden Macht der Christenheit ergaben. Die Christen hatten viele Freunde in Europa, die Juden nur wenige. Die Christen besaßen Schiffe, die Juden keine. Und vor allem konnten die Christen mit der Unterstützung, die Juden dagegen nur mit der Feindseligkeit der europäischen Kaufleute rechnen, und zu jener Zeit waren es die Präferenzen europäischer Christen, die mehr zählten als die der muslimischen Türken.

An zwei Fällen, die sich beide in Ägypten ereigneten, lassen sich die stattfindenden Veränderungen ablesen. Im Jahre 1697 wurde ein Jude aus Alexandria, in arabischen Chroniken Yāsif al-Yahūdī und in europäischen Urkunden Leon Zaphir genannt, nach Istanbul beordert, wo er einen Plan für finanzielle und steuerliche Maßnahmen vorlegte, der die immer bedrohlicher werdende Krise in Ägypten beheben sollte. Yāsif, der als Leiter der Zollbehörde von Alexandria und als Verwalter des Münzamtes eine wichtige Position innehatte, schlug vor, den im Wert gesunkenen Münzumlauf durch eine neue Währung zu ersetzen sowie eine Reihe von Steuern und Zollgebühren zu erheben. Seine Vorschläge wurden von der Regierung des Sultans gebilligt, als er sie jedoch nach der Rückkehr in die Tat umzusetzen versuchte, stießen sie auf so heftige Opposition, daß der osmanische Gouverneur, dem selbst die Absetzung durch die meuternde Garnison drohte, sich widerstrebend gezwungen sah, Yāsif den Rebellen auszuliefern. Er wurde zunächst inhaftiert, dann im Gefängnis ermordet, sein Leichnam durch die Straßen geschleift und unter allgemeinen Freudenkundgebungen verbrannt.[46]

Das Schicksal, das Yāsif ereilte, traf den Steuereinnehmer, nicht den Juden und hatte für die Gemeinde insgesamt offenbar keine nachteiligen Folgen. Ganz anders sah es aus, als siebzig Jahre später ein weiterer jüdischer Steuerbeamter zu Fall kam. Isḥāq al-Yahūdī, Leiter der Zollbehörde in Bulaq, dem Flußhafen von Kairo, wurde 1768 verhaftet, zu 40000 Goldstücken Geldstrafe verurteilt und hingerichtet. Dieser Fall unterscheidet sich von dem früheren in drei wesentlichen Punkten: Es gab keine öffentliche Kritik; Verhaftung und Exekution erfolgten nicht auf Verlangen der Öffentlichkeit, sondern auf Befehl des Herrschers; und vor allem zog Isḥāqs Sturz für die Juden in Ägypten eine einschneidende Verschlechterung ihrer Lage nach sich.[47]

Im Ägypten des 18. Jahrhunderts war – wie in anderen ähnlichen Gesellschaften – der Staatsdienst der sicherste Weg, sich wirtschaftlich zu sanieren. Durch ihre Stellung im Zoll, Münzwesen und Steuereinzug behielten die osmanischen Juden einen festen Platz im internationalen Handel, gewöhnlich als Makler, manchmal auch in führender Position. Viele verdienten ihren Lebensunterhalt; nur wenige brachten es zu Reichtum und konnten sogar als Bankiers agieren, indem sie ausländischen Kaufleuten ebenso wie Regierungsstellen und -beamten Geld liehen.

Der Fall des Isḥāq al-Yahūdī setzte in Ägypten alldem ein Ende. Wenige Monate nach seinem Tod bekam er einen Nachfolger – nicht wie früher einen anderen Juden, sondern einen syrischen Katholiken, und es dauerte nicht lange, bis Mitglieder dieser Gemeinde in der gesamten ägyptischen Zollverwaltung die Stelle der Juden einnahmen. Die syrischen Katholiken, gerade erst in Ägypten eingetroffen, machten den Juden bereits die Kontrolle über die gewinnbringenden Ämter streitig. Im Bündnis mit den Franzosen, inzwischen die wichtigste europäische Handelsmacht in Ägypten, konnten sie sich wirksamen Schutz und Privilegien sichern. Einige Juden arbeiteten mit Venedig zusammen, dessen Macht im Sinken war, und die meisten von ihnen waren osmanische Untertanen.

Der Verlust ihres festen Platzes in der Regierung führte zu einem raschen Verfall der jüdischen Gemeinde. Wie der französische Konsul in Alexandria berichtete, hatte die Verdrängung aus dem Zoll „das jüdische Volk restlos ruiniert", und den Posten des dritten Dragomanen am französischen Konsulat, der bisher als Anerkennung für den Einfluß in der Administration einem Juden übertragen worden war, erhielt von nun an ein Christ.

Das gleiche, was in Ägypten geschah, ereignete sich auch in anderen Provinzen des Reiches, wo ortsansässige Christen mit europäischer Unterstützung die Positionen der Juden einnahmen. Ein Verbot der englischen Levant Company zum Beispiel schloß Juden sowohl als Mitglieder zu Hause wie als Dragomanen in der Levante aus;[48] andere westliche Kaufleute verhielten sich kaum konziliranter. Die Juden hatten gewöhnlich den osmanischen Beamten als Makler oder Zwischenhändler gedient; die Christen arbeiteten für die ausländischen Kaufleute und Agenten. Der Abstieg der Juden und der Aufstieg der Christen spiegeln genau die veränderten Machtverhältnisse wider.

Das wohl wichtigste Einzelbeispiel jüdischer Apathie war die Laufbahn des Sabbatai Zewi (1626–1678) und ihre Nachwirkungen.[49] Der falsche Messias von Izmir hatte eine außerordentliche messianische Bewegung unter den Juden des Osmanischen Reiches angeführt. Er erweckte unglaubliche Hoffnungen und endete als schmählicher Versager. Von den türkischen Behörden vor die Wahl zwischen Märtyrertod oder Übertritt zum Islam gestellt, entschied sich der Messias für die Konversion und verbrachte den Rest seines Lebens als Subalternbeamter im Palast des

Sultans. Manche seiner glühenden Anhänger sahen sogar dies als Teil seiner Mission an und folgten ihm freiwillig in den Islam. Insgeheim bewahrten sie den angestammten Glauben und das Ritual und existieren noch heute als Einzelgruppe, bekannt unter dem Namen *dönme,* ein türkisches Wort für Konvertit.[50] Die meisten Anhänger Sabbatai Zewis wandten sich jedoch nach seinem Übertritt von ihm ab.

Die Affäre des falschen Messias war ein vernichtender Schlag für die jüdischen Gemeinden des Osmanischen Reiches. Sie hinterließ ihnen ein zweifaches Erbe: einerseits an Verzweiflung grenzende Entmutigung; andererseits eine beispiellose Stärkung der rabbinischen Macht. Die Juden hatten keine Kirche, besaßen aber im Rabbinat eine Art geistlicher Autorität, ohne das ausgleichende Moment einer Hierarchie mit ihrem Patronat.

Mittlerweile wurde das Verhalten der Türken negativer und mitunter sogar feindselig. Eine Periode der Schwäche und des Rückzugs stimmte die Mehrheit der Muslime argwöhnisch und weniger tolerant. Viele Anzeichen deuteten auf eine Wende zum Schlechteren hin, nicht nur für die Juden, sondern für die Minderheiten im allgemeinen. Der wachsende Fanatismus führte zu härteren Bedingungen für die Nichtmuslime, zur strengeren Handhabung der Beschränkungen, die das Heilige Gesetz den *ḏimmīs* auferlegte, und zur verstärkten regionalen und sozialen Absonderung. Offene Verfolgung und Gewalttätigkeit blieben jedoch die Ausnahme. Wenn es Ausschreitungen gegen Juden gab, so waren sie fast immer von Christen angezettelt worden und eher auf Rivalitäten zwischen den konkurrierenden *ḏimmī*-Gemeinden zurückzuführen als auf irgendwelchen aus Animosität ausgeübten Druck von seiten des osmanischen Staates oder der muslimischen Mehrheit. Ein Beispiel bietet das gelegentlich auftauchende Thema des Ritualmordes. Obwohl diese Anschuldigungen selten erhoben wurden, hatte Sultan Mehmed der Eroberer sie doch wichtig genug genommen, um durch herrscherlichen Erlaß zu verfügen, daß derartige Fälle nicht durch Gouverneure und Richter verhandelt, sondern vor den Diwan in Istanbul gebracht werden sollten, wo die hohen Staatsbeamten wohl weniger anfällig für Fanatismus und Aberglauben und nicht so leicht unter Druck zu setzen wären. Als diese Beschuldigungen während der Regierung von Süleyman dem Prächtigen (1520–1566) wieder aufflammten, kam ein neuer Ferman, der den früheren inhaltlich bekräftigte und die gleiche Forderung erhob. Mit ähnlichen Erlassen reagierten mehrere Sultane im 16. und 17. Jahrhundert.[51] Erst im 19. Jahrhundert wurden solche Beschuldigungen gang und gäbe und zum ernsten Problem für die osmanischen Juden. Inzwischen steht zweifelsfrei fest, daß diese Anklagen europäischen und christlichen Ursprungs sind.

Außerhalb der Provinzen des Osmanischen Reiches und der abhängigen Gebiete gab es zwei große politische Zentren des Islam, in denen die Juden in nennenswerter Zahl überlebten: Marokko und Persien. In beiden Ländern war ihre Lage wesentlich schlechter als in denen des Osmanischen Reiches. Die jüdische Gemeinde in Marokko war alt, tief verwurzelt und zahlreich und ebenso wie die im Osmanischen Reich durch den Zustrom der Flüchtlinge aus Spanien und Portugal gestärkt und neu belebt worden. Doch die Juden in Marokko waren im Vergleich zu ihren osmanischen Glaubensgenossen in zweifacher Hinsicht schwer benachteiligt: einmal durch das Schockerlebnis der Verfolgung und Unterdrükkung unter den Almohaden, die sie materiell geschwächt und geistig verarmt zurückgelassen hatten, ein Zustand, den sie nie völlig zu überwinden vermochten; zum anderen durch ihre Stellung als einzige religiöse Minderheit in einem sonst ausschließlich muslimischen Land. In Ägypten, in Syrien, im Irak, in der Türkei, selbst in Persien gab es andere nichtmuslimische Gemeinden, zumeist umfangreicher und mehr hervortretend als die jüdischen. Sie trugen dazu bei, eine pluralistische und somit tolerantere Gesellschaft zu schaffen; und auch wenn sich die Lage verschlechterte, entlud sich der Haß der Muslime auf die anderen mit der gleichen Wucht. Häufig machte sie die Tatsache, daß sie an Zahl und Bedeutung größer waren, sogar zu den Hauptopfern. In Marokko hatten die Verfolgungen der Almohaden die Christenheit ausgelöscht, so daß die Juden als einzige Minderheit zurückblieben; ein Störfaktor in einer sonst durchgängig muslimischen Gesellschaft. In dieser Hinsicht befanden sie sich in einer ähnlichen Lage wie die Juden in der mittelalterlichen Christenheit und unterschieden sich von den jüdischen Gemeinden in den orientalischen osmanischen Ländern. Diese gleichgearteten Umstände setzten sie den gleichen Gefahren und oft auch dem gleichen Unglück aus.

Nach dem Abstieg und Sturz der Almohaden begannen die marokkanischen Juden, ihr religiöses und ihr Gemeindeleben in den verschiedenen Städten des Landes zu restaurieren. Zahlenmäßig waren sie recht bedeutend, mit Sicherheit die größte jüdische Gemeinde in Nordafrika und als einzelne wahrscheinlich die größte in der islamischen Welt. Die Herrscher, die nach dem Sturz der Almohaden in Marokko regierten, legten keine ausgeprägt übelwollende Haltung an den Tag. Die Volksstimmung dagegen blieb feindselig und machte den Juden oft das Leben schwer. Unter der Meriniden-Dynastie während des 13., 14. und Anfang des 15. Jahrhunderts fanden sich noch Juden bei Hofe und in verschiedenen öffentlichen Ämtern. Wie Norman Stillman feststellte, boten sie aus der Sicht des Herrschers gewisse Vorteile.[52] Als gesellschaftliche Randgruppe in Marokko besaßen sie keine Machtbasis und keinerlei Aussicht auf politische Handlungsfreiheit. Als ungeliebte religiöse Minorität konnten sie beim Gros der Bevölkerung weder auf Sympathie noch auf Unterstützung rechnen. So konnten sie dem Herrscher auf die gleiche Weise zu Diensten sein, wie Sklaven, Eunuchen und andere entwurzelte Randgruppen es den muslimischen Potentaten in Ost und West von jeher gewesen waren. Wie leicht verwundbar sie durch ihre Unbeliebtheit waren, zeigte sich daran, daß die Herrscher ebenso wie die Juden selber die Unterbringung in jüdischen Vierteln, *mellāḥ* genannt, für notwendig hielten. Ursprünglich geschah das nicht als Strafe oder Demütigung, sondern um sie vor der feindseligen Bevölkerung zu schützen. Das machte es natürlich weder ersprießlicher noch erträglicher. Die *mellāḥ* von Fez wurde 1438 nach dem Muster der früheren spanischen *juderías* gegründet, in der Nähe der Residenz gelegen und damit den Schutz des Herrschers bietend. Die von späteren Regenten in anderen Städten errichteten *mellāḥs* waren deutlicher dazu bestimmt, ihre Bewohner eher zu isolieren und zu strafen als sie zu schützen, was sowieso nicht immer gelang. Im Jahre 1495 fand ein großes Pogrom statt, bei dem die Bewohner der *mellāḥ* von Fez während eines Aufstandes, der den Sturz der Meriniden-Dynastie herbeiführte, nahezu ausgerottet wurden.[53]

Ende des 15. und im Laufe des 16. Jahrhunderts begannen sich die jüdischen Gemeinden Marokkos von diesen Aufständen zu erholen und erhielten Verstärkung durch die Flüchtlinge aus Spanien und Portugal. Diesen gelang es ebenso wie den Sephardim in der Türkei, auch hier die einheimischen Juden, denen sie sich offenbar überlegen fühlten, zurückzudrängen und sich kulturell, wirtschaftlich und im Gemeindewesen eine Vormachtstellung zu erobern. Bezeichneten die Sephardim in der Türkei die einheimischen Juden als *toshavim* (Eingeborene) oder Griegos (Griechen), so nannten die in Marokko gelandeten Sephardim die maurischen Juden *forasteros* (Fremde) oder Berberiscos (Berber, Nordafrikaner). Auch in Marokko konnten die Sephardim ihren maurischen Herren in der gleichen Weise zu Diensten sein wie ihre Landsleute im Orient. Sie betätigten sich als kommerzielle und diplomatische Vermittler und waren den Sultanen bei den Verhandlungen mit den verschiedenen europäischen Ländern behilflich. Manche verdingten sich als sowohl im zivilen wie im militärischen Bereich bewanderte Handwerker und Techniker bei den marokkanischen Herrschern. Innerhalb der jüdischen Gemeinde schufen sich die Sephardim in Marokko ebenso wie in der Türkei eine Vorrangstellung, die sie bis in die Neuzeit beibehielten.

Allgemein behandelte man die Juden in vielfacher Hinsicht schlechter als im osmanischen Orient. Die Institution der *mellāḥ*, des abgeschlossenen Judenviertels, wurde bereits erwähnt. Vergleichbares gab es in den osmanischen Gebieten nicht. Wenn sie sich außerhalb der *mellāḥ* bewegten, galten strenge Beschränkungen, zum Beispiel durften sie kein normales Schuhwerk tragen, sondern mußten entweder barfuß oder mit deutlich unterschiedener Fußbekleidung gehen und dadurch auf ihre Identität hinweisen.[54] In Fez waren ihnen Strohsandalen vorgeschrieben. Insgesamt wurden die in der *ḏimma* niedergelegten diskriminierenden Einschränkungen in Marokko weitaus strenger gehandhabt als anderswo. Tatsächlich widmeten die Marokkaner diesem Thema viel gedanklichen Aufwand, wie die umfangreiche einschlägige Rechtsliteratur zeigt, und führten eine Reihe im Orient unbekannter zusätzlicher Vorschriften ein. Der lange Kampf gegen die Portugiesen und Spanier intensivierte das religiöse Empfinden der Muslime erheblich, und dementsprechend verschlechterte sich die Lage der einzigen größeren nichtmuslimischen Gemeinde im Lande. In den folgenden Jahrhunderten gestaltete sich das jüdische Leben in Marokko insgesamt desolat. Europäische Besucher zeichnen ein fast einhelliges Bild der Situation, die Stillman treffend als „in hohem Maße zum Ritual gewordene Entwürdigung der Juden in den großen Ortschaften und Städten"[55] schildert.

In Persien waren die Juden nicht die einzige nichtmuslimische Gemeinde. Es gab außerdem armenische Christen und einen kleinen Rest von Anhängern der alten Lehre des Zarathustra. Die Juden traten jedoch am stärksten in Erscheinung und waren als einzige religiöse Minderheit in ganz Persien verbreitet. Die muslimische Mehrheit verhielt sich ihnen gegenüber generell feindselig. Veranlaßten die strengen malekitischen Lehren die Marokkaner, ihre jüdischen Untertanen härter zu behandeln, als es die Türken und Araber im Vorderen Orient taten, so legten die Perser unnachsichtig den noch strikteren Maßstab der erneuerten militanten Zwölfer-Schia an. Danach waren die Juden nicht nur Ungläubige und als solche zu verachten und zu demütigen, sondern überdies rituell unrein – Wesen, deren bloße Berührung befleckte. Bereits vor der Inthronisation der Safawiden und der Etablierung des Schiismus als Staatsreligion zu Anfang des 16. Jahrhunderts hatten die persischen Juden schwere Zeiten erlebt. Die mongolischen Khane hatten sie sich anfangs zunutze gemacht; doch als die Mongolen sich zum Islam bekehrten und sich Verhaltensweisen und Bräuche ihrer muslimischen Untertanen aneigneten, übernahmen sie auch deren Judenfeindlichkeit gegen die einstigen Diener ihrer Vorfahren. Wie so häufig, entlud sich nach Beendigung oder Umwandlung der Fremdherrschaft eine Flut von Haß und Rachedurst gegen jene, die ihr gedient hatten. Daß einzelne Juden unter den Mongolen, die übrigens die *ḏimma* ganz abgeschafft hatten, zu hohem Ansehen gelangt waren, verschärfte diese Reaktion nur noch mehr. Zahlreiche Juden wurden hingerichtet, und ihre Gemeinde hatte viel zu erdulden.[56]

Über das Schicksal der Juden in Persien unmittelbar vor dem Aufstieg der Safawiden ist wenig bekannt.[57] Deren Thronbesteigung und die Schaffung eines mächtigen, geeinten und blühenden Reiches brachte den Juden ebenso wie den anderen Bewohnern manchen Nutzen. Ihre Gesamtsituation war jedoch oft prekär und stets unsicher. Anders als die türkischen und selbst die marokkanischen Sultane waren die persischen Schahs aus der Safawiden-Dynastie und deren Nachfolgern nicht gewillt, den Juden an ihrem Hof oder sonstwo eine Stellung mit Macht und Einfluß einzuräumen. Bisweilen gestanden sie ihnen das bloße Überleben nur widerstrebend zu. Zwangsbekehrungen sind in der islamischen Geschichte überaus selten zu verzeichnen. Bis auf einen bzw. zwei Fälle in Marokko und im Jemen ereigneten sich die meisten in Persien. Der aufgeklärte Schah ʿAbbās I. (1588–1629) bildete eine Zeitlang eine Ausnahme und gestattete Juden, Armeniern und Christen, sich in seiner Hauptstadt Isfahan anzusiedeln. Doch auch er machte gegen Ende seiner Regierung eine Kehrtwendung. Die diskriminierenden Vorschriften wurden strikt durchgeführt, und im Jahre 1656 wurden sämtliche Juden wegen ihrer rituellen Unreinheit kurzerhand aus Isfahan vertrieben und gezwungen, sich zum Islam zu bekehren.

Später wurde der Befehl zur Zwangsbekehrung wieder aufgehoben, möglicherweise wegen des Verlustes an Steuereinnahmen. Ein persischer Jude verfaßte im 17. Jahrhundert eine Chronik in Reimen über diese Ereignisse; unter anderem berichtete er, die Muslime von Yazd hätten, als ihre jüdischen Mitbürger Einwände erhoben und diesen mittels Gold Nachdruck verliehen, eine Delegation von Standespersonen nach Isfahan entsandt, die sich beim Schah als Fürsprecher verwenden sollten. Sie verwiesen auf die großen Unannehmlichkeiten, die der Weggang der Juden den Muslimen bereiten würde, und erklärten Zwangsbekehrung für wertlos: „Ihr könnt einen Neger zweihundertmal waschen; Ihr werdet immer noch vergebens nach einem Anzeichen von Blässe suchen.“[58] Der französische Reisende Jean de Thevenot berichtet von einer ähnlichen Begründung, weshalb man den Juden erlauben solle, zu ihrem Glauben zurückzukehren: „Sie stellten fest, daß sie sich äußerlich noch so sehr zum Islam bekennen mochten und dennoch den Judaismus praktizierten; so daß die Notwendigkeit bestand, ihnen zu gestatten, wieder schlechte Juden zu sein, da sie keine guten Muslime aus ihnen machen konnten.“[59] Im Jahre 1661 erteilte ein neuer Erlaß den Juden die Genehmigung, sich wieder offen zum Judaismus zu bekennen, unter der Bedingung, daß sie die Kopfsteuerrückstände entrichteten und den Judenfleck an der Oberbekleidung trugen.[60] Ähnliche Maßnahmen wurden gegen Christen und Anhänger des Zarathustra ergriffen, die ebenfalls aus der Stadt vertrieben worden waren. Im Jahre 1658 appellierte der Papst an den Schah zugunsten der Christen; für die Juden appellierte niemand.

Unter der Regierung von Nādir Schah (1736–1747), eines Sunniten, übte man mehr Toleranz und gestattete sogar die Bildung einer neuen jüdischen Gemeinde in der heiligen Schiitenstadt Mesched, vielleicht als Akt der Politik. Dieses Zwischenspiel war nicht von langer Dauer, und unter der Kadschāren-Dynastie, die von 1794–1925 in Persien regierte, verschlechterte sich die Lage der Juden gravierend. Europäische Reisende sprechen übereinstimmend von Furcht und Erniedrigung, die das Leben der persischen Juden immer noch bestimmten.

Einen gewissen Ausgleich für ihr äußeres Elend fanden die persischen wie die marokkanischen Juden in einem eigenständigen geistigen Leben. In beiden Ländern gab es ein bedeutendes literarisches Schaffen, wobei die in persischer Sprache und hebräischer Schrift geschriebenen Werke durchaus neuartige, interessante Aspekte aufweisen, insbesondere die im persischen heroischen Stil gehaltenen Verserzählungen, die biblische und gelegentlich aktuelle Begebenheiten schildern.[61]

In Zentralasien war die Lage im allgemeinen etwas besser als in Persien, und in den 1840er Jahren, als die Juden von Meschhed der Zwangsbekehrung ausgesetzt waren, fanden einige Zuflucht in Marv und Šahrisabz. Den Juden in Buchara dagegen blieben solche Probleme nicht erspart. Mitte des 18. Jahrhunderts unternahmen die dortigen Herrscher den ersten von mehreren Versuchen, sie gewaltsam zu islamisieren. Wie anderswo brachten diese und die folgenden Zwangsbekehrungen Gruppen von Marranen hervor, die erst durch die russische Eroberung aus ihrer mißlichen Lage befreit wurden.[62]

Für diese Zeit gibt es, wie bereits erwähnt, einige Hauptinformationsquellen: europäische Reisende, Besucher und auch Einwohner – Missionare, Kaufleute, Touristen und zunehmend die ortsansässigen Kolonien der Händler, Bankiers, Fabrikanten und anderer. Auch darin manifestiert sich das allgemein steigende, aktive Interesse Europas, das bald eine neue Ära in der Geschichte des Vorderen Orients und damit aller dort lebenden Gemeinden einleitete.

IV. Das Ende der Tradition

Im November 1806 unternahm James Green, Esq., Generalkonsul Seiner britannischen Majestät „in allen Herrschaftsgebieten des Sultans von Marokko“, eine ungewöhnliche Demarche. Auf Ersuchen etlicher Juden in Gibraltar, Untertanen Seiner britannischen Majestät, hatte er den Sultan gebeten, „eine gewisse Order aufzuheben, die von Eurer Majestät stammen soll und es allen sich zur hebräischen Religion bekennenden Personen generell untersagt, in einem Eurer Hoheitsgebiete in europäischer Kleidung zu erscheinen“. Mr. Green berichtete, er habe eine Audienz beim Sultan erhalten, der „zu erklären geruhte, er habe jene Order aufgehoben“. Den Juden von Gibraltar war sehr an einer schriftlichen Bestätigung dieser Annullierung sowohl von marokkanischer als auch von britischer Seite gelegen, und so wandten sie sich an Mr. Green mit der Bitte, „sich zu äußern, ob eine solche Erklärung Seiner Majestät bereits in Seinen Hoheitsgebieten veröffentlicht wurde, und ob es uns jetzt gestattet ist, dort in unserer üblichen Kleidung zu erscheinen, welches von großer Bedeutung für uns ist, da wir gelegentlich gezwungen sind, uns in Angelegenheiten des Handels dorthin zu begeben“.[1]

Die Episode ist in vielfacher Hinsicht signifikant. Der Felsen von Gibraltar war seit 1704 in britischem Besitz, und ungeachtet eines spanischen Ersuchens, Großbritannien solle sich vertraglich verpflichten, „Juden oder Mauren“ die Ansiedlung dort nicht zu gestatten, hatten die Briten ein Auge zugedrückt, als eine stattliche jüdische Gemeinde entstand und sich weiterentwickelte. Tatsächlich bildeten die Juden zu Ende des 18. Jahrhunderts einen großen, wenn nicht den überwiegenden Teil der Zivilbevölkerung.[2] Bei weitem die Mehrzahl war aus dem benachbarten Marokko gekommen, wo die meisten noch Familie und für sie lebenswichtige geschäftliche Verbindungen hatten. Die volle bürgerliche Emanzipation erlangten britische Juden erst im 19. Jahrhundert, doch bereits im 18. Jahrhundert genossen die als britische Untertanen geborenen wesentliche bürgerliche und Menschenrechte, darunter den Schutz der Repräsentanten Seiner Majestät bei Auslandsreisen.

Die marokkanischen Behörden vertraten eine abweichende Auffassung. Entsprechend der von manchen muslimischen Staaten geübten Praxis erkannten sie vertragliche Vereinbarungen mit christlichen Staaten nur für deren christliche Untertanen an. Juden waren, ungeachtet ihrer politischen Staatszugehörigkeit, eben bloß Juden, und wenn sie aus fremden Ländern in muslimische Gebiete einreisten, wurden sie nicht als *musta'min* behandelt, denen die mit diesem Status verbundenen Privilegien zustanden, sondern als *ḏimmīs,* die allen darin enthaltenen Einschränkungen unterlagen. Die Juden von Gibraltar betrachteten sich als britische Untertanen, wie es auch die britischen Behörden taten, und hielten es für durchaus normal, sich genauso zu kleiden wie ihre übrigen Landsleute. Der Sultan und seine Beamten dagegen betrachteten sie als Juden, denen lediglich die diesen Status kennzeichnende Kleidung zustand. Offenbar sah sich der Sultan durch das Auftauchen europäisch gekleideter ausländischer Juden, die sich damit vor den sonst unvermeidlichen Belästigungen schützen wollten, irgendwann genötigt, diesbezüglich spezifische Anordnungen zu erlassen.

Gibraltar war das erste Beispiel der Neuzeit, wo eine jüdische Gemeinde, die aus einem muslimischen Land stammte, im Zeitalter der Aufklärung unter einer europäischen Regierung lebte – und das überdies nur ein paar Meilen von ihrem Herkunftsland entfernt. Die sich daraus ergebenden Gegensätze mußten zwangsläufig Beunruhigung auslösen. Der Fall ist auch in anderer Beziehung interessant. Es dürfte wohl der erste sein, in dem jüdische Bürger eines europäischen Staates die Repräsentanten ihres Souveräns ersuchten, ihretwegen bei einer muslimischen Macht zu intervenieren. Darin lag wie in so vielem anderen eine Umkehrung der Rollen, seitdem seinerzeit ein osmanischer Sultan an den Papst in Rom, den Dogen von Venedig und den König von Frankreich appelliert hatte, um die Interessen seiner jüdischen Untertanen zu schützen.

Im Laufe des 19. Jahrhunderts, das den Juden in allen zivilisierten Ländern Europas die Emanzipation brachte und ihnen die meisten staatsbürgerlichen Rechte zuerkannte, wurde eine solche Aktion europäischer Regierungen zugunsten ihrer jüdischen Untertanen zum Normalfall. Eine neue Situation entstand, als die Juden in diesen westlichen Ländern sich der desolaten Lage ihrer Glaubensgenossen im Vorderen Orient und in Nordafrika zunehmend bewußter wurden, sich für sie zu verwenden und zu intervenieren begannen, wobei sie jüdische und wo möglich auch politische und diplomatische Kanäle benutzten.

Daß sich die westlichen Mächte für die Angelegenheiten der Juden in islamischen Ländern engagierten, gereichte ihnen keineswegs immer zum Vorteil; manchmal traf praktisch das Gegenteil zu. Während jüdisches Drängen im Verein mit liberalen Grundsätzen mitunter bewirkten, daß die Regierung zugunsten der Juden handelte, gab es andere Kräfte, die sowohl der jüdischen Emanzipation wie der Aufklärung des 19. Jahrhunderts feindlich gegenüberstanden und in entgegengesetzter Richtung arbeiteten. Diese Kräfte konnten sich ebenfalls auf eine mächtige Allianz von althergebrachtem Vorurteil und neuzeitlicher Interessenlage stützen.

Die neue dreiseitige Beziehung zwischen Westen, Islam und Juden fand ihren ersten dramatischen Ausdruck in der berüchtigten Damaskus-Affäre von 1840. Am 5. Februar jenes Jahres verschwand Pater Tomaso, ein Kapuzinermönch sardinischer Nationalität, plötzlich spurlos, zusammen mit seinem Diener. Ein jüdischer Barbier wurde beschuldigt, beide ermordet zu haben, und erklärte sich nach der Folter auch zum Geständnis bereit. Die Klosterbrüder des Kapuzinerpaters, vom französischen Konsul Ratti-Menton aufgestachelt und ermutigt, behaupteten, Pater Tomaso sei zu rituellen Zwecken von den Juden umgebracht worden. Auf Drängen des Konsuls verhaftete Gouverneur Şerif Pascha Standespersonen und andere Juden in großer Zahl, von denen viele gefoltert wurden. Ein Ältester der Gemeinde, Joseph Laniado, starb während des Verhörs; ein anderer, Moses Abulafia, trat zum Islam über. Er und mehrere andere wurden mittels Folter erpreßt zu gestehen, was immer ihre Ankläger verlangten. Zur Rechtfertigung und Unterstützung seiner Aktionen in Damaskus entfesselte der Konsul in Frankreich eine breitangelegte Pressekampagne, die sich gegen die Juden im allgemeinen und gegen die von Damaskus im besonderen richtete. Damaskus stand damals unter der Regentschaft von Muhammad ʿAlī Pascha, des osmanischen Gouverneurs von Ägypten, dem es gelungen war, dieses Land und dazu Syrien in ein halb unabhängiges Emirat unter rein nomineller osmanischer Oberhoheit zu verwandeln. Bei dieser Politik wurde er von Frankreich unterstützt, während sich Großbritannien und andere europäische Mächte widersetzten.

Diese machtpolitischen Belange könnten zur Erklärung beitragen, weshalb die französische Regierung auf die Proteste jüdischer Führer unbefriedigend reagierte, ähnliche Appelle in Großbritannien dagegen eine gänzlich andere Resonanz auslösten. Am 22. Juni informierte der britische Außenminister Lord Palmerston das Parlament, er habe Muhammad ʿAlī Pascha auf die Wirkung hingewiesen, die seine „barbarische Behandlung“ der Juden von Damaskus in Europa hervorrufen dürfte. Am 3. Juli fand im Mansion House, dem Amtssitz des Lord Mayor von London, eine Massenkundgebung statt, bei der Parlamentsabgeordnete und kirchliche Würdenträger das Wiederaufleben dieser mittelalterlichen Verleumdung und der in ihrem Namen erfolgten Folterung und Ermordung Unschuldiger scharf verurteilten. Andere westliche Regierungen, darunter auch die der Vereinigten Staaten, unterstützten die britische Position mit Wort und Tat. Eine Versammlung prominenter Juden in London, an der auch der französische Staatsmann Isaak Adolphe Crémieux teilnahm, beschloß, eine Delegation in den Vorderen Orient zu entsenden, der Crémieux selbst angehörte sowie sein Landsmann, der Orientalist Salomon Munk, und Sir Moses Montefiore, Präsident des Board of Deputies.

Trotz aller Hindernisse, die ihr von französischen Repräsentanten in Kairo und Damaskus in den Weg gelegt wurden, erreichte die Delegation mit starker diplomatischer Unterstützung ihr Ziel. Am 6. September reagierte Muhammad ʿAlī Pascha auf eine gemeinsame Note von neun europäischen Konsuln mit dem Befehl, die überlebenden jüdischen Gefangenen freizulassen. Kurz danach wurde er gezwungen, Damaskus und den Rest von Syrien-Palästina aufzugeben, die wieder ganz unter osmanische Oberhoheit kamen. Auf ihrem Heimweg wurden die Mitglieder der jüdischen Delegation vom osmanischen Sultan empfangen, der auf ihre Vorstellungen hin einen Ferman erließ, mit dem die Beschuldigung des Ritualmordes als Verleumdung ohne jegliche Grundlage verurteilt und die Absicht der osmanischen Behörden, jüdischem Leben und Besitz vollen Schutz angedeihen zu lassen, nochmals bekräftigt wurden.[3]

Mehrere Aspekte dieser Affäre verlangen eine Erläuterung. Einmal die Blutanklage selbst. Die Beschuldigung, Menschenblut zu rituellen Zwekken zu gebrauchen, scheint erstmals von Heiden gegen die Frühchristen erhoben worden zu sein. Dann wurde sie von den Christen selbst gegen die Juden verwandt und ist im christlichen Antisemitismus von den frühesten Zeiten bis zum heutigen Tag ein wohlbekanntes Thema geblieben. In den klassischen Epochen des Islam dürfte diese besondere Form antijüdischer Verleumdung unbekannt gewesen sein. Unter islamischen Auspizien trat sie erstmals während der Regierung des osmanischen Sultans Mehmed des Eroberers in Erscheinung und stammte so gut wie sicher aus dem großen griechisch-orthodoxen Bevölkerungsteil. Im Byzantinischen Reich waren derartige Beschuldigungen üblich gewesen. Unter den Osmanen kamen sie gelegentlich vor und wurden gewöhnlich von den Behörden verurteilt.[4]

Im 19. Jahrhundert tritt die Blutanklage wieder auf und nimmt, des öfteren von Gewaltausbrüchen gefolgt, epidemische Ausmaße an. Die Affäre von Damaskus mag die erste gewesen sein, war jedoch bei weitem nicht die letzte. Für den Rest des 19. Jahrhunderts bis weit ins zwanzigste hinein wird die Ritualmordbeschuldigung in osmanischen Landen nahezu alltäglich, wie zum Beispiel in Aleppo (1810, 1850, 1875), Antiochia (1826), Damaskus (1840, 1848, 1890), Tripoli (1834), Beirut (1862, 1874), Dayr al-Qamar (1847), Jerusalem (1847), Kairo (1844, 1890, 1901–1902), Mansourah (1877), Alexandria (1870, 1882, 1901–1902), Port Said (1903, 1908), Damanhur (1871, 1873, 1877, 1892), Istanbul (1870, 1874), Büyükdere (1864), Kuzguncuk (1866), Eyyub (1868), Edirne (1872), Izmir (1872, 1874) und noch öfter in den griechischen und Balkanprovinzen.[5] In Persien und Marokko dagegen blieb trotz der allgemeinen Judenfeindlichkeit diese spezielle Anschuldigung lange Zeit so gut wie unbekannt, vermutlich weil es dort weniger Christen gab und der europäische Einfluß erst später einsetzte.[6]

Vier Merkmale sind erwähnenswert. Erstens hatte die Verleumdung fast immer ihren Ursprung innerhalb der christlichen Bevölkerung und wurde häufig von der christlichen, insbesondere der griechischen Presse hochgespielt; zweitens wurden diese Beschuldigungen manchmal unterstützt und gelegentlich sogar angezettelt von ausländischen diplomatischen Vertretern, vor allem griechischen und französischen; drittens konnten die Juden gewöhnlich auf das Wohlwollen der osmanischen Behörden zählen und auf deren Hilfe, wo sie dazu imstande waren. Schließlich, und dies in steigendem Ausmaß, konnten die gefährdeten jüdischen Gemeinden häufig an das Mitgefühl der britischen und manchmal auch der preußischen und österreichischen Repräsentanten appellieren und sogar deren aktive Unterstützung erhalten.[7]

Obwohl die Beschuldigungen in den christlichen Gemeinden begonnen zu haben scheinen, blieben sie nicht auf diese beschränkt. Anfang des 20. Jahrhunderts waren sie Teil einer antijüdischen Kampagne in einigen ägyptischen muslimischen Zeitungen und sind seitdem zum Standardthema der muslimischen antijüdischen Literatur geworden, im Vorderen Orient und anderswo. Die Berichte der britischen Vertreter in Ägypten äußern sich gelegentlich besorgt über die gefährlichen Folgen solcher Verleumdungen. Sie sprechen sich auch verärgert aus über die hilflose und manchmal eindeutig feindselige Haltung der Repräsentanten einiger anderer europäischer Mächte.

Die britische Sorge um die Juden im Vorderen Orient und in Nordafrika beruhte nicht allein auf liberalen, humanitären Grundsätzen, wenngleich deren Bedeutung im viktorianischen England nicht belächelt oder unterschätzt werden sollte. Es gab jedoch außerdem noch einige andere Überlegungen. Frankreich und Rußland, die beiden Hauptrivalen Großbritanniens, hatten faktisch Protektorate errichtet – das eine über die römisch-katholischen, das andere über die orthodoxen Christen des Osmanischen Reiches. Obzwar die Orthodoxen weitaus zahlreicher waren, durfte man auch die Katholiken nicht einfach abtun, und in Syrien und Ägypten spielten Arabisch sprechende Katholiken und Anhänger der unierten Ostkirche kommerziell wie kulturell eine wichtige Rolle. Die besondere Beziehung, die beide Staaten zu ihren Glaubensgenossen hergestellt hatten, gab ihnen – durch willkürliche Erweiterung vertraglicher Privilegien - de facto das Recht, ganz nach Belieben bei den osmanischen Behörden zu intervenieren. Überdies gewannen sie auf diese Weise äußerst nützliche Kontaktstellen und Unterstützung bei einem wichtigen, aktiven, einflußreichen Teil der osmanischen Bevölkerung.

Großbritannien und später Preußen waren demgegenüber im Nachteil. Die protestantischen Untertanen des Reiches waren dünn gesät und unbedeutend und verlangten keinen Schutz, der dem Protektor auch nichts eingebracht hätte. Zu einem Zeitpunkt scheint die britische Regierung mit dem Gedanken geliebäugelt zu haben, ihren Schutz auf die Drusen auszudehnen, wobei aber nicht viel herauskam. Im Jahre 1840 bewirkte ein Appell des philosemitischen Lord Shaftesbury, daß Palmerston sich interessiert dessen Vorstellungen über eine Repatriierung der Juden zwecks Errichtung einer nationalen Heimstatt in Palästina anhörte und sich sogar hilfreich zeigte. Er schlug vor, daß Großbritannien über das 1838 in Jerusalem geschaffene Vizekonsulat den Schutz jüdischer Interessen wahrnehmen sollte, zumindest in Palästina. Merkwürdigerweise griff Palmerston den Ereignissen im nächsten Jahrhundert vor, als er den Gedanken einer jüdischen Repatriierung mit einem Protektorat Großbritanniens verknüpfte. Er empfahl, den Juden Palästinas

> zu gestatten, sämtliche Beschwerden, die sie gegen die türkischen Behörden vorzubringen hätten, durch britische Stellen der Pforte zu übermitteln ... Es wäre höchst vorteilhaft für den Sultan, wenn die unter andere Länder Europas und Afrikas zerstreuten Juden den Anreiz bekämen, nach Palästina zu gehen und sich dort niederzulassen; denn Reichtum sowie Ordnungsliebe und Fleiß, die sie mitbrächten, würden erheblich dazu beitragen, die Ressourcen des Türkischen Reiches zu mehren und so den Fortschritt seiner Zivilsation zu fördern.

Aufgabe des britischen Schutzes wäre die Verhütung von

> Gewalt, Ungerechtigkeit und Unterdrückung, denen die Juden bislang ausgesetzt gewesen sind ... und dies insbesondere in Syrien; ... wenn der Sultan den Juden keine wahre und greifbare Sicherheit bietet, kann er sich auch nicht den Nutzen erwarten, den ihre Einwanderung nach Palästina ihm verschaffen würde.

Die britische Regierung und Königin Victoria stimmten diesen Vorstellungen zu, scheiterten jedoch am unerbittlichen Widerstand der türkischen Regierung, die – keinesweges überraschend - keinen einleuchtenden Grund sah, noch eine weitere ausländische Schutzmacht für eine weitere Gruppe ihrer eigenen Untertanen hinzunehmen. Das britische Interesse an den osmanischen Juden hielt jedoch an. Das Vizekonsulat in Jerusalem befaßte sich sehr intensiv mit jüdischen Angelegenheiten, und die britische Regierung betrachtete die Aktivitäten von Sir Moses Montefiore mit Wohlwollen. Im Jahre 1843 beispielsweise stellte Colonel Hugh Henry Rose, der britische Generalkonsul in Syrien, in seinem Bericht über Montefiores Besuch in Palästina fest, daß „sie ihn als eine Art Fürst ansehen. Allein diese Tatsache verleiht Großbritannien Einfluß auch bei den Juden, ein Umstand, den man nicht aus den Augen verlieren sollte".[8] Als Montefiore zum Baronet ernannt wurde, erwähnte der Premierminister in seinem Schreiben denn auch ausdrücklich, einer der Gründe für diese Ehrung sei der Wunsch, ihn zu unterstützen bei seinen „wahrhaft menschenfreundlichen Bemühungen, die sozialen Bedingungen der Juden in anderen Ländern zu verbessern".[9] Offenbar waren die Juden in Palästina selbst für die russische Regierung so wichtig, daß sie ihnen Schutz anbot – einen Schutz, den sie ihren einheimischen jüdischen Untertanen nicht gewährte.

Um die Jahrhundertmitte fühlten sich die westeuropäischen Juden in ihren Ländern hinreichend sicher, um aktiver zugunsten ihrer unterdrückten Brüder zu intervenieren, über deren mißliche Lage sie durch die modernen Kommunikationsmittel immer mehr erfuhren. Eine neue Phase begann 1860 mit der Gründung der *Alliance Israélite Universelle* in Paris durch eine Gruppe religiös wie politisch liberaler französischer Juden. Nachdem sie in Frankreich hinsichtlich der Bürgerrechte eine weitgehende und auch politisch eine gewisse Gleichstellung mit den Christen erreicht hatten, hielten sie es für ihre Pflicht, ihren weniger begünstigten Glaubensgenossen anderswo zu helfen. Die Ziele der Gesellschaft sind im ersten Artikel ihrer Statuten festgeschrieben:

1. Überall für die Emanzipation und die moralische Stärkung der Juden zu arbeiten.
2. Denen, die ihres Judentums wegen leiden, wirksame Hilfe zu verschaffen.
3. Die Veröffentlichung von Werken, die diesen Zwecken dienen, zu fördern.[10]

Die *Alliance* sollte, wie schon der Name sagt, eine internationale jüdische Organisation sein. Tatsächlich wurde sie bald zu einer spezifisch französischen Institution, die sich der wohlwollenden Aufmerksamkeit der Regierung erfreute und sich gelegentlich für die Unterstützung französischer Interessen einsetzte. Kurz nach ihrer Gründung unterbreitete die *Alliance* der Regierung einen Vorschlag, den offiziellen Schutz auf alle Juden im muslimischen Ländern auszudehnen, und zwar insbesondere in Nordafrika, was jedoch nicht akzeptiert wurde. Anders als Lord Palmerston in England waren die französischen Staatsmänner bereits hinreichend mit Schützlingen eingedeckt und hatten in der Hinsicht keinen weiteren Bedarf. Doch die Aktivitäten der *Alliance*, im Vorderen Orient und in Nordafrika Grund- und Berufsschulen für die jüdischen Gemeinden zu organisieren, mit Französisch als Unterrichtssprache, wurden von offizieller Seite sehr bald anerkannt und als Beitrag zur kulturellen Mission Frankreichs gewertet. Die rivalisierenden kulturellen und materiellen Interessen anderer Staaten mögen bei der Gründung ähnlicher Organisationen eine Rolle gespielt haben – der *Anglo-Jewish Association* in Großbritannien 1871, der Israelitischen Allianz in Wien 1873, des Hilfsvereins der Deutschen Juden in Berlin 1901 und des *American Jewish Committee* 1906. Solange es um rein jüdische Interessen ging, funktionierte die Zusammenarbeit dieser Organisationen harmonisch und reibungslos, handelte es sich jedoch um die Belange ihrer Länder, waren sich die Beteiligten der bestehenden Interessenkonflikte stets bewußt.

Rückblickend mögen ihre Aktivitäten zugunsten der unterdrückten Glaubensgenossen etwas weltfremd und idealistisch erscheinen. Im

20. Jahrhundert befanden sich die einst stolzen Gemeinden Deutschlands und Österreichs in weit tödlicherer Bedrängnis als irgendeine derjenigen, denen sie sich zu helfen bemühten. Manche von diesen Verfolgten suchten und fanden Zuflucht in der Türkei. Auch in Frankreich hatten die Juden, weder in der öffentlichen Meinung noch in der offiziellen Politik, jemals eine halbwegs gesicherte Position. Einer der schlimmsten judenfeindlichen Ausbrüche des 19. Jahrhunderts wurde in Damaskus 1840, wie bereits erwähnt, vom französischen Konsul angeheizt, der die volle Rückendeckung seiner Regierung besaß. Ein halbes Jahrhundert später, während der leidenschaftlichen Auseinandersetzungen um die Affäre Dreyfus, bekamen die Juden in Fankreich eine schwache Vorahnung von den Gefahren, die sie bedrohten. Wiederum ein halbes Jahrhundert danach machte die Vichy-Regierung diese Drohung zur Wirklichkeit, als sie ihnen selbst die Staatsbürgerschaft zweiter Klasse eines *ḏimmīs* verweigerte und der Sultan von Marokko, in einer weiteren historischen Kehrtwendung, seine jüdischen Untertanen vor der Unmenschlichkeit der Vichy-Behörden und ihrer nationalsozialistischen Herren und Mentoren beschützte.[11] Nur in Großbritannien und zunehmend in den Vereinigten Staaten konnten große jüdische Gemeinden überdauern und ihren eigenen Status beibehalten, so daß sie in der Lage waren, sich für ihre Glaubensgenossen einzusetzen, entweder direkt oder über die Regierungen ihrer Länder.

Trotz des wechselvollen Schicksals der französischen Judenheit und trotz des einigermaßen fragwürdigen Verhaltens auf Regierungsseite vollbrachte die *Alliance* die weitaus bedeutendste Leistung im muslimischen Bereich. Im osmanischen Vorderen Orient gab es über sechzig Schulen, neben anderen in Persien und Nordafrika, in denen arme jüdische Kinder eine reguläre Grundschul- und Berufsausbildung erhielten. Die Vertreter der *Alliance* beschränkten sich nicht auf die rein erzieherische Aufgabe, sondern kümmerten sich auch sonst um das Wohl der Gemeinden, in denen sie arbeiteten. Viele der Lehrer waren in jenen Gegenden beheimatet und wurden in den Lehrerbildungsanstalten in der Türkei und auf dem Seminar der *Alliance* in Frankreich fachlich geschult und danach zurückgeschickt, wo sie dann gewöhnlich nicht in ihren Heimatländern unterrichteten. Das Netz von Lehrern, Inspektoren und Beratern der *Alliance* erstattete ausführlich Bericht über die Lage der dortigen Juden sowie über ihr Verhältnis zu Nachbarn und Behörden.

Diese Berichte, fraglos das beste und reichhaltigste Quellenmaterial zur Geschichte der osmanischen, persischen und nordafrikanischen Juden Ende des 19. und Anfang des 20. Jahrhunderts, bieten ein bedrückendes Bild. Es liegt in der Natur dieser Dokumentation, daß sie einiger Korrekturen bedarf, da es sich ja um eine jüdische Organisation handelte, die sich ausschließlich mit ihren Glaubensgenossen befaßte. Wenn ihre Vertreter eine Verfolgung oder Mißhandlung von Juden registrieren, was sie sehr häufig tun, ist nicht immer klar, ob diese Maßnahmen gezielt gegen Juden gerichtet waren. Oft entlädt sich der aufgestaute Haß auch explosionsartig gegen alle Nichtmuslime, gegen Christen nicht minder, vielleicht sogar noch mehr, als gegen Juden. Und oft suchen sich auch die Verworrenheit, das Chaos ein Ventil – all das, was zum Dauerzustand in vielen dieser Länder geworden war, in denen jeder, ob Muslim, Christ oder Jude, gleichermaßen litt. Aber selbst wenn man das alles berücksichtigt und den natürlichen Hang einer Institution, die nach Hilfsbedürftigen sucht, einbezieht, so tritt dennoch ein Bild bedrückender Armut, Unwissenheit und Unsicherheit klar zutage.

Westliche Reisende bestätigen nahezu einstimmig den Eindruck, daß die Spanne vom Ende des 18. bis in die zweite Hälfte des 19. Jahrhunderts den Tiefpunkt in der Existenz der Juden in den muslimischen Ländern darstellte. Anfangs handelte es sich dabei zumeist um Christen, da wenige europäische Juden bereit und in der Lage waren, Reisen in muslimische Länder zu unternehmen. Allmählich riskierten es jedoch einige, deren Augenzeugenberichte die der Christen ergänzten.

In einer Zeit, da in Westeuropa die Früchte der Emanzipation zu reifen begannen, vermerkten mehrere christliche Reisende den Gegensatz zwischen den Juden, denen sie in muslimischen Landen begegneten, und jenen, die sie daheim kannten. So stellt Charles MacFarlane, der 1828 einige Zeit in Istanbul verbrachte, fest, daß die Juden „die letzten und am tiefsten entwürdigten unter den türkischen Rajahs (sind) ... befrachtet mit der einhelligen grenzenlosen Verachtung von Westeuropäern, Türken und Armeniern". Wie viele westliche Touristen bringt er das abgedroschene Klischee vom dreckigen, feigen Ostjuden und fährt fort:

> Im gesamten osmanischen Herrschaftsgebiet ist ihr Kleinmut so ungeheuerlich, daß sie schon vor der erhobenen Hand eines Kindes die Flucht ergreifen. In England dagegen werden die Juden zu tapferen, erfahrenen Faustkämpfern und geraten ebenso schnell in Rage über eine Beleidigung wie jeder andere getreue Untertan Seiner Majestät. Ein schlagender Beweis für die Auswirkungen von Unterdrückung in einem Land und für Freiheit und den Schutz durch gleiche Gesetze im anderen.[12]

Die „erhobene Hand eines Kindes" konnte eine tödliche Bedrohung darstellen, wie ein anderer englischer Reisender im gleichen Jahr konstatierte, diesmal in Marokko. Er schildert die dortigen Juden als erbärmlich und heruntergekommen und führt dies zurück auf

> die Entwürdigung, der sie selbst durch die Kinder eines wahren Gläubigen ausgesetzt sind. Ich habe einen kleinen sechsjährigen Kerl mit einer Schar dicker Knirpse von höchstens drei bis vier Jahren beobachtet, wie er ihren jungen Köpfen (sic) eintrichterte, einen Juden mit Steinen zu bewerfen; und ein winziger Bengel watschelte mit größter Unverfrorenheit zu dem Mann hin und spuckte buchstäb-

lich auf seinen „jüdischen Kaftan". In all dies muß sich der Jude wohl oder übel fügen; wollte er sich anschicken, einen Mohammedaner zu schlagen, so wäre sein Leben keinen Pfifferling mehr wert.[13]

Auch in Instanbul war die Lage kaum besser. In einer Schilderung der „Stadt des Sultans" im Jahre 1836 beschreibt Julia Pardoe das Wesentliche überaus lebendig:

Nie sah ich den Fluch, der die Kinder Israel traf, bedingungsloser verwirklicht als im Orient, wo sich wahrhaftig sagen läßt, daß „ihre Hand sich gegen jedermann richtet und jedermanns Hand gegen sie". – Wo man sie eher als Bindeglied zwischen Tier und Mensch denn als Menschen ansieht, mit den gleichen Merkmalen ausgestattet, von der gleichen Sonne erwärmt, vom gleichen kalten Wind erstarrt, von gleichen Gefühlen beseelt, von gleichen Impulsen, Freuden und Leiden wie alle anderen Sterblichen.

Die orientalischen Juden haben einen geknechteten, hoffnungslosen Ausdruck an sich, wovon der verhältnismäßig tolerante Europäer sich nicht einmal eine annähernde Vorstellung machen kann, bis er es mit eigenen Augen gesehen hat... Der verächtliche Haß, mit dem die Osmanen die Juden bedenken, läßt sich unmöglich in Worten schildern; und der ärgste türkische Flegel darf, sollte ihm ein Angehöriger des gefallenen Volkes über den Weg laufen, ungehindert geifern und sein Teil zur Erniedrigung des ausgestoßenen, umherirrenden Stammes Israel beitragen. Und auch die unterdrückte Seite wagt es nicht, sich selbst an diesem kleinen, schwachen Feind zu rächen, dem sein bloßer Name genügt, gegen ihn zu Felde zu ziehen.

Ich erinnere mich, bei dem großen Fest in Kahaichana (Kâthane) einen etwa zehnjährigen Jungen gesehen zu haben, der sich einer Gruppe von Jüdinnen näherte und sich absichtlich auf eine konzentrierte, diese war in anderen Umständen, was sie vor Übergriffen hätte schützen sollen, doch er versetzte ihr einen so heftigen Stoß, daß sie das Bewußtsein verlor, und schlug sie nieder. Als ich vorsprang, um der Unglücklichen zu helfen, wurde ich von einem Türken aus meiner Bekanntschaft zurückgezogen, einem Mann von Rang, den ich bis dahin für frei von derlei Vorurteilen gehalten hatte und der mich hieß, kein Aufsehen zu erregen und mich nicht zu berunruhigen über die Sache, da die Frau ja *nur eine Jüdin* sei! Und von den zahlreichen Türkinnen, die gaffend herumstanden, machte keine einzige auch nur den Finger krumm, um dem unglücklichen Opfer willkürlicher Grausamkeit zu helfen.[14]

Solche Praktiken überdauerten, wie sich einem Bericht des britischen Vizekonsuls in Mosul entnehmen läßt, der im Januar 1909 verfaßt wurde, also nach dem Jungtürken-Aufstand von 1908:

Das Verhalten der Muslime gegenüber den Christen und Juden, zu denen sie sich, wie bereits oben erwähnt, in einer Mehrheit von zehn zu eins befinden, ist das eines Herrn zu seinen Sklaven, die er mit einer gewissen herablassenden Duldung behandelt, solange sie sich in ihren Schranken halten. Jede auch nur andeutungsweise erhobene Forderung nach Gleichberechtigung wird im Keim erstickt. Man beobachtet häufig auf der Straße, daß nahezu jeder Christ selbst einem muslimischen Kind unterwürfig Platz macht. Wenige Tage zuvor bemerkte der Verfasser zwei achtbar aussehende Juden mittleren Alters, die in einem Garten spazierengingen. Ein kleiner muslimischer Junge, kaum älter als acht, hob im Vorübergehen einen großen Stein auf und schleuderte ihn nach den beiden. Und dann noch einen – mit äußerster Unbekümmertheit, genauso wie anderswo ein kleiner Junge auf einen Hund oder einen Vogel zielen mag. Die Juden blieben stehen und wichen dem wohlgezielten Wurf aus, erhoben aber weiter keinen Protest.[15]

Verglichen mit den persischen Juden lebten die des Osmanischen Reiches im Paradies. Der ungarische jüdische Orientalist Arminius Vámbéry, der ausgedehnte Reisen durch Persien und Zentralasien unternahm, faßt das Urteil zusammen: „Ich kenne kein elenderes, hilfloseres, mitleiderregenderes Geschöpf auf Gottes Erde als die *Jahudi* in diesen Ländern ... Der arme Jude wird gleichermaßen vom Muslim, Christen und Brahmanen verachtet, verprügelt und gequält, er ist der Ärmste der Armen und wird von Armeniern, Griechen und Brahmanen geschröpft."[16]

Der westliche Autor, der wohl am informativsten über Persien im 19. Jahrhundert schrieb, war George, der spätere Lord Curzon, dessen bedeutendes Werk *Persia and the Persian Question* 1892 erschien. Neben zahlreichen Einzelheiten sagt er zur allgemeinen Situation der Juden:

Überall in den muslimischen Ländern des Orients sind diese unglücklichen Menschen der Verfolgung ausgesetzt gewesen, so daß die Gewohnheit sie, und ebenso die übrige Welt, gelehrt hat, dies als ihr normales Los zu betrachten. Gewöhnlich gezwungen, in einem Ghetto oder separatem Stadtviertel zu leben, haben sie seit unvordenklichen Zeiten unter Benachteiligungen, Beruf, Kleidung und Bräuche betreffend, gelitten, was sie als soziale Parias von ihren Mitmenschen abgesondert hat. Die Mehrzahl der Juden in Persien betätigt sich im Handel, in der Schmuckbranche, in der Wein- und Opiumerzeugung, als Musiker, Tänzer, Straßenkehrer, Hausierer und in anderen wenig angesehenen Berufen. Selten gelangen sie in eine führende kaufmännische Position. In Isfahan, wo es 3 700 geben soll und wo sie relativ besser gestellt sind als anderswo in Persien, ist ihnen nicht gestattet, den *kolah*, die persische Kopfbedeckung zu tragen, Läden im Basar zu betreiben, die Mauern ihrer Häuser so hoch zu bauen wie ihre muslimischen Nachbarn oder auf den Straßen zu reiten. In Teheran und Kashan sind sie ebenfalls in großer Zahl zu finden und erfreuen sich einer leidlich erträglichen Lage. In Schiras sind sie sehr schlecht dran, in Bushehr wohlhabend und frei von Verfolgung. Sobald es jedoch in Persien oder anderswo einen Ausbruch von Fanatismus gibt, sind die Juden mit größter Wahrscheinlichkeit die ersten Opfer. Dann erhebt jedermann die Hand gegen sie; und wehe dem unglücklichen Juden, der als erster mit einem persischen Straßenmob zusammenstößt ... Als der Schah sich 1889 in Europa aufhielt, fand in Schiras und Isfahan ein fanatischer Aufruhr statt, der weitgehend von dem geistlichen Unruhestifter Scheich Aġa Neğefī, den ich bereits erwähnte, geschürt wurde und bei dem ein Jude in den Straßen umkam, dessen Mörder man zunächst ungestraft laufen ließ und ihn schließlich nur zur Bastonade verurteilte. Der Scheich fühlte sich zwecks Verbesserung oder Verschlimmerung der Lage bemüßigt, eine Reihe von archaischen diskriminierenden Gesetzen gegen die Juden von Isfahan zu erlassen, in denen abgefeimte Einschränkungen, Essen, Kleidung, Bräuche, Lebensführung, Vermögen, Nachlaß und Handel betreffend, verhängt wurden. Der Zil-es-Sultan wagte nicht einzuschreiten aus Angst, seine Position zu gefährden. Es war vorwiegend auf diesen Aufruhr zurückzuführen, daß eine Abordnung der *Anglo-Jewish Association* dem Schah bei seinem Aufenthalt in London ihre Aufwartung machte und ihm eine Denkschrift zum Fall ihrer persischen Glaubensgenossen überreichte. Der Schah gab Schutzzusicherungen ab, die dringend benötigt und, wie zu hoffen steht, auch verwirklicht werden.[17]

Derartige Schilderungen, denen sich viele weitere hinzufügen ließen, trugen zweifellos dazu bei, den westlichen Juden Interesse und Anteilnahme für ihre orientalischen Glaubensbrüder einzuflößen. Manche Autoren drängten sie nachdrücklich zum Handeln. So bemerkte John MacGregor, der 1869 Syrien, Palästina und Ägypten bereiste: „Die unter uns Christen in England lebenden Juden schätzen Gepflegtheit, Sauberkeit, Luxus und Eleganz – warum schicken sie den Rabbis von Galiläa nicht wenigstens Seife und Besen?“[18]

Armut und Erniedrigung waren nicht die einzigen Probleme der Juden in islamischen Ländern. Erstmals seit Jahrhunderten sahen sie sich mit Tätlichkeiten konfrontiert, nicht nur in Persien, wo solche Ausschreitungen auch früher keine Seltenheit waren, sondern ebenso in den osmanischen Gebieten und in Marokko. Ab Ende des 18. und während des 19. Jahrhunderts wurden Vertreibung, Ausbrüche von Gewalt auf den Straßen und auch Massaker immer häufiger. Zwischen 1770 und 1786 wurden die Juden aus Dschidda verjagt, woraufhin die meisten in den Jemen flüchteten. Im marokkanischen Tetuan fand 1790 ein Judenmassaker statt und 1828 eines in Bagdad. Im Jahre 1834 begann in Safed eine Serie von Gewalttätigkeiten und Plünderungen. Im persischen Mesched kam es 1839 zu einem Massenmord an Juden, gefolgt von Zwangsbekehrung der Überlebenden, und 1867 gab es ein Judenmassaker in Baboe.[19] Das Jahr 1840 brachte in Damaskus die erste einer langen Reihe von Ritualmordbeschuldigungen, viele andere Städte folgten. Weitere Gewaltausbrüche entluden sich in Marokko, Algerien, Tunesien, Libyen und in den arabischen Ländern des Vorderen Orients.

Mit der wachsenden Zentralisierung durch die Reformen des 19. Jahrhunderts wurde die osmanische Regierung in vieler Hinsicht effektiver. So gab es beispielsweise deutlich verbesserte Lebensbedingungen für die Juden in Tripolitanien und in der Cyrenaica (die zwei Provinzen, aus denen später Libyen hervorging) nach 1835, als eine direkte osmanische Verwaltung an die Stelle des früheren autonomen örtlichen Regimes trat.[20] Während der verschiedenen politischen Umwälzungen vom Beginn der Reformen bis zum Ende des Reiches taten die osmanischen Behörden meist ihr Bestes, um ihre jüdischen Untertanen gegen die

Feindseligkeit der einheimischen Bevölkerung und der rivalisierenden Minderheiten zu schützen. Wo sie scheiterten – wie es mitunter der Fall war –, geschah es eher aus Schwäche oder Indolenz als aus gezielter Böswilligkeit.

Die mit den Reformen einhergehenden Veränderungen brachten manche Erleichterung für die Lebensbedingungen der Juden im Vorderen Orient, die sich Anfang des 19. Jahrhunderts gravierend verschlechtert hatten.

Diese Verschlechterung läßt sich auf eine Anzahl von Ursachen zurückführen, die zum Teil bereits erwähnt wurden: der innere Verfall der jüdischen Gemeinden; das sinkende Bildungsniveau vor Ankunft der *Alliance* und der daraus resultierende Verlust nützlicher und gefragter Fertigkeiten; die Verdrängung der Juden aus ihren traditionellen Berufen durch besser ausgerüstete und ausgebildete, vor allem aber besser geschützte christliche Konkurrenten. Hinzu kam der allgemeine Verfall islamischer Macht und dessen Auswirkung auf muslimische Verhaltensweisen gegenüber den abhängigen Gemeinden. Anfang des 19. Jahrhunderts wurde den Muslimen der Vorsprung Europas und die eigene relative Schwäche bewußt. Die Russen hatten islamische Gebiete am Schwarzen Meer und in Transkaukasien erobert und annektiert und konnten bald darauf in die alten muslimischen Städte Zentralasiens vorrücken. Im Jahre 1798 eroberten die Franzosen mühelos Ägypten und hielten es über drei Jahre; britische, nicht muslimische Macht hatte sie zum Abzug veranlaßt. Im Jahre 1830 fielen die Franzosen in Algerien ein; 1839 nahmen die Briten Aden. Dies waren nur die ersten Schritte zur Einkreisung der islamischen Herzlande durch Briten, Franzosen und Russen.

Doch damit nicht genug. Die Russen fanden in Transkaukasien, die Franzosen in Ägypten unter den einheimischen Christen willige Mitarbeiter, die ihnen halfen, Kontrolle über die muslimische Bevölkerung auszuüben. Der Haß der Muslime auf diese Veränderungen, in denen sie eine Verletzung der althergebrachten, festgeschriebenen Grundsätze der *ḏimma* sahen, kommt deutlich in der zeitgenössischen Literatur zum Ausdruck.[21] Dieser Haß nahm zu, je weiter Russen, Franzosen, Briten und später auch Deutsche im Vorderen Orient und in Nordafrika vordrangen und immer mehr ehemalige *ḏimmīs* den europäischen Großmächten in dieser oder jener Eigenschaft dienten. Machtverlust führte zu Vertrauensverlust und dieser wiederum zum Verlust von Toleranz. Der Rest, den sich die Muslime bewahrten, wurde schweren Belastungen ausgesetzt, als die *ḏimmīs* versuchten, völlig unvereinbare Ziele – gleiche Bürgerrechte, ausländischer Schutz und nationale Unabhängigkeit – unter einen Hut zu bringen. Anstelle von Duldung kam Mißtrauen auf, und die lässige Verachtung früherer Zeiten wich einer oft wohlbegründeten Furcht, der sich gelegentlich Neid beimischte.

Bei alldem war in muslimischer Sicht nicht der Jude der Hauptschuldige, sondern vielmehr der einheimische Christ, den man als Helfershelfer der Feinde des Islam betrachtete. Aber seit der Jahrhundertmitte fielen auch für die Juden ein paar Brosamen ab, als sie dank der neuen Bildungsmöglichkeiten ebenso wie die Christen den ausländischen Regierungen und Firmen ihre Dienste in verschiedenen Berufen anbieten konnten. Wenn die Juden schon nicht als Hauptmissetäter galten, die leichtesten Opfer waren sie allemal. Die Christen waren zahlreich und wohlgeschützt; die wenigen Juden genossen bestenfalls spärlich und sporadisch Schutz durch auswärtige Mächte. In einer Zeit, in der allgemein und häufig ungezügelt Angst und Haß regierten, war es nur natürlich, daß sich die Feindseligkeit ebenso gegen jüdische wie christliche *ḏimmīs* richten mußte und daß sich Angriffe auf das Viertel konzentrierten, wo mit unmittelbarer Verteidigung oder späterer Vergeltung am wenigsten zu rechnen war.

Erschwerend kam hinzu, daß sich nicht nur die Muslime gegen die Juden wandten, sondern auch – und dies nachdrücklicher – ihre christlichen Landsleute, die sich in ihrer neuen Macht und im Schutz ihrer hohen Schirmherren sonnten und auf ihre glücklosen jüdischen Nachbarn losgingen, wobei ihr alter Fanatismus noch durch moderne Ideologien geschürt wurde. Seit den 1860er Jahren nahm der Antisemitismus europäischer Machart unter den christlichen Gemeinden des Reiches bedenklich zu. Am stärksten war er bei den Griechen vertreten, erfaßte aber auch andere Christen, darunter die arabischsprachigen in der Levante und in Ägypten. Ein Grund lag sicher in der wachsenden Aufnahmebereitschaft für Einflüsse aus Europa, wozu Theorie und Praxis des europäischen Antisemitismus gehörten; ein anderer in dem bildungsmäßigen und wirtschaftlichen Neuanfang, der sich bei den osmanischen Juden in der zweiten Hälfte des 19. Jahrhunderts abzeichnete und der christliche Kaufleute, Ladenbesitzer und Handwerker mit der Konkurrenz aus einem Viertel konfrontierte, das sie bis dahin zu ignorieren pflegten. Bezeichnenderweise wurde das Auftauchen von antisemitischen Parolen und Anschuldigungen nahezu immer flankiert von Angriffen auf jüdische Läden und Werkstätten sowie von Boykottaufrufen. Die muslimische Bevölkerung war die Letzte, die sich davon aufhetzen ließ, und die osmanischen Behörden gewährten ihren jüdischen Untertanen jeden denkbaren Schutz. Kurz vor dem Ende des Reiches flüchteten zahlreiche Juden aus Rußland, Rumänien und anderen Balkanstaaten vor der tatsächlichen oder befürchteten Verfolgung in die osmanischen Gebiete.

In Istanbul und anderen türkischen Städten scheint sich damals die Erkenntnis durchgesetzt zu haben, daß die Juden nicht die Feinde, sondern die Leidensgefährten der Türken waren. Die türkische öffentliche Meinung war nicht generell antijüdisch, und manchmal wurden amtliche

Maßnahmen ergriffen, um die Juden vor ihren einheimischen Verfolgern zu schützen. In den arabischen Provinzen des Osmanischen Reiches kam es bei einer politisch weniger versierten Bevölkerung zu häufigeren antijüdischen Ausschreitungen. In den nordafrikanischen Ländern, wo es keine einheimischen Christen gab, besaßen die Juden mehr Nutzeffekt für die imperialen Mächte und waren folglich auch ihren muslimischen Nachbarn mehr verhaßt.

Angesichts dieser Gefahren litten die Juden unter zwei großen Schwächen: ihrem ungeschützten Status, der sie zu leichten Opfern machte, und ihrem niedrigen Bildungsniveau, durch das ihnen brauchbare Fertigkeiten versagt blieben, so daß sie von Muslimen und Christen, östlichen und westlichen gleichermaßen, verachtet wurden. Es waren diese beiden Probleme, denen sich die *Alliance Israélite Universelle* und ihre Schwesterorganisationen zuwandten, wobei sie jeweils beachtliche Erfolge erzielten. Ihre Öffentlichkeitsarbeit richtete sich vor allem darauf, die legale Stellung der Juden in diesen Ländern durch bessere Gesetze und deren wirksamere Anwendung zu sichern, wobei sie mit Fürsprache und Vermittlung und auch mit Intervention operierten.

Eine wichtige Rolle spielte die Publizität. In früheren Zeiten konnten selbst Verfolgungen großen Ausmaßes praktisch unbemerkt ablaufen. Im Zeitalter von Telegraphie und Presse, mit einem den gesamten Vorderen Orient und Nordafrika umspannenden Netz der *Alliance* und anderer Institutionen, wurden Fälle von Mißhandlung oder Verfolgung sofort bekannt und publik. Solche Berichte konnten den muslimischen Herrschern ernste Schwierigkeiten bereiten, zumal in einer Zeit, da die meisten von ihnen bankrott und dringend darauf angewiesen waren, auf den europäischen Geldmärkten Anleihen aufzunehmen. Das verlieh den Fürsprachen und Interventionen jüdischer Einzelpersonen oder Organisationen oder europäischer Regierungen, die sich von 1840 an häuften, zusätzlich Nachdruck.

Als die muslimischen Länder in den europäischen Hauptstädten Botschaften einrichteten, eröffnete das eine neue Zugangsmöglichkeit. Die Besuche orientalischer Monarchen boten eine weitere Gelegenheit, und insbesondere der persische Schah Nāṣir al-Dīn wurde bei seinen drei Visiten in Europa zum Adressaten zahlreicher jüdischer Beschwerden und Forderungen.[22] Es existiert jedoch kein Beweis dafür, daß dies nennenswerte Auswirkungen auf die Lage der persischen Juden gehabt hätte, die bis zum Sturz der Kadscharen-Dynastie 1925 jammervoll blieb.

Am effektivsten war natürlich die Intervention, die über die offiziellen Kanäle einer europäischen Großmacht erfolgte. Mit der Errichtung einer direkten europäischen Kontrolle – der französischen in Nordafrika, der britischen in Süd- und Ostarabien und dann in Ägypten - wurden die Mächte selbst verantwortlich für ihre jüdischen wie für ihre anderen neuen Untertanen. Es kann kein Zweifel daran bestehen, daß die Juden – wie die Christen, nur in bescheidenerem Umfang – von dieser Veränderung beträchtlich profitierten. Selbst die brutale antisemitische Politik der Zaren im russisch beherrschten Zentralasien stellte gegenüber dem vorangegangenen Regime der Emire eine Verbesserung dar. Die britische Herrschaft in Aden, Ägypten und im Irak, die französische in Algerien, Tunesien und Marokko, die italienische in Libyen führten zu einer neuen Ära, die den Juden Fortschritte im Bildungsbereich und materielle Prosperität brachte.[23] Außerdem bewahrte sie diese Gemeinden vor dem endgültigen Auslöschen.

In den Herzlanden des Vorderen Orients blieben jedoch zwei muslimische Staaten unabhängig – Persien und das Osmanische Reich. Obwohl diese Unabhängigkeit häufig gefährdet und in gewissem Umfang von den europäischen imperialen Mächten unterhöhlt wurde, ging sie nie gänzlich verloren, und beide Länder überdauerten weit ins 20. Jahrhundert hinein als funktionsfähige Staatswesen. Und beide waren die Heimstatt alter, bedeutender jüdischer Gemeinden.

Historiker, die sich mit der osmanischen Judenheit im 19. Jahrhundert befaßten, haben die Aufmerksamkeit auf wenige große Ereignisse gelenkt, einige davon Wendepunkte in der Geschichte des Reiches insgesamt, andere ausschließlich für die Juden bedeutsam. Das erste war die Vernichtung der Janitscharen, jahrhundertelang der Hauptbestandteil des osmanischen Heeres und die letzte militärische Bastion politischer Macht. Durch Vernichtung dieser alten privilegierten Institution im Jahre 1826 suchte Sultan Mahmud II. den Eckpfeiler der Opposition zu beseitigen, die sich seinen auf Modernisierung im westlichen Sinne abzielenden Reformplänen entgegenstellte. Außerdem wollte er damit den Weg freimachen für eine Armee neuen Stils, die nach europäischen Richtlinien ausgebildet, organisiert und ausgerüstet und bedingungslos auf die Person des Sultans eingeschworen sein sollte sowie auf jedwede Politik, die ihm zu betreiben einfiel.

Man möchte meinen, daß die Beseitigung einer militärischen Gruppe, die den Hauptpfeiler reaktionärer und religiöser Opposition gegen eine Modernisierung gebildet hatte, den Juden als potentiellen Nutznießern einer liberalen Wende zugute gekommen wäre. Tatsächlich war das Gegenteil der Fall, zumindest kurzfristig. Im Laufe der Zeit hatten bestimmte reiche, prominente Juden eine sehr enge Beziehung zum Janitscharenheer geknüpft, die zwar mitunter durch Konflikte und sogar Morde unterbrochen wurde, aber dennoch überdauerte. Die Quartiermeister, Lieferanten und Kaufleute der Janitscharen waren vielfach Juden gewesen, und die Vernichtung der Truppe bedeutete einen schweren Schlag für jüdische Interessen in Istanbul und andernorts.[24]

Zugleich war dies ein wichtiger Schritt nach vorn für die Armenier, die seit kurzem an Bedeutung gewonnen hatten, und die Juden aus den ihnen verbliebenen Funktionen im öffentlichen Dienst zu verdrängen begannen. Der soziale und materielle Aufstieg der osmanischen Christen im 17. und 18. Jahrhundert ging vor allem auf das Konto von griechischen und syrischen Katholiken. Aber auch die Armenier erzielten manche Fortschritte, und seit Ende des 18. Jahrhunderts fiel den armenischen Kaufleuten, Schiffseigentümern, Fabikanten eine zunehmend wichtigere Rolle im osmanischen Wirtschaftsgefüge zu. Das Janitscharenheer und mit ihm die kleine, eng verbundene Gruppe jüdischer Kaufmannsfamilien bildeten das letzte Bollwerk jüdischer Wirtschaftsmacht. Auf die Vernichtung der Janitscharen folgte der Ruin ihrer jüdischen Partner, womit die Armenier freie Bahn hatten – im Endeffekt freilich ein Pyrrhussieg.

Sultan Mahmud II. lag viel daran, die Regierung seines Reiches zu zentralisieren, zu organisieren und zu rationalisieren. Diese Ziele bedingten auch eine gewisse Umstrukturierung der jüdischen Gemeinden, die ihm unterstanden. Die beiden großen Gemeinden der Griechen und Armenier waren jeweils nach dem Prinzip der Kirchenhierarchie organisiert: den höschsten Rang nahm der Oberhirte ein, der Autorität über alle seine Gläubigen in den osmanischen Gebieten ausübte, zugleich vom Sultan anerkannt wurde und diesem verantwortlich war. Die Juden dagegen hatten keine solche Zentralorganisation. Jede Stadt – und in den größeren jede Gemeinde – besaß eigene Rabbiner und Vorsteher. Über mehr als siebzig Jahre nach der Eroberung von Konstantinopel 1453 hatten die Sultane zwar für die Hauptstadt einen Oberrabbiner anerkannt, nicht aber für das Reich; ab 1526 existierte auch dieses Amt nicht mehr.[25] Seither gab es niemanden, der für die Juden des gesamten Reiches sprechen konnte, bis auf selbsternannte Würdenträger und Geschäftsleute. Eine derartige Anarchie war für den ordnungsliebenden Sultan unannehmbar, und auch die jüdische Gemeinde – isoliert, geschwächt und bedroht, wie sie sich fühlte – begann Unbehagen zu empfinden. Daher schuf ein Ferman des Sultans im Jahre 1835 das Amt des *hahambaşı,* des Oberrabbiners des Reichcs. Den Vorschriften entsprechend sollte er von den Juden selbst gewählt und dann vom Sultan ernannt und bestätigt werden.[26]

An diesem neuen Amt und den Institutionen, die es verwalteten, entzündete sich ein Konflikt, der auch die Juden anderer Gemeinden in der Türkei bewegte. Der sogenannte „Streit zwischen Traditionalisten und Fortschrittlichen" gehörte zu den Themen, die im 19. Jahrhundert die öffentliche Diskussion des Landes beherrschten. Die einen verlangten Modernisierung, was dort und damals hieß, die Lebensform nach westlichen Maßstäben zu gestalten. Die anderen sahen eine solche Veränderung als tödliche Gefahr für ihre religiösen und sonstigen Werte an und kämpften verzweifelt darum, die alte Ordnung zu erhalten. Natürlich hat sich die Aufmerksamkeit auf die Kontroversen zwischen Reformern und Konservativen innerhalb der türkischen muslimischen Mehrheit konzentriert. Doch es gab parallele Auseinandersetzungen in den nichtmuslimischen Gemeinden des Reiches. In den meisten Fällen setzten sich die Reformer, zumindest vorübergehend, durch. Sie brachten wesentliche Neuerungen bei den Griechen zustande, etwas später bei den Armeniern und schließlich auch bei den christlichen Arabern.

Bei den Juden scheiterten sie. Geistige Strömungen – europäische, türkische und auch jüdische – ließen die türkischen Juden unberührt. Wenn überhaupt, hatten nur wenige unter ihnen jene Art europäischer Erziehung erhalten, wie sie Griechen, Armeniern und Arabern in wachsender Zahl auf christlichen Schulen zuteil geworden war. Die Ideen der Französischen Revolution und der anschließende geistige Gärungsprozeß in den ersten Dekaden des 19. Jahrhunderts, der bei den Griechen und Armeniern gewaltige Impulse auslöste, all das scheint an den osmanischen Juden spurlos vorübergegangen zu sein. Sie lebten unbeirrt wie eh und je weiter und ließen sich auch durch die neuen Ideen, die die muslimischen Türken aufrüttelten, nicht beeindrucken. Obwohl vermutlich die meisten von ihnen Türkisch sprachen, geschah dies in einer Weise und mit einem Akzent, die sie zur beliebten Zielscheibe des Volkswitzes machten. Nur eine verschwindende Minderheit konnte Türkisch lesen und schreiben; durch die Reformen des 19. Jahrhunderts wurden es mehr, und diese fanden Beschäftigung im Staatsdienst, meist als Dolmetscher. Im geistigen Leben der Türkei spielten sie keine Rolle, und an den verschiedenen Strömungen und Diskussionen, über die sich die Türken erhitzten, nahmen sie kaum Anteil.

Ebenso unzugänglich waren sie für sämtliche Bewegungen, die Anschauungen und Perspektiven der europäischen Juden verwandelten – Chassidismus, Aufklärung, Wiederbelebung des Hebräischen, religiöse Reformen, Zionismus. All dies, für die Geschichte der Juden in Europa so bedeutsam, nahmen ihre Glaubensgenossen im Osmanischen Reich nicht zur Kenntnis, sofern sie überhaupt davon wußten.

Wo sich einige winzige Anzeichen einer Veränderung bemerkbar machten, gingen sie vorwiegend auf Druck oder Intervention von außen zurück. Es gab ein paar italienische Juden, die im 18. und mehr noch im 19. Jahrhundert aus verschiedenen Städten, vor allem aus Livorno, weggezogen waren und sich in der Levante und in Nordafrika niedergelassen hatten. Diese Livorneser, auf hebräisch Gornim genannt, wurden in zahlreichen Städten, insbesondere in Tunis, zu einem wichtigen Element im jüdischen Gemeindeleben.[27] Sie hielten Kontakt zu ihren Herkunftsländern und trugen zur Wiederaufnahme der Beziehungen zwischen osmanischen und europäischen Juden bei. Eine maßgebende Rolle spielte eine kleine Gemeinde von Sephardim aus der Türkei, die sich aus kommerziellen Gründen im 18. Jahrhundert in Wien niedergelassen hatte. Sie hatten ihre osmanische Staatsangehörigkeit behalten, die ihnen übrigens einen etwas besseren Status verlieh, als ihn die gebürtigen österreichischen Juden besaßen, und standen auch weiterhin in engem Kontakt zu Istanbul.[28]

Ein osmanischer jüdischer Philanthrop aus Wien unternahm den wohlmeinenden Versuch, im Gemeindeleben eine bescheidene Reform zu erreichen, und brachte damit die inneren Spannungen auf den Siedepunkt. Der Streit kam 1862 an die Öffentlichkeit, im 19. Jahrhundert vielleicht der einzige Fall, wo inneren Angelegenheiten der jüdischen Gemeinde in türkischen Zeitungen und in der Geschichtsschreibung Beachtung geschenkt wurde, und das auch damals nur minimal.[29] Die Krise begann mit einem Reformversuch, dem sich die ultrakonservativen Rabbiner, denen die Kontrolle der durch osmanisches Gesetz geschaffenen Institutionen oblag, erbittert widersetzten. Die Juden gerieten in Erregung und begannen sich zu befehden, bis die osmanischen Behörden sich schließlich veranlaßt sahen einzugreifen. Zunächst hatte diese Intervention einen Sieg der alten Garde und die Inhaftierung einiger Reformer zur Folge. Die Behörden schienen sich jedoch die Angelegenheit noch einmal überlegt zu haben, und 1865 erhielt die jüdische Gemeinde eine neue Verfassung, die weder von den Juden selbst stammte noch auf ihren Vorschlag zurückging, sondern ihnen von der osmanischen Regierung gegeben wurde. Sie basierte auf der Verfassung für die armenische Gemeinde, die diese ein paar Jahre zuvor bekommen hatte und die nach endlosen, heftigen Disputen von den Armeniern selbst ausgearbeitet worden war.

Diese neue Verfassung unterschied sich von der früheren Ordnung darin, daß sie den Laien eine aktive Rolle in Gemeindeangelegenheiten zudachte. Ihre Satzung sah vor, die bisher absolute, unumschränkte Herrschaft der Rabbiner dadurch zu beschneiden, daß sie in bestimmten, genau spezifizierten Fällen nunmehr einen Laienrat zu konsultieren hatten.

Trotz der Rückenstärkung durch einen Sultanserlaß gab es Sand im Getriebe. Den Rabbinern mißfiel die neue Ordnung, die frommen Gemeindemitglieder ergriffen ihre Partei – und die osmanische Regierung selbst mußte sich mit anderen dringenderen Fragen befassen. Binnen kurzem wurde die Verfassung zum toten Buchstaben, und wenn auch die Gemeinde ihre Autonomie beibehielt, hatten die Rabbiner doch wieder das Sagen. Erst als Ende des 19. Jahrhunderts die Aktivitäten der *Alliance Israélite Universelle* eine aufstrebende Generation französisch erzogener türkischer Juden hervorbrachten, begann sich in den Gemeinden des Reiches ein neuer Geist zu regen, und die ersten Fenster zum Westen öffneten sich.

Dieser Prozeß wurde begleitet und bestärkt durch eine veränderte Einstellung, die sich bei vielen Türken und Arabern entwickelte, insbesondere unter den am meisten durch liberale, patriotische Ideen beeinflußten Städtern westlicher oder halbwestlicher Prägung. Bei vielen von ihnen bestand der aufrichtige Wunsch, nichtmuslimischen Landsleuten ein Maß an Gleichheit zu gewähren und sie in gemeinsame politische Loyalität und Teilnahme am sozialen und kulturellen Leben einzubinden. In türkischen wie arabischen Städten war die Stimmung beflügelt von Liberalismus und Optimismus und dem weitverbreiteten Glauben, unter einer neuen politischen Ordnung könnten die verschiedenen Gemeinden des Reiches in Harmonie leben und für eine gemeinsame Sache arbeiten.

Zu Anfang des 20. Jahrhunderts begannen einzelne Juden sogar eine Rolle in der Politik zu spielen – eine radikale Abkehr von der jüngsten Vergangenheit und ein eindrucksvolles Zeichen für die veränderten politischen Verhaltensweisen und Vorstellungen der Mehrheit ebenso wie der Minderheiten. Die politische Rolle der Juden war unvergleichlich geringer als die der anderen Minoritäten. Bemerkenswert blieb, daß sie überhaupt eine spielten.

Selbst diese kleine Rolle wurde von manchen Beobachtern, außerhalb wie innerhalb des Reiches, als glatte Zumutung empfunden. Die volkstümliche Legendenbildung schreibt den Juden eine maßgebende Funktion in den konspirativen Ausschüssen zu, die während der Regierung von Sultan Abdulhamid II. im geheimen arbeiteten und schließlich die Jungtürken-Revolution von 1908 hervorbrachten. Die Beschuldigung, daß diese auf jüdische Drahtzieher zurückzuführen sei, tauchte fast unmittelbar danach auf. Besonders in den arabischen Provinzen nahm man die Zerschlagung der islamischen Ordnung des Sultans mit Furcht und Schrecken auf, und in mehreren Städten kam es zu Gewaltausbrüchen gegen die als gottlos angesehenen Usurpatoren.[30] Eine der Anklagen warf den Jungtürken vor, sie hätten Nichtmuslimen Macht übertragen – zu allem Überfluß auch noch Juden. Einige europäische Journalisten und Diplomaten, allen voran der britische Botschafter Sir Gerard Lowther und sein Chefdolmetscher Gerald H. Fitzmaurice, beide geradezu besessen von Verschwörungstheorien, griffen das Thema auf, und bald begannen Geschichten eines nur allzu vertrauten Typs über finstere Machenschaften und Anschläge jüdischer Freimaurer zu zirkulieren. Sie wurden im Ersten Weltkrieg als nützlich befunden, als die alliierte Propaganda nach Mitteln und Wegen suchte, das Regime der Jungtürken in der arabischen und in der islamischen Welt insgesamt zu diskreditieren.[31]

Tatsächlich war der jüdische Anteil an der Jungtürken-Bewegung vor der Revolution gering und danach praktisch gleich Null. Die Führer der Jungtürken-Bewegung, die dann 1908 ihr Ziel erreichten, waren überwiegend Muslime, zumeist aus der Türkei und den Balkanstaaten stammend, außerdem einige Araber. Es gehörten vergleichsweise verschwindend kleine Gruppen von Nichtmuslimen dazu – Griechen, Armenier, Juden und christliche Araber. Ein paar wenige Gemeinsamkeiten genügten, ein ebenso übertriebenes wie verzerrtes Bild von der Rolle dieser Minderheiten zu vermitteln. Einmal waren sie versierter in westlichen Sprachen und traten im Ausland sichtbarer in Erscheinung als ihre muslimischen Kollegen. Dann besaßen viele von ihnen eine fremde Staatsangehörigkeit oder standen unter ausländischem Schutz, so daß die osmanische Polizei keine Haussuchung bei ihnen vornehmen durfte. Das machte die Häuser zwar für Zusammenkünfte der Verschwörer geeignet, implizierte jedoch nicht, daß deren Besitzer irgendwelchen nennenswerten Einfluß hatten. Weitgehend das gleiche gilt für die Freimaurerlogen, in denen die Juden eine gewisse Rolle spielten und die für die Jungtürken eine brauchbare Tarnung abgaben. Schließlich erweckte die Tatsache, daß sich die Aktivitäten der Jungtürken außerhalb der Hauptstadt auf Saloniki, eine Hochburg der Juden, konzentrierten, den Eindruck einer weitreichenden jüdischen Beteiligung. Dieser Eindruck wurde noch bestärkt durch die Betriebsamkeit von ein bis zwei Randfiguren, vor allem eines gewissen Albert Carasso (auch Karasu), eines Juden aus Saloniki, der in Jungtürkenräten vor und während der Revolution hervortrat. Eine weitaus bedeutendere Persönlichkeit war der Ökonom Cavid Pascha, der an der Revolution teilnahm und mehrmals als Finanzminister in Jungtürken-Regierungen amtierte. Er war allerdings kein Jude, sondern ein *dönme.*

Carasso war der einzige Jude und seine Karriere von kurzer Dauer. Zu den Mitgliedern des ersten Parlaments von 1908, das nach der Revolution gewählt wurde, gehörten 147 Türken, 60 Araber, 27 Albaner, 26 Griechen, 14 Armenier, 10 Slawen (darunter Bulgaren, Serben, Mazedonier etc.) und 4 Juden. Diese Verteilung blieb in den verbleibenden Jahren des Reiches mehr oder minder konstant.[32]

Die wirtschafliche Lage der osmanischen Juden war insgesamt unverändert schlecht. Die Unterlagen der *Alliance* verzeichnen als häufigste Berufe der Eltern: Hausierer, Lumpensammler, Kesselflicker, Schuhputzer, Streichholzverkäufer und Wasserträger – durchweg keine einträglichen Metiers. Um ein einzelnes Beispiel herauszugreifen: Die jüdische Gemeinde von Silivri, einer kleinen Stadt unweit von Istanbul, wurde von Vertretern der *Alliance* im Jahre 1907 detailliert tabellarisch aufgeschlüsselt: Von 400 jüdischen Familien registrierten sie die Berufe von 282 wie folgt: 130 Hausierer, 50 Schuhputzer, 40 Wasserträger, 20 Gemischtwarenhändler, 12 Kesselflicker, 4 Fleischer, 3 Goldschmiede, 2 Flickschuster, 2 Geldwechsler, 1 Lederhändler, 1 Glaser, 7 Tuchhändler, 3 Barbiere, 3 Schankwirte, 2 Regierungsangestellte, 1 Steinmetz, 1 Kartonagenmacher und eine erhebliche Anzahl, von denen es heißt, sie täten, „was sie können“, vermutlich irgendwelche niedrigen beziehungsweise Gelegenheitsarbeiten. Darüber hinaus fertigten die meisten Frauen von Silivri Spitzen für verschiedene Unternehmer in Istanbul an. Nur 12 der 400 Familien werden von den Vertretern der *Alliance* als „Honoratioren mit wirklich gesicherter Existenz" charakterisiert. Das gleiche Bild ergibt sich in vielen anderen Gemeinden.[33]

Die Schulen der *Alliance* brachten wesentliche Veränderungen mit sich. Sie lehrten ihre Schüler Französisch und bildeten sie für handwerkliche und sonstige Berufe aus. Beides war eine wesentliche Voraussetzung, um bei den Juden im Osmanischen Reich eine Aufwärtsentwicklung in Gang zu bringen, die bis ins 20. Jahrhundert weiterlief, genauer bis nach der Revolution von 1908. Dennoch blieb ihre Stellung vergleichsweise schwach. In dieser wie in anderer Hinsicht erlebten sie nicht zusammen mit den Christen den Aufstieg, sondern den Abstieg zusammen mit den Türken, von deren Macht ihr Geschick letztlich abhing.

Die Schlußphase im Niedergang des osmanischen Judentums begann mit der Besetzung von Saloniki durch die griechische Armee Ende 1912 als Folge des Balkankrieges. Saloniki, von den Juden häufig als Inbegriff mütterlicher Geborgenheit gepriesen, war tatsächlich ein bedeutendes religiöses und kulturelles Zentrum der Juden gewesen und sicherlich die fortschrittlichste Gemeinde des Osmanischen Reiches, ein Leitbild für alle übrigen der Sephardim. Nun kam die Stadt aus türkischer unter griechische Herrschaft. Die Juden von Saloniki, denen das lange Register kommerzieller Rivalität und antisemitischer Agitation ihrer griechischen Nachbarn wohlbekannt war, sahen diesen Wechsel mit starken Befürchtungen. Ihre Ängste, wie sich ihr Los unter griechischer Oberhoheit wohl gestalten mochte, erwiesen sich als unbegründet. Dennoch hatten sie ihren Daseinszweck und damit alles verloren. Die Symbiose, in der sie mit den Türken gelebt hatten, konnten sie sich von den Griechen niemals erhoffen. Als Teil des Osmanischen Reiches hatte Saloniki auf dem Balkan ein natürliches wirtschaftliches Hinterland gehabt, das es als nordöstlicher Außenposten des griechischen Königreiches nicht mehr besaß. Im Jahre 1914 stolperte das Osmanische Reich in den Ersten Weltkrieg, und seine Juden wurden wie alle anderen Untertanen in den endgültigen Zusammenbruch mit hineingezogen. Der Verfall der jüdischen Gemeinde von Saloniki, die sowohl von ihrem wirtschaftlichen wie von ihrem jüdischen Hinterland abgeschnitten war, setzte sich unaufhaltsam fort bis zu ihrer Ausrottung durch die Nationalsozialisten.

Die Juden in Persien hatten zu jener Zeit unter den gleichen Benachteiligungen zu leiden, und das in noch größerem Maße, ohne dabei die gleichen Vorteile zu genießen wie ihre Glaubensgenossen in osmanischen Ländern. Isoliert inmitten einer feindseligen, fanatischen Bevölkerung, nur selten durch die staatlichen Behörden geschützt, hatten sie den weiteren Nachteil, in einem fernen Land zu leben, wo wenige Besucher, ob Christen oder Juden, ihre Misere wahrnahmen und darüber berichteten.

Einige gab es immerhin, und ihre nahezu übereinstimmenden Schilderungen werden durch die Vertreter der *Alliance* bestätigt, nachdem 1865 Schulen in Persien gegründet worden waren. Der jüdische Reisende J. J. Benjamin, der um die Jahrhundertmitte im Lande unterwegs war, listete 15 Punkte auf, die die Misere, in der die persischen Juden lebten, deutlich veranschaulichen:

1. In ganz Persien sind die Juden gezwungen, in einem Teil der Stadt, getrennt von den übrigen Einwohnern, zu leben, denn sie werden als unreine Kreaturen betrachtet, deren Gegenwart und Umgang beschmutzt.
2. Sie haben nicht das Recht, Handel mit Tuchwaren zu betreiben.
3. Selbst in den Straßen ihres eigenen Stadtviertels ist es ihnen nicht gestattet, ein offenes Ladengeschäft zu führen. Sie dürfen dort nur Gewürze und Heilkräuter feilbieten oder eine Goldschmiedewerkstatt betreiben, worin sie große Vollkommenheit erreicht haben.
4. Unter dem Vorwand, sie seien unrein, werden sie mit äußerster Strenge behandelt, und sollten sie eine von Muselmanen bewohnte Straße betreten, werden sie von der Jugend und vom Pöbel mit Steinen und Dreck beworfen.
5. Aus dem gleichen Grund ist es ihnen verboten, bei Regen auszugehen; denn es heißt, der Regen würde den Schmutz von ihnen abwaschen und dabei die Füße der Muselmanen besudeln.
6. Wird ein Jude als solcher in den Straßen erkannt, so ist er schlimmsten Beleidigungen ausgesetzt. Die Passanten spucken ihm ins Gesicht und schlagen ihn mitunter so erbarmungslos, daß er zu Boden stürzt und nach Hause getragen werden muß.
7. Wenn ein Perser einen Juden umbringt und die Familie des Getöteten zwei Tatzeugen benennen kann, wird der Mörder mit einer Geldbuße von 12 tumauns (600 Piaster) bestraft; können aber zwei solche Zeugen nicht beschafft werden, so bleibt das Verbrechen ungesühnt, selbst wenn es öffentlich begangen wurde und allseits bekannt ist.
8. Das Fleisch der nach jüdischem Brauch geschlachteten Tiere, das aber als *trejfe* (nicht koscher) deklariert wird, darf nicht an Muselmanen verkauft werden. Die Fleischer sind gezwungen, es zu verscharren, denn selbst die Christen wagen es nicht zu kaufen aus Angst vor dem Hohn und den Beschimpfungen der Perser.
9. Wenn ein Jude einen Laden betritt, um etwas zu kaufen, ist es ihm verboten, die Waren zu prüfen, er muß vielmehr in respektvollem Ab-

stand verharren und nach dem Preis fragen. Sollte er die Waren achtlos mit der Hand berühren, so muß er sie zu jedem Preis, den der Verkäufer dafür zu verlangen beliebt, nehmen.

10. Manchmal dringen die Perser in die Wohnungen der Juden ein und ergreifen Besitz von allem, was ihnen gerade gefällt. Sollte der Eigentümer auch nur den geringsten Widerstand zur Verteidigung seiner Habe leisten, so läuft er Gefahr, dafür mit dem Leben zu büßen.

11. Beim geringsten Streit zwischen einem Juden und einem Perser wird ersterer unverzüglich vor den Achund (religiöse Instanz) geschleppt. Kann der Kläger zwei Zeugen beibringen, verurteilt man den Juden zur Zahlung einer hohen Geldbuße. Ist er zu arm, sie bar zu entrichten, muß er mit seiner Person dafür haften. Man entkleidet ihn bis zum Gürtel, bindet ihn an einen Pfahl und verabfolgt ihm vierzig Stockschläge. Sofern der Gepeinigte während der Prozedur auch nur den leisesten Schmerzensschrei ausstößt, werden die bereits verabreichten Schläge nicht gezählt, und die Züchtigung beginnt noch einmal von vorn.

12. Dasselbe geschieht mit jüdischen Kindern, wenn sie mit denen der Muselmanen in Streit geraten – man führt sie unverzüglich dem Achund vor und bestraft sie mit Stockschlägen.

13. Wenn ein Jude in Persien reist, wird er in jedem Gasthaus und jeder Karawanserei, die er betritt, besteuert. Zögert er, irgendwelche Forderungen, die man an ihn stellen mag, zu befriedigen, fallen sie über ihn her und mißhandeln ihn so lange, bis er ihre Bedingungen erfüllt.

14. Zeigt sich, wie bereits erwähnt, ein Jude auf den Straßen an den drei Katel-Tagen (Fest der Trauer um den Tod des persischen Gründers der Religion von Ali), so wird er mit Sicherheit ermordet.

15. Täglich und stündlich werden neue Verdächtigungen gegen Juden erhoben, um Vorwände für weitere erpresserische Geldschneiderei zu bekommen; Habgier ist stets das Hauptmotiv für Fanatismus.[34]

Die Berichte der *Alliance* enthalten zahlreiche Listen über die Berufssparten der persischen Juden. So werden in einem Report aus Schiras im Jahre 1903 etwas über 5000 Juden wie folgt aufgelistet: 400 Hausierer, 200 Maurer, 102 Goldschmiede, 90 Kaufleute, 80 Weinhändler, 60 Musiker, 20 Lebensmittelhändler, 15 Fleischer, 10 Winzer, 10 Geldwechsler, 5 Textilkaufleute, 5 Juweliere, 5 Ärzte, 2 Chirurgen. Im gleichen Jahr werden für Kermanshah verzeichnet: 70 Lebensmittelhausierer, 55 Kaufleute, 44 Textilienhausierer, 27 Färber, 23 Goldschmiede, 22 Lebensmittelhändler, 15 Gepäckträger, 10 Weber, 5 Trödler, 3 Weinhändler, 3 Barbiere, 3 Synagogendiener, 3 Erdarbeiter, 2 Winzer, 2 Hebräischlehrer.[35]

Die Berichte der *Alliance* bezeugen auch zahlreiche Fälle von Mißhandlung, Demütigung und Verfolgung. Gegen Ende des Jahrhunderts intervenierte der Schah mitunter, um seine Juden vor Gewalttätigkeit des

Pöbels oder vor religiös motivierter Feindseligkeit zu schützen, doch das geschah selten und war gewöhnlich nicht sehr wirkungsvoll. Selbst die in der Vergangenheit unbekannte Ritualmordbeschuldigung erreichte nun auch Persien, und ein besonders übler Fall ereignete sich 1910 in Schiras.[36] Appelle an ausländische Regenten, die Königin (später den König) von England, den französischen Staatspräsidenten, den türkischen Sultan, waren nur bedingt hilfreich. Es gab keine wirkliche Veränderung bis nach dem Volksaufstand für eine Verfassung von 1905 und keine nennenswerte Verbesserung bis nach dem Sturz der Kadscharen-Dynastie im Jahre 1925.

In den arabischen Ländern des Vorderen Orients und Nordafrikas war die Lage der Juden eine Zeitlang wesentlich besser und wurde durch die damals in politischen Kreisen vorherrschenden liberalen Ideen und Bestrebungen enorm begünstigt. Einer von ihnen, der Ägypter James (Yaʿqūb) Sanua, besser bekannt unter seinem Pseudonym Abū Naddara (1839–1912), spielte sogar eine gewisse Rolle als patriotischer Journalist und als Dramatiker. Im allgemeinen war die Beteiligung der Juden am intellektuellen und kulturellen arabischen Leben zwar größer als bei den Türken, aber doch – mit Ausnahme des Irak – begrenzt. In anderer Hinsicht allerdings verbesserte sich ihr Bildungsstandard und damit die wirtschaftlichen Möglichkeiten, während die neue politische Ordnung ihnen ein noch nicht dagewesenes Maß an Sicherheit gewährte. Freilich hingen diese Verbesserungen mit der Etablierung westlicher Hegemonie zusammen – entweder direkt durch imperiale Herrschaft oder indirekt durch politischen und kulturellen Einfluß. Diese Verknüpfung erwies sich letztlich als verhängnisvoll für die Gemeinden, als die Vorherrschaft ins Wanken geriet und endete. Die Wege, die jüdische Gemeinden in den verschiedenen arabischen Ländern einschlugen, differierten oft ganz erheblich. Im Irak hielt die Gemeinde zwar an der alten Tradition religiöser Gelehrsamkeit fest, war aber in bezug auf Sprache und Kultur durch und durch arabisch und fest in die Gesellschaft integriert; manche ihrer Mitglieder spielten eine maßgebliche Rolle in der literarischen, musikalischen und künstlerischen Avantgarde. Die Juden in Ägypten bildeten das andere Extrem. Während die unteren Schichten weiterhin Arabisch sprachen und sich als Ägypter fühlten, war den Juden der Mittel- und Oberschicht – wie vielen Christen und sogar manchen Muslimen – Kultur und Nationalbewußtsein fremd geworden; sie verständigten sich mehr auf italienisch und später auf französisch als auf arabisch, schickten ihre Kinder auf fremdsprachige Schulen und erwarben oft die Staatsangehörigkeit eines europäischen Landes. Am Ende erlitten irakische wie ägyptische Juden das gleiche Schicksal.

Der westliche Einfluß bereitete den Untergang der islamischen Juden auf mehrfache Weise vor – nicht nur durch Mißachtung der *ḏimma,* was sie der Feindseligkeit der muslimischen Mehrheiten aussetzte, sondern auch dadurch, daß er für die Äußerung dieser Feindseligkeit neue Theorien und Formen lieferte. Vom Ende des 19. Jahrhunderts an traten als direkte Folge Bewegungen in Erscheinung, für die sich erstmals zu Recht der Begriff antisemitisch verwenden läßt. Natürlich wurzelte die Judenfeindlichkeit der Muslime in der Vergangenheit, doch in dieser Epoche bekam sie eine neue und grundlegend andere Qualität. Ausgangspunkt war die emotionsgeladene Auffassung, daß zwischen Gläubigen und Ungläubigen, zwischen Muslim und *ḏimmī* nicht mehr der gebührende Abstand gewahrt wurde, daß die Grenzen fließend geworden waren. Dieses Gefühl wurde angeheizt durch die wachsende Empörung darüber, daß die europäischen Mächte die Angehörigen der nichtmuslimischen Minoritäten begünstigten und ihnen zu ungeahnten Erfolgen verhalfen; unter fremder Herrschaft oder fremdem Einfluß gelangten sie so in einträgliche Machtpositionen, die sie in der alten muslimischen Ordnung niemals hätte erreichen können. Der Haß richtete sich mit gleicher Heftigkeit gegen Christen und Juden – gegen Christen eher noch stärker. Eine spezifische Kampagne in der unverkennbaren Sprache des europäischen christlichen Antisemitismus aber trat erstmals im 19. Jahrhundert unter den Christen in Erscheinung und entwickelte unter ihnen und danach unter den Muslimen im 20. Jahrhundert zunehmende Brisanz. Daß europäische Konsuln und Kaufleute mit den örtlichen christlichen Minderheiten zusammenarbeiteten, um die Juden zu vertreiben und dann orientalische Christen nachrücken zu lassen, wurde bereits erwähnt. Sie betätigten sich auch bei der Verbreitung gewisser Stereotypen des europäischen Antisemitismus – zum Beispiel brachten sie die Ritualmordlüge in Umlauf und entwarfen Schreckensphantasien von jüdischen Verschwörungen zur Erringung der Weltherrschaft.[37]

Die ersten antisemitischen Pamphlete in arabischer Sprache erschienen gegen Ende des 19. Jahrhunderts. Sie wurden aus den französischen Originalen übersetzt – Teil der kontroversen Literatur zur Affäre Dreyfus. Die meisten Übersetzungen stammten von arabischen Katholiken, Maroniten oder anderen Unierten. Die berüchtigtste aller antisemitischen Fälschungen, „Die Protokolle der Weisen von Zion", erschien 1927 erstmals in arabischer Übersetzung in Kairo. Es folgten viele weitere – tatsächlich gibt es jetzt mehr arabische Übersetzungen und Editionen der „Protokolle" als in irgendeiner anderen Sprache, und in den Fachbereichen vergleichende Religionswissenschaft zahlreicher arabischer Universitäten wird die Lektüre des Textes immer noch verlangt. Außerdem stehen antisemitische Schriften in arabischer Sprache heute in breitem Umfang zur Verfügung, Übersetzungen oder Bearbeitungen europäischer Originale. Dazu gehören die Standardwerke der Nationalsozialisten, die einem großen Teil der gegenwärtigen arabischen Literatur über Juden, Judaismus und jüdische Geschichte als Grundlage dienen, sowie andere derart verschiedene Autoren wie Henry Ford und Karl Marx, dessen Essay zur Judenfrage sich jetzt in arabischer Übersetzung neuer Beliebtheit erfreut.

Das Fazit von alldem ist, daß einige der infamsten Erfindungen des europäischen Antisemitismus in arabischen Ländern auf höchsten politischen und akademischen Ebenen Rückhalt und Bestätigung gefunden haben. In einem Interview, das er einem indischen Journalisten am 28. September 1958 gab, zitierte und empfahl der verstorbene Präsident Nasser die „Protokolle der Weisen von Zion" als Leitfaden für jüdische konspirative Machenschaften,[38] und in einem anderen Interview, das eine neonazistische deutsche Wochenzeitung am 1. Mai 1964 veröffentlichte, qualifizierte er den Holocaust als reines Phantasiegespinst ab und äußerte sein Bedauern über die Niederlage des Hitler-Regimes.[39] Dr. Ḥasan Zāzā, Professor für Hebräisch an der ʿAyn Šams-Universität in Kairo, gelangte, offenbar aufgrund der Damaskus-Affäre von 1840, zu dem Schluß, daß die Juden – ihren von ihm als solche ausdrücklich anerkannten eigenen Gesetzen zuwider – Christenblut zu rituellen Zwecken verwenden, und viele andere arabische Autoren, die über den Judaismus schreiben, pflichten dem bei.[40] Diese Einstellung findet sich nicht nur in eindeutig polemischen Schriften, sondern auch in vorgeblich wissenschaftlichen Arbeiten, die sich mit jüdischer Geschichte und Religion, nicht etwa mit Israel und dem Zionismus, befassen. In den Tagungsprotokollen der vierten Konferenz der Islamforschung, die im September 1968 in der Al-Azhar-Universität in Kairo stattfand, wimmelt es von diesen und ähnlichen Beschuldigungen, die häufig mit starken Worten geäußert werden.[41] Selbst Schulbücher bilden da keine Ausnahme. Eine Kommission der UNESCO, die sich aus drei Experten, darunter ein türkischer Muslim, zusammensetzte, verfaßte einen Bericht über Lehrbücher, die in den Schulen der UNRWA-Lager (United Nations Relief and Works Agency) in Jordanien, im Libanon, auf der West Bank und im Gaza-Streifen benutzt wurden. Unter den von der Kommission aufgestellten Kriterien war zu lesen:

> Alle Formulierungen, die eine Gemeinschaft als Ganzes verächtlich machen, sollten ebenfalls verboten werden, da dies, als Tatbestand an sich keinesfalls zu dulden, unter anderem zur Verletzung der unantastbarsten Persönlichkeitsrechte führen kann. Demnach sind Ausdrücke wie Lügner, Betrüger, Wucherer, Idiot, die in bestimmten Passagen auf Juden angewendet werden und die zur perfiden Sprache des internationalen Antisemitismus gehören, absolut unzulässig.

Bei 127 geprüften Lehrbüchern empfahl die Kommission: 14 ganz einzuziehen, 65 erst nach entsprechender Modifizierung zu benutzen und 48 unverändert beizubehalten. Neben anderen Problemen stellte die Kommission fest, daß in Religions- und Geschichtsbüchern dem Verhältnis zwischen dem Propheten Mohammed und den Juden Arabiens übertriebene Bedeutung zugemessen wird, in einer Ausdrucksweise, die dazu angetan ist, junge Menschen zu überzeugen, daß die jüdische Gemeinschaft von jeher ein unversöhnlicher Feind der muslimischen gewesen ist und dies auch immer bleiben wird.[42]

Der Bericht wurde auf der 82. Tagung der UNESCO in Paris am 4. April 1969 vorgelegt und nie veröffentlicht.

Der Libanon und Jordanien zählen in diesen Fragen nicht zu den extremsten Vertretern. Weitaus weniger verhaltene antijüdische Äußerungen erschienen in ägyptischen Büchern, Schulbüchern und Medien vor und auch nach dem Friedensvertrag mit Israel, von anderen radikaleren und mehr traditionsgebundenen Staaten ganz zu schweigen, wobei jeder seine eigenen ausgeprägten Vorstellungen über das Verhältnis zu den Juden verinnerlicht hat. Wie er die geschichtliche Rolle der Juden verstand, legte der verstorbene König Fayṣal auf charakteristische Weise in einem Interview dar, das er einer vielgelesenen ägyptischen Illustrierten gewährte und das am 4. August 1972 veröffentlicht wurde:

Israel hat seit dem Altertum heimtückische Absichten verfolgt. Sein Ziel ist die Vernichtung aller anderen Religionen. Aus der Geschichte läßt sich beweisen, daß sie es waren, die zur Zeit Saladins des Ajjubiden die Kreuzzüge entfesselten, damit der Krieg zur Schwächung von Muslimen wie Christen führen würde. In ihren Augen stehen alle anderen Religionen unter der ihren und andere Menschen unter ihrem Niveau. Und was das Thema Rache angeht – sie haben einen bestimmten Tag, an dem sie das Blut von Nichtjuden unter ihr Brot mischen und dieses dann verzehren. Es geschah vor zwei Jahren, als ich besuchsweise in Paris weilte, daß die Polizei fünf ermordete Kinder auffand. Man hatte sie ausbluten lassen, und es stellte sich heraus, daß ein paar Juden sie umgebracht hatten, um ihr Blut zu nehmen und es dem Brot beizumischen, das sie an jenem Tag essen. Daran erkennen Sie das Ausmaß ihres Hasses und ihrer Heimtücke gegenüber nichtjüdischen Menschen.[43]

Der saudiarabische Monarch, der seinen Besuchern Exemplare der „Protokolle" und anderer antisemitischer Pamphlete zu schenken pflegte,[44] hatte eindeutig den Weg von der traditionellen Verachtung der Juden ganz oder größtenteils zurückgelegt, um beim modernisierten, westlich geprägten Horrorbild des Juden als Verkörperung alles Bösen zu landen. Er steht nicht alleine da.

Der arabische Leser hat heutzutage die ganze Bandbreite antisemitischer Mythenbildung zur Verfügung. Mit der Einführung europäischer antisemitischen Bildmaterials wurden seine Vorstellungen ebenfalls verändert. Antijüdische Cartoons, wie sie in der arabischen Presse seit einiger Zeit beliebt sind, beziehen ihre Themen und Klischees ausschließlich aus Mittel- und Osteuropa. Dies gilt auch für Cartoons in fundamentalistischen islamischen Publikationen. Da es keine einheimische Tradition antijüdischer Karikatur gab, bedurfte es einiger pädagogischer Anstrengungen, bis man von arabischen Zeitungslesern erwarten konnte, daß sie die Symbole verstanden. Es hat den Anschein, als sei diese Umerziehung nun bewerkstelligt.

Die Propagierung antisemitischen Gedankenguts wurde weder dem Zufall überlassen noch völlig orientalischer Initiative anvertraut. Vielmehr waren es verschiedene europäische Gruppierungen, die diese Propaganda mit Nachdruck betrieben. Die wichtigste Funktion dabei hatten in diesem Jahrhundert die Nazis, die ab Anfang der dreißiger Jahre bis zur Niederlage Deutschlands 1945 keine Mühe scheuten, antisemitische Programmatik unter den Arabern zu verbreiten. Seit dem Sturz des Hitler-Regimes sind einige arabische Länder selbst zu Hauptlieferanten für antisemitische Publikationen geworden, die weltweit vertrieben werden.

Ein türkisches Buch, wahrscheinlich eine Übersetzung oder Bearbeitung aus dem Französischen, mit dem Titel „Die Affäre Dreyfus und ihre geheimen Ursachen" wurde 1898 in Istanbul veröffentlicht. Der früheste antisemitische Autor dürfte ein gewisser Ebüzziya Tevfik sein, ein bekannter Journalist und Literat der Jungtürkenperiode und Herausgeber einer Zeitschrift. Von Jugend auf zeigte er Interesse für jüdische Angelegenheiten und publizierte bereits 1888 eine Broschüre über das israelitische *millet*, worin er nicht ohne Anteilnahme alte wie neue Geschichte abhandelte. Um 1911 mauserte er sich und begann, antisemitische Pamphlete und Artikel zu veröffentlichen, für die das Material meist aus Mitteleuropa an ihn gelangt sein dürfte. Zur gleichen Zeit fanden die Juden unter den Jungtürken einen wohlgesinnten Autor in Gestalt von Celâl Nuri İleri, der in seinen Schriften mehrfach einfühlsam und verständnisvoll auf jüdische Angelegenheiten und Probleme einging.[45] Antisemitische Argumente brachten konservative Oppositionelle sowohl gegen die Jungtürken wie später gegen Kemal Atatürk vor, die sie auf diese Weise zu diffamieren suchten. Als Nebenthema existiert antisemitische Propaganda europäischen Typs in der türkischen Polemik bis zum heutigen Tage weiter, zumeist beschränkt auf die extreme Rechte und Linke. In jüngster Zeit hat sie allerdings zuzunehmen begonnen – infolge des Drucks, den arabische Interessen und Einflüsse auf Medien, Politik und Handel der Türkei ausüben.[46]

Ohne Zweifel ist die Palästinenserfrage ein Hauptfaktor für den steigenden arabischen Antisemitismus und die sich daraus ergebende Verschlechterung der Beziehungen zwischen Juden und Arabern überall. Seinem Ursprung nach handelt es sich um einen politischen Konflikt – er hat weder mit Vorurteil noch mit Dogmatismus, noch mit religiöser oder ethnischer Feindschaft zu tun; es geht vielmehr um eine spezifische, materielle Interessenkollision zwischen zwei Volksgruppen, die beide Anspruch auf denselben Lebensraum erheben. Da allerdings Zionismus und später Israel nun einmal primär Sache der Juden waren, da jüdische Minderheiten in den arabischen Ländern zur Verfügung standen und da überdies der Antisemitismus für Angriffe auf Juden alles parat hatte und Themen, Bilder, Wortschatz gebrauchsfertig lieferte, war die Versuchung, sich dessen auch zu bedienen, offenbar unwiderstehlich. Und selbstverständlich fehlte es nicht an geschickten, erfahrenen Versuchern, die den letzten Anstoß gaben.

Arabische Führer haben auf verschiedene Weise reagiert. Manche schlossen diese Verbündeten beflissen in die Arme; andere prangerten sie voll Empörung öffentlich an; einige wiederum taten beides gleichzeitig. Wenn auch die Palästinenserfrage zweifellos zur Verschlechterung der arabisch-jüdischen Beziehungen und damit der allgemeinen Lage der Juden in der muslimischen Welt beigetragen hat, so sollte dennoch ihre Bedeutung nicht überbewertet und vor allem andere Faktoren nicht vernachlässigt oder ausgeschlossen werden. Diese Verschlechterung ist Teil eines umfassenderen Wandels, der die Gesamtsituation der muslimischen Welt und ihrer Minderheiten betrifft. Daß sich die Beziehungen allgemein verschlechterten und die Toleranz immer mehr abhanden kam, schadete den Juden, aber ebenso auch anderen. Für die Juden kam jedoch außer der Palästinenserfrage noch erschwerend hinzu, daß sie leichter verwundbar waren. Den Juden in arabischen Ländern war der Zionismus entweder gleichgültig oder verhaßt, weil sie darin eine überwiegend europäische Bewegung sahen. Daß sie sich später dazu bekehrten, hing ebenso wie in manchen anderen Gegenden unmittelbar mit der Verfolgung zusammen.

Dieser Bekehrungsprozeß wurde durch Gewalt beschleunigt. Im Sommer 1940 und abermals im Februar 1941 unterbreitete der Großmufti von Jerusalem, Hāǧ Amīn al-Ḥusaynī, der, wie er sagte, im Auftrag eines interarabischen Komitees aus offiziellen und inoffiziellen Vertretern handelte, der deutschen Regierung Vorschläge für eine deutsch-arabische Kooperation zwecks Erreichung gemeinsamer Ziele. Wenn die Reichsregierung eine Erklärung herausgäbe, die er im Entwurf beilegte, um damit die Pläne des Muftis zu befürworten, könne er ihr effektive arabische Unterstützung zusichern. Der erste Entwurf für die vorgeschlagene Erklärung enthält folgende Klausel, die mit geringfügigen Änderungen im zweiten wiederkehrt:

> Deutschland und Italien anerkennen das Recht der arabischen Länder, die Frage der jüdischen Elemente, die sich in Palästina und in den anderen arabischen Ländern befinden, so zu lösen, wie es den nationalen und völkischen Interessen der Araber entspricht, und wie die Judenfrage in den Ländern Deutschland und Italien gelöst worden ist.[47]

Aus den verschiedensten Gründen gaben die Deutschen niemals eine klare Antwort auf die Forderungen des Großmuftis, doch es kann kein Zweifel bestehen, welches Ausmaß der Einfluß der Nazis, wie im Entwurf des Muftis abzulesen, zu jener Zeit im nationalistischen arabischen Lager hatte. Zwischen 1941 und 1948 kam es zu zahlreichen antijüdischen Ausschreitungen im Irak, in Syrien, Ägypten, Südarabien und Nordafrika, bei denen Hunderte von Juden getötet oder verletzt wurden, erheblich mehr ihre Arbeitsplätze verloren und ihre Häuser zerstört sahen, so daß sie obdach- und mittellos dastanden. All dies ereignete sich vor der Gründung des Staates Israel und trug zweifellos in gewissem Umfang mit zu ihr bei. Diese wiederum unterhöhlte die Stellung der Juden in den arabischen Ländern weiterhin, die bereits durch ihre deutliche Tendenz zum Westen geschwächt war und sie einer neuen Militanz aussetzte, einer Militanz, die keinen Platz mehr läßt für jene, die von der Norm abweichen. Das Ergebnis war eine Massenauswanderung aus diesen Ländern, zumeist Ende der vierziger und Anfang der fünfziger Jahre. Von 300000 Juden in Marokko bleiben etwas über 18000. Von 55000 Juden im Jemen sind knapp 1000 geblieben. In den drei großen Gemeinden in Algerien, im Irak und in Ägypten, die früher auf 135000, 125000 und 75000 geschätzt wurden, leben jeweils nur noch ein paar hundert alte Leute.[48] Auch in der Türkei ist die einst auf 80000 bis 90000 Mitglieder geschätzte jüdische Gemeinde durch Auswanderung auf ungefähr 23000 zusammengeschmolzen, während im Iran eine Rückkehr zur *ḏimma* das Beste zu sein scheint, worauf die dortigen Juden hoffen können. Eine wachsende Anzahl hat es vorgezogen, entweder nach Israel oder in die westlichen Länder zu emigrieren.

In der langen Geschichte des jüdischen Volkes hat es viele Kapitel gegeben. Im griechischen Alexandria kam Philo zur Welt, in Babylon entstand der Talmud, im mittelalterlichen Spanien eine reiche hebräische Literatur; die Juden in Deutschland und Polen schrieben wichtige Kapitel der neuzeitlichen jüdischen Geschichte. Sie sind alle dahin, nur ihre Gedenkstätten und ihr Gedächtnis bleiben. Die jüdisch-islamische Symbiose war eine weitere bedeutende, schöpferische Periode, ein langes, reiches und lebensvolles Kapitel in der jüdischen Geschichte. Es ist nun zu Ende gegangen.

Anmerkungen

Folgende Abkürzungen wurden verwendet:

AIU	*Alliance Israélite Universelle*
BAIU	*Bulletin de l'Alliance Israélite Universelle*
EI[1], EI[2]	*Encyclopaedia of Islam,* erste und zweite Auflage
JQR	*Jewish Quarterly Review*
JWH	*Journal of World History*
REJ	*Revue des Etudes Juives*

I. Der Islam und andere Religionen

1. Zur Lage der nichtmuslimischen Untertanen des muslimischen Staates liegen Untersuchungen vor von A. S. Tritton, *The Caliphs and their Non-Muslim Subjects: A Critical Study of the Covenant of 'Umar* (London, 1930; Neuauflage 1970) und von Antoine Fattal, *Le Statut légal des non-musulmans en pays d'Islam* (Beirut, 1958). Die Literatur über die verschiedenen nichtmuslimischen Gemeinschaften setzt ungleiche Schwerpunkte. Im Fall der Christen konzentriert sich die wissenschaftliche Arbeit mehr auf die Geschichte der Christenheit und der Kirchen als auf das eigentliche Leben der christlichen Gemeinden. Die einschlägige arabische Literatur ist recht reichhaltig. Zu den Standardwerken in westlichen Sprachen gehören: A. S. Atiya, *A History of Eastern Christianity* (London, 1968) und B. Spuler, *Die Morgenländischen Kirchen,* in *Handbuch der Orientalistik* (Leiden, 1964). Über Geschichte und Historiographie der Juden in islamischen Ländern sind kürzlich zwei ausgezeichnete Veröffentlichungen erschienen: Norman A. Stillman, *The Jews of Arab Lands: A History and Source Book* (Philadelphia, 1979) und Mark Cohen, *The Jews under Islam: from the Rise of Islam to Sabbatai Zevi,* in *Bibliographical Essays on Medieval Jewish Studies* (New York, 1976) S. 169 bis 229, mit Anhang wiederveröffentlicht als *Princeton Near East Paper Number 32,* Princeton, 1981. Zu den Schriften von S. D. Goitein, dem bei weitem bedeutendsten wissenschaftlichen Werk zur jüdisch-arabischen Geschichte, siehe Kapitel II, Anmerkung 1 und a. a. O. Die Geschichte von Juden wie Christen unter muslimischer Herrschaft wird behandelt in A. J. Arberry, Hrsg., *Religion in the Middle East* (Cambridge, 1969); der Band enthält bibliographisches Material. Eine Auswahl von übersetzten Dokumenten findet sich in B. Lewis, *Islam from the Prophet Muhammad to the Capture of Constantinople,* II (New York, 1974), S. 217–235. Zur islamischen Toleranz allgemein siehe Rudi Paret, *Toleranz und Intoleranz im Islam,* Saeculum 21 (1970), S. 344–365; Francesco Gabrieli, *La Tolleranza nell'Islam, La Cultura* 10 (1972), Nachdruck in id., *Arabeschi e Studi Islamici* (Neapel, 1973), S. 25 bis

36; Adel Khoury, *Toleranz im Islam* (München, 1980). In zwei weiteren Werken werden die negativen Aspekte muslimischer Verhaltensweisen herausgestellt: Bat Ye'or (Pseudonym), *Le Dhimmi: Profil de l'opprimé en Orient et en Afrique du Nord depuis la conquête arabe* (Paris 1980) und Karl Binswanger, *Untersuchungen zum Status der Nichtmuslime im Osmanischen Reich des 16. Jahrhunderts. Mit einer Neudefinition des Begriffes „Ḏimma"* (München, 1977). Das zweitgenannte vertritt einen sehr kritischen Standpunkt in bezug auf die „dogmatische Islamophilie" vieler Orientalisten.

2. Vgl. E. Gibbon, *Decline and Fall of the Roman Empire*, Bd. 5, Hrsg. J. B. Bury (London, 1909–1914), S. 332.
3. Siehe beispielsweise die Äußerungen des Ajatollah Khomeini über die Stellung der Nichtmuslime im islamischen Staat. In seinem programmatischen Buch zum islamischen Regierungssystem weist er unmißverständlich darauf hin, daß sie zur Entrichtung der Kopfsteuer herangezogen werden sollen, als Gegenleistung würden ihnen der Schutz und die Dienstleistungen des Staates geboten; sie blieben jedoch von jedweder Beteiligung am politischen Geschehen ausgeschlossen. Siehe seine *Ḥukūma Islāmiyya* (Beirut), ohne Jahr, S. 30ff.; *Vilāyat-i Faqīh*, ohne Erscheinungsort, ohne Jahr, S. 35ff.; Englische Fassung (aus dem Arabischen), *Islamic Government* (*U.S. Joint Publications Research Service* 72663, 1979), S. 22ff.; Französische Fassung (aus dem Persischen), *Pour un gouvernement islamique* (Paris, 1979), S. 31ff. Eine weitere Fassung in: Hamid Algar, *Islam and Revolution: Writings and Declarations of Imam Khomeini* (Berkeley, 1981), S. 45ff. Einer der Hauptvorwürfe, die der Ajatollah gegen den Schah erhob, war die Tatsache, daß dessen Gesetzgebung Nichtmuslimen theoretisch die Möglichkeit eröffnete (was vor dem Sturz der Monarchie nie in die Tat umgesetzt wurde), politische und richterliche Autorität über Muslime auszuüben.
4. Hierzu siehe B. Lewis, *Race and Color in Islam* (New York, 1971), überarbeitete und erweiterte französische Fassung, *Race et couleur en pays d'Islam* (Paris, 1982).
5. Mohammeds Verhältnis zu den Juden ist in der wissenschaftlichen Literatur ausgiebig behandelt worden und in jüngster Zeit auch in zahlreichen mehr oder minder populär gehaltenen Schriften auf arabisch und in anderen islamischen Sprachen. Siehe Cohen, *The Jews*, S. 176–179, und Stillman, *The Jews of Arab Lands*, S. 3–21, 113–151.

   Mohammeds Verhältnis zu den Christen hat entschieden weniger Beachtung gefunden. Über seine Vereinbarungen mit den Christen von Naǧrān siehe Werner Schmucker „Die Christliche Minderheit von Naǧrān und die Problematik ihrer Beziehungen zum frühen Islam" in Tilman Nagel, Gerd-R. Puin, Christa U. Spuler, Werner Schmucker und Albrecht Noth, *Studien zum Minderheitenproblem im Islam*, I (Bonn, 1973), S. 183–281. Zur Kurzinformation siehe die Artikel „Nadjrān" (von A. Moberg) und „Naṣārā" (von A. S. Tritton) in EI[1].
6. Siehe EI[2], „Khaybar" (von Adolf Grohmann). Zur Vertreibung der Nichtmuslime aus Arabien siehe Khoury, *Toleranz*, S. 87–88.
7. W. Cantwell Smith, *The Meaning and End of Religion.* (New York, 1964), S. 38ff., 75ff.

8. R. Paret, ,,Sure 2, 256: *la ikrāha fi d-dīni,* Toleranz oder Resignation?", *Der Islam* 45 (1969): 299–300.
9. In zwei modernen Koran-Übersetzungen werden diese Worte so wiedergegeben: ,,jusqu'à ce qu'ils paient la *jizya* directement (?) et alors qu'ils sont humiliés" (R. Blachère); ,,bis sie kleinlaut aus der Hand Tribut entrichten" (R. Paret). Andere neue Wiedergaben lauten: ,,until they give compensation (tax) for support from solidarity (shown by us to them), while they are in a state of lowliness" (F. Rosenthal); ,,until they pay the *jizya* out of ability and sufficient means, they (nevertheless) being inferior" (M. J. Kister); ,,until they give the reward due for a benefaction (since their lives are spared) while they are ignominious (namely for not having fought unto death)" (M. Bravmann). Siehe Rosenthal in *The Joshua Starr Memorial Volume* (New York, 1953), S. 68–72; Bravmann und Kister in *Arabica* 10 (1963): 94–95; 11 (1964): 272–278, 13 (1966): 307–314; 14 (1967): 90–91, 326–327; vgl. M. M. Bravmann, *The Spiritual Background of Early Islam: Studies in Ancient Arab Concepts* (Leiden, 1972), S. 199–212.
10. Zamaḫšarī, *Al-Kaššāf,* II (Kairo 1953/1954), S. 147 (Beirut, ohne Jahr), S. 262 bis 264; vgl. Al-Bayḍāwī, *Commentarius in Coranum,* I, Hrsg. H. O. Fleischer (Leipzig, 1846), S. 383–384. Zum Zahlungsmodus der *ǧizya* siehe Fattal, *Le Statut,* S. 286–288.
11. Ibn al-Naqqāš in Belin, ,,Fetwa relatif à la condition des dhimmis et particulièrement des chrétiens en pays musulmans depuis l'établissement de l'Islam jusqu'au milieu du 8e siècle de l'hégire", *Journal Asiatique,* 4. Serie, 19 (1852): 107–108.
12. Abū 'Ubayd, *Kitāb al-Amwāl* (Kairo, 1353/1954), S. 18ff., 52ff.
13. Abū Yūsuf, *Kitāb al-Ḫarāǧ* (Kairo 1382/1962–1963), S. 122–125; englische Übersetzung in Stillman, *The Jews of Arab Lands,* S. 159–161.
14. Siehe die bedeutende Abhandlung von G. E. von Grunebaum, ,,Eastern Jewry under Islam" in *Viator: Medieval and Renaissance Studies,* II (Berkeley-Los Angeles, 1971), S. 365–372; allgemein, Salo W. Baron, *A Social and Religious History of the Jews,* III (New York, 1953), a. a. O., insbesondere S. 120ff.
15. Einige Probleme der Islamisierung werden in zwei Publikationen neueren Datums untersucht: einer Monographie von R. W. Bulliet, *Conversion to Islam in the Medieval Period* (Cambridge, Mass., 1979), und einem Symposion, herausgegeben von Nehemia Levtzion, *Conversion to Islam* (New York und London, 1979), die weitere bibliographische Angaben enthalten.
16. Zu Sabäer und den verschiedenen Begriffsinterpretationen siehe EI[1], ,,al-Ṣābi'a" (von B. Carra de Vaux).
17. Siehe EI[2], Artikel ,,Dhimma" (von Claude Cahen), der weitere bibliographische Angaben enthält.
18. Zu Textbeispielen, in denen diese Beschränkungen bekanntgemacht werden, siehe Lewis, *Islam,* II, S. 217ff.
19. Zu einem kurzen Abriß über das muslimische Gesetz und die Lehre vom Heiligen Krieg siehe EI[2], ,,Djihād" (von E. Tyan), wo weitere bibliographische Angaben enthalten sind. Zu Beispielen alter und neuer Gesetzestexte siehe Rudolph Peters, *Jihad in Mediaeval and Modern Islam* (Leiden, 1977);

id., *Islam and Colonialism: The Doctrine of Jihad in Modern History* (Den Haag, 1979).

20. Siehe EI[2], „Amān" (von J. Schacht). Zu den Auseinandersetzungen zwischen ausländischen und osmanischen Juden über Steuerbefreiungen, wie sie sich in den rabbinischen Responsen widerspiegeln, siehe Eliezer Bashans Studie in *East and Maghreb: A Volume of Researches*, Hrsg. H. Z. (J. W.) Hirschberg (Ramat-Gan, 1974), S. 105–166. Zu russischen muslimischen Untertanen in Persien s. Marvin L. Entner, *Russo-Persian Commercial Relations, 1825–1912* (Gainesville, Florida, 1965), S. 14.
21. Siehe D. Santillana, *Instituzioni di Diritto Musulmano*, I (Rom, 1926), S. 69 bis 71; L. P. Harvey, „Crypto-Islam in Sixteenth Century Spain" in *Actas del Primer Congreso de Estudios Arabes e Islámicos* (Madrid, 1964), S. 163–178; al Wanšarīsī, *Asnā al-matāğir fi bayān aḫkām man ġalaba ʿala waṭanihi al-naṣārā wa-lam yuhāğir*, Hrsg. Ḥusayn Mu'nis, in *Revista del Instituto Egipcio de Estudios Islámicos en Madrid* 5 (1957): 129–191. Vgl. Bernard Lewis, *The Muslim Discovery of Europe* (New York, 1982), S. 66ff. und Khoury, *Toleranz*, S. 130ff.
22. Tritton, *The Caliphs*, und Fattal, *Le Statut*, a. a. O., insbesondere S. 97ff.
23. Zu dieser Kennzeichnung siehe EI[1], Artikel „Ghiyār" (von M. Perlmann); Tritton, *The Caliphs*, S. 115ff.; Fattal, *Le Statut*, S. 96–110.
24. S. D. Goitein, *A Mediterranean Society: The Jewish Communities of the Arab World as Portrayed in the Documents of the Cairo Geniza*, I (Berkeley und Los Angeles, 1967), S. 97; II (1971), S. 380–394; id. „Evidence on the Muslim Poll Tax from Non-Muslim Sources", *Journal of the Economic and Social History of the Orient* 6 (1963): 278–295.
25. Fattal, *Le Statut*, S. 137ff., Khoury, *Toleranz*, S. 157ff.
26. Fattal, *Le Statut*, S. 113ff., 344ff.; Khoury, *Toleranz*, S. 162ff.
27. Tritton, *The Caliphs*, S. 175ff., Khoury, *Toleranz*, S. 87ff.
28. Al-Qalqašandī, *Ṣubḥ al-Aʿšā'* XIII (Kairo, 1337/1918), S. 386; Fattal, *Le Statut*, S. 242, Khoury, *Toleranz*, S. 91.
29. Al-Nawawī, *Al-Manṯūrāt*, Hrsg. I. Goldziher, REJ 28 (1894): 94; englische Übersetzung in Lewis, *Islam*, II, S. 228–229.
30. Ibn Qutayba, *ʿUyūn al-Aḫbār*, I (Kairo, 1962), S. 43; auszugsweise zitiert von A. L. Udovitch, „The Jews and Islam in the High Middle Ages: A Case of the Muslim View of Differences", in *Settimane di Studio del Centro italiano di studi sull'alto medioevo* (Spoleto, 1980), S. 665–666. Zur gesetzlichen Frage der Einstellung von *ḏimmis* im öffentlichen Dienst siehe Khoury, *Toleranz*, S. 91–92, 166ff.
31. Abū Yūsuf, *Kitāb al-Ḫarāğ*, 3. Aufl. (Kairo 1382/1962–1963), S. 140–141; englische Übersetzung in Lewis, *Islam* II, S. 223–224.
32. E. Ashtor, „The Social Isolation of the *ahl adh-dhimma*", in *Pal Hirschler Memorial Book* (Budapest, 1949), S. 73–94; Nachdruck in id., *The Medieval Near East: Social and Economic History* (London, 1978).
33. Vgl. Koran, II, 61 und III, 108. Zur kurzgefaßten Erörterung siehe M. Perlmann, „Eleventh-Century Andalusian Authors on the Jews of Granada", *Proceedings of the American Academy for Jewish Research*, 18 (1949): 289 bis 290.

34. Zur Anti-*ḏimmī*-Propaganda siehe M. Steinschneider, *Polemische und apologetische Literatur in arabischer Sprache* (Leipzig, 1877); R. Gottheil, „An Answer to the Dhimmis", *Journal of the American Oriental Society* 41 (1921): 383–457; M. Perlmann, „Notes on Anti-Christian Propaganda in the Mamluk Empire", *Bulletin of the School of Oriental and African Studies* 10 (1942): 843–861; Perlmann, „Eleventh-Century Andalusian Authors"; S. W. Baron, *A Social and Religious History of the Jews,* V, S. 95ff. Ibn Ḥazms von Perlmann zitiertes Traktat gegen Ibn Negrella ist veröffentlicht worden; *Al-Radd ʿalā Ibn al-Naġrīla al-Yahūdī wa-rasāʾil uḫrā,* Hrsg. Iḥsān ʿAbbās (Kairo, 1380/1960). Zu weiteren antijüdischen Gedichten siehe W. J. Fischel, *Jews in the Economic and Political Life of Medieval Islam* (darunter einige weitere zeitgenössische Angriffe auf Ibn Negrella).
35. Manchmal wird der Begriff „Schwein" für beide gebraucht. Der Bezug auf Affen dürfte sich aus dem Koran herleiten (II, 61; V, 65; VII, 166). Siehe Henri Pérès, *La Poésie andalouse en arabe classique au XIe siècle* (Paris, 1953), S. 240–241; Perlmann, „Eleventh-Century Andalusian Authors", S. 287–288.
36. Im osmanischen Sprachgebrauch wurde der Name Josef für Muslime Yūsuf, für Christen Yūsūf und für Juden Yāsif (oder Yāsef) geschrieben. Für David, Jakob, Abraham und andere biblische Namen gab es ähnliche Unterscheidungen.
37. Siehe Ignaz Goldziher, *Introduction to Islamic Theology and Law* (Princeton, N. J., 1981), S. 213–216; id., *The Zahiris, Their Doctrine and Their History* (Leiden, 1971), S. 58; Amedée Querry, *Droit musulman: Recueil de lois concernant les musulmans schyites,* I (Paris, 1871–1872), S. 44 (eine Übersetzung des *Kitāb Šarāʾiʿ al-Islām* des schiitischen Rechtsgelehrten Naǧm al-Dīn Ǧaʿfar al-Ḥillī). Zu rituelle Reinheit siehe EI[1], Artikel „Ṭahāra" (von A. S. Tritton) und die Abschnitte über *Ṭahāra* (Reinheit) und *Naǧāsa* (Unreinheit) in den Standardwerken über islamisches Gesetz und Ritual.
38. Brief aus Hamadān, datiert vom 27. Oktober 1892, in AIU-Archiven, veröffentlicht in Narcisse Leven, *Alliance Israélite Universelle, cinquante ans d'histoire,* I (Paris, 1911), S. 376–377, und neuerlich von David Littmann, „Jews under Muslim Rule: The Case of Persia", *Wiener Library Bulletin,* 32 (1979): 7–8; zu einer früheren Version derselben Vorschrift siehe J. J. Benjamin II, *Eight Years in Asia and Africa from 1846 to 1855* (Hannover, 1859), S. 212. Noch im Mai 1907 erließ ein Scheich namens Muḥammad Mahdī, Führer der religiösen Partei in Kermānšāh, mit Unterstützung der Kaufleute und Handwerker Vorschriften für Muslime wie Christen. Letzteren wurde auferlegt, nicht bei Regen auszugehen, stets den Judenfleck zu tragen, keine höheren Häuser als die Muslime zu bauen, ihren Backenbart nicht zu stutzen und keine Pferde zu reiten (Bericht von Sagues, AIU-Archiv, Iran II. C. 4–8, Kermānšāh, Sagues, 1906–1907).
39. Rūḥullāh al-Mūsawī al-Khumaynī, *Risāla-i Tawżīḥ al-Masāʾil* (Teheran, ohne Jahr [1979?]), S. 15, 18.
40. Vgl. Ausführungen von S. D. Goitein, *Interfaith Relations in Medieval Islam* (New York, 1973), S. 28–29.
41. Vgl. I. Goldziher, „Usages juifs d'après la littérature religieuse des musulmans", REJ 28 (1894): 324.

42. Text in Paul Horster, *Zur Anwendung des islamischen Rechts im 16. Jahrhundert* (Stuttgart, 1935), S. 37 (Übersetzung S. 76); dito in M. Ertuğrul Düzdağ, *Şeyhülislâm Ebussuûd Efendi Fetvalari ışığinda 16. asır Türk hayatı,* (Istanbul, 1972), S. 94.
43. Fattal, *Le Statut,* S. 232 ff.; Khoury, *Toleranz,* S. 90–91, 165 ff. Manche Juristen lassen den Einsatz nichtmuslimischer Hilfstruppen bei der Kriegführung zu. „Man darf sie benutzen", sagt al-Saraḫsī, „wie man einen Hund benutzen würde." Einig sind sich die Rechtsgelehrten jedoch darin, daß *ḏimmī*-Soldaten an der Beute keinen Anteil haben, sondern einen von den muslimischen Behörden festgesetzten Sold erhalten.
44. Siehe zum Beispiel Hanina Mizrahi, *Toldot Yehudé Paras* (Jerusalem, 1966), S. 36 und das in Anmerkung 38 zitierte Dokument.
45. Der verwendete Begriff „wohnhaft" *(sakin)* ist bezeichnend. Muslimische Einwohner etwa von Damaskus oder Jerusalem werden einfach Damaszener oder Jerusalemer genannt. Von auswärts zugezogenen Muslimen und allen Nichtmuslimen, gleichgültig, wie lange sie und ihre Vorfahren in der Stadt gelebt haben, wird die einfache attributive Endung versagt (türkisch -li, arabisch -ī), und man bezeichnet sie als „wohnhaft in" der betreffenden Stadt. Zu einer ähnlichen Unterscheidung siehe Pierre Vidal-Naquet, „Du bon usage de la trahison" , Einführung zu Flavius Josèphe, *La Guerre des Juifs* – Der jüdische Krieg – (Paris 1977), S. 59–60.
46. Ahmed Refik, *Onuncu asr-ı hicride Istanbul hayatı* (Istanbul, 1333), S. 68–69; eine französische Version in Abraham Galante, *Documents officiels turcs concernant les juifs de Turquie* (Istanbul, 1931), S. 114. Siehe ferner Binswanger, *Untersuchungen,* S. 170 ff.; id. „Ökonomische Aspekte der Kleiderordnung im osmanischen Reich des 16. Jahrhunderts", *Prilozi za Orijentalnu Filologiju* 30 (1980): 51–65.
47. Ibn ʿAbdūn, *Risāla fi 'l-qaḍā' wa 'l-ḥisba,* Hrsg. E. Lévi-Provençal (Kairo, 1955), S. 43 ff.; englische Übersetzung in Lewis, *Islam,* II, S. 162–163.
48. Littman, „Jews ... Persia", S. 7.
49. Abdelmagid Turki, „Situation du ‚tributaire' qui insulte l'Islam, au regard de la doctrine et de la jurisprudence musulmanes", *Studia Islamica* 30 (1979): 39 bis 72; Khoury, *Toleranz,* S. 164 ff.
50. Horster, *Zur Anwendung,* Text, S. 32–3, deutsche Übersetzung, S. 74–75; Düzdağ, Şeyhülislâm Ebussuûd, S. 102.
51. Edward William Lane, *An Account of the Manners and Customs of the Modern Egyptians,* 5. Aufl., II (London, 1871), S. 305.
52. Robert Brunschvig, „Justice religieuse et justice laïque dans la Tunisie des Deys et des Beys jusqu'au milieu du XIVe siècle", *Studia Islamica* 23 (1965): 68; Nachdruck in id., *Etudes d'Islamologie,* II (Paris, 1976), S. 267. Anschuldigungen wegen dieses Vergehens, die oft von Verhaftung, Gefängnis und Prügelstrafe gefolgt waren, wurden während des 19. Jahrhunderts und bis ins zwanzigste hinein weiterhin erhoben.
53. Zitiert in G. Levi Della Vida, „Un'antica opera sconosciuta di Controversia Šīʿita", *Annali dell'Istituto Universitario Orientale di Napoli,* 14 (1964): 236.
54. Ibn al-Qalānisī, *Ḏayl Ta'rīḫ Dimašq,* Hrsg. H. F. Amedroz (Beirut, 1908), S. 46.

55. Šayḫ Aḥmad al-Budayrī al-Ḥallāq, *Ḥawādiṯ Dimašq al-Yawmiyya*, Hrsg. Aḥmad ʿIzzat ʿAbd al-Karīm (Damaskus, 1959), S. 112 (zit. Sh. Shamir, „Muslim-Arab Attitudes towards Jews: The Ottoman and Modern Periods", in *Violence and Defense in the Jewish Experience*, Hrsg. S. W. Baron und G. S. Wise [Philadelphia, 1977], S. 194).
56. Al-Balāḏurī, *Futūḥ al-Buldān*, Hrsg. M. J. de Goeje (Leiden, 1866), S. 162. Zu einer etwas abweichenden Übersetzung des Textes siehe P. K. Hitti, *The Origins of the Islamic State* (New York, 1916), S. 251. Vgl. Goldziher, „Usages", S. 323.
57. Yaḥyā al-Antākī, *Annales*, Hrsg. L. Cheikho, B. Carra de Vaux und H. Zayyāt, in *Corpus Scriptorum Christianorum Orientalium, Scriptores Arabici*, 3. Reihe, VI (Paris, 1909), S. 235–236; englische Übersetzung in Lewis, *Islam*, II, S. 228.
58. Al-Ḥasan ibn Manṣūr Qāḍīḫān, *Fatāwī*, III (Kairo, 1865), S. 616; englische Übersetzung in Lewis, *Islam*, II, S. 228.
59. Vgl. Uriel Heyd, „ʿAlilot dam be-Turkiya ba-me'ot ha-15 ve ha-16", *Sefunot* 5 (1961): 140ff.
60. Von dem Gedichttext existieren verschiedene Fassungen und Ausgaben. Siehe B. Lewis, „An Anti-Jewish Ode" in *Salo Baron Wittmayer Jubilee Volume* (Jerusalem, 1975), Nachdruck in B. Lewis, *Islam in History: Ideas, Men and Events in the Middle East* (London, 1973), S. 158–165.
61. Al-Qalqašandī, *Ṣubḥ*, XIII, S. 368; englische Übersetzung in Lewis, *Islam*, II, S. 225–226.
62. Al-Ṭabarī, Ta'rīḫ al-Rusul wa'l Mulūk, III, Hrsg., M. J. de Goeje u. a. (Leiden, 1879–1901), S. 1389–1390.
63. Siehe F. Babinger, *Mehmed der Eroberer und seine Zeit. Weltenstürmer einer Zeitenwende.* München 1953, S. 539ff.
64. Zu diesem Sultan siehe EI², „Bāyazīd II." (von V. J. Parry), wo weitere Literatur aufgeführt ist.
65. Diese Geschichte beruht auf einem beiläufigen Hinweis in einem Bericht des Venezianers Matteo Venier, Erzbischof von Korfu, aus dem Jahre 1568 mit dem Titel *Relazione dello stato presente del Turco.* Er wurde von E. Alberi veröffentlicht in *Le Relazioni degli ambasciatori veneti durante il secolo decimosesto*, Reihe III, *Relazioni degli stati Ottomani*, II (Florenz, 1844), S. 299, und in zwei historiographischen Standardwerken des 19. Jahrhunderts zitiert, das eine über die Türkei, das andere über die Juden: J. W. Zinkeisen, *Geschichte des osmanischen Reiches in Europa*, III. (Gotha, 1855), S. 372, und H. Graetz, *Geschichte der Juden*, IX (Leipzig, 1877), S. 439. Die Berichte Veniers, der als Priester das Land besuchte, unterscheiden sich qualitativ von denen der venezianischen Gesandten und Konsuln. Diese Geschichte, so wenig Wahrscheinlichkeitsgehalt sie auch besitzt, wurde von mehreren späteren Historikern aufgegriffen, allerdings ohne zusätzliches Dokumentationsmaterial.
66. Zu den Verfolgungen der Almohaden in Verbindung mit nordafrikanischer und jüdischer Geschichte siehe H. Z. (J. W.) Hirschberg, *A History of the Jews in North Africa*, I (Leiden, 1974), S. 123–139; J. F. P. Hopkins, *Medieval Muslim Government in Barbary* (London, 1958), S. 59–70; Roger le Tour-

neau, *The Almohad Movement in North Africa in the Twelfth and Thirteenth Centuries* (Princeton, 1969), S. 57ff., 77 etc.

67. Siehe Roger Savory, *Iran under the Safavids* (Cambridge, England, 1980).
68. Vgl. B. Lewis, „Some Observations on the Significance of Heresy in Islam", *Studia Islamica* I (1953): 43–63; überarbeitete Fassung in id. *Islam in History,* S. 227–236.
69. Zu dieser Episode siehe Stillman, *The Jews of Arab Lands,* S. 57–59, 211–225.
70. Zu diesen Werken und ganz allgemein zu den wechselseitigen kulturellen Einflüssen zwischen Judaismus und Islam siehe Hava Lazarus-Yafeh, *Some Religious Aspects of Islam* (Leiden, 1981), S. 72–89.
71. Al-Ǧāḥiẓ, *Fi'l-radd ʿala 'l-Naṣārā* in *Ṯalāṯ Rasāʾil,* 2. Aufl., Hrsg. F. Finkel (Kairo, 1382), S. 13–14, 17–18; englische Übersetzung in Stillman, *The Jews of Arab Lands,* S. 169–170. Siehe auch J. Finkel in *Journal of the American Oriental Society* (1927).
72. Charles Issawi, *The Economic History of Turkey, 1800–1914* (Chicago, 1980), S. 13–14.
73. ʿAbd al-Raḥmān ibn Ḥasan al-Ǧabartī, *ʿAǧāʾib al-āṯār fi'l-tarāǧim wa'l-aḫbār* III (Bulaq, 1297 (= 1879–80)), S. 11ff., 28, 44ff., 78, 109, 113, 208 etc., vgl. Harald Motzki, *Ḏimma und Egalité: Die nichtmuslimischen Minderheiten Ägyptens in der zweiten Hälfte des 18. Jahrhunderts und die Expedition Bonapartes (1798–1801)* (Bonn, 1979), S. 263ff., 324ff.
74. Siehe zum Beispiel die vom Autor zitierten Äußerungen in Cevdet Paşa, *Tezakir,* III, Hrsg. Cavid Baysun (Ankara, 1963), S. 236–237; englische Übersetzung in Stillman, *The Jews of Arab Lands,* S. 361.

II. Die jüdisch-islamische Tradition

1. Die Entstehung der jüdisch-islamischen Tradition und die Geschichte der Juden in der mittelalterlichen muslimischen Welt sind Gegenstand einer umfangreichen wissenschaftlichen Literatur. Auf einige der neueren ausführlichen Werke wird hier verwiesen; Angaben zu den übrigen finden sich in Mark Cohens bibliographischen Studien, die in Kapitel 1, Anmerkung 1, zitiert werden. Einen wirklich umfassenden Überblick über die gesamte Thematik bieten nach wie vor nur die Darstellungen in den Werken zur allgemeinen jüdischen Geschichte; das neueste und bei weitem das beste ist S. W. Baron, *Social and Religious History of the Jews* (New York, 1952), in dem die islamischen Länder eingehend analysiert werden. Verschiedene Aspekte in den Beziehungen zwischen Juden und Muslimen und zwischen Judaismus und Islam werden abgehandelt bei E. I. J. Rosenthal, *Judaism and Islam* (London, 1961); A. I. Katsh, *Judaism in Islam* (New York, 1962); und insbesondere S. D. Goitein, *Jews and Arabs; Their Contacts through the Ages,* 3. überarb. Aufl. (New York, 1974). Goiteins *A Mediterranean Society: The Jewish Communities of the Arab World as Portrayed in the Documents of the Cairo Geniza* (3 Bde., 4. im Druck: Berkeley und Los Angeles, 1967) zählt zu den herausragenden wissenschaftlichen Leistungen; das jüdische Leben in der mittelalterlichen islamischen Welt wird so plastisch dargestellt, daß sich damit auch für

das Studium der islamischen Geschichte selbst eine neue Dimension eröffnet. Mark R. Cohen, *Jewish Self-Government in Medieval Egypt: The Origins of the Office of Head of the Jews, ca. 1065–1126* (Princeton, 1980) ist zwar von Konzeption und Thematik her enger gefaßt, trägt aber wesentlich zum Verständnis jüdischer Gemeindeorganisation im islamischen Mittelalter bei. Unter den Büchern über spezifische Länder sind die Werke von E. Ashtor (Strauss) über die Geschichte der Juden im Ägypten und Syrien der Mameluken (3 Bde. in Hebräisch, Jerusalem, 1944–1970) und im muslimischen Spanien (2 Bde. in Hebräisch, Jerusalem, 1960–1966; englische Übersetzung Philadelphia, 1973–1979); und von J. W. (H. Z.) Hirschberg über die Juden in Nordafrika (2 Bde. in Hebräisch, Jerusalem, 1965; englische Übersetzung Leiden, 1974–1982).

2. S. D. Goitein, „Jewish Society and Institutions under Islam", *Journal of World History* II (1968): 173. Siehe auch E. Ashtor, „The Number of Jews in Mediaeval Egypt", *Journal of Jewish Studies* 18 (1967): 9–42; 19 (1968): 1–22; id., „Prolegomena to the Mediaeval History of Oriental Jewry", JQR 50 (1959): 55–68, 147–166; N. Golb, „The Topography of the Jews of Medieval Egypt", *Journal of Near Eastern Studies* 24 (1965): 251–270.
3. Geiger, *Was hat Mohammed aus dem Judenthume aufgenommen?* (Bonn, 1833, überarb. Aufl. Leipzig, 1902). Englische Übersetzung, *Judaism and Islam* (Madras, 1898).
4. Hanna Zakarias, *L'Islam, entreprise juive de Moïse à Mohammed* (Cahors, 1955); id., *L'Islam et la critique historique, la fin du mythe musulman et accueil fait aux ouvrages de Hanna Zakarias* (Cahors, 1960). Laut Maxime Rodinson („A Critical Survey of Modern Studies on Muhammad" in *Studies on Islam,* Übers. und Hrsg. Merlin L. Swartz [New York und London, 1981], S. 79, Anm. 166) war der Verfasser ein bekannter Gelehrter aus dem Dominikanerorden namens G. Thery, der ein Pseudonym benutzte, weil sein Orden ihm das Imprimatur verweigert hatte.
5. Patricia Crone und Michael Cook, *Hagarism: The Making of the Islamic World* (Cambridge, England, 1977).
6. Siehe EI², „Isrā'īliyyāt" (von G. Vajda) und „Banū Isrā'īl" (von S. D. Goitein). Gordon D. Newby, „Tafsir Isra'iliyyat: The Development of Qur'an-Commentary in Early Islam in its Relationships to Judaeo-Christian Traditions of Scriptural Commentaries", *Journal of the American Academy of Religion* 47 (1979): 685–697. Zur Durchleuchtung der Standpunkte verschiedener muslimischer Instanzen, ob es gesetzmäßig sei oder nicht, Information aus jüdischen Quellen zu akzeptieren, siehe M. J. Kister, „Ḥaddithū ʿan Banī Isrā'īla walā ḥaraja: A Study of an Early Tradition", *Israel Oriental Studies* 2 (1972): 215–239; Nachdruck in seinen *Studies in Jahiliyya and Early Islam* (London, 1980). Die Hinweise auf Juden und Judaismus im Hadith wurden eingehend untersucht von G. Vajda, „Juifs et Musulmans selon le Hadit", *Journal Asiatique* 229 (1937): 57–127. Die früheren Arbeiten von I. Goldziher geben auch heute noch wertvolle Aufschlüsse.
7. Zu dieser Frage gibt es eine umfangreiche Literatur. Zur allgemeinen Übersicht siehe EI², „al-Ḳuds" (von S. D. Goitein), wo weitere Veröffentlichungen aufgeführt sind. Eine neuere Studie ist von Hava Lazarus-Yafeh, *Some Reli-*

gious Aspects of Islam (Leiden, 1981), Kap. 5, „The Sanctity of Jerusalem in Islam", S. 58–71.

8. Aelia, der römische Name für Jerusalem, wurde auch in der Frühzeit der arabischen Herrschaft verwendet, bis man ihn dann später durch al-Quds ersetzte.
9. Al-Ṭabari, *Ta'rīḫ*, I, S. 2408–2409; englische Übersetzung in Lewis, *Islam*, II, S. 3.
10. Siehe S. 92.
11. S. D. Goitein, *Studies in Islamic History and Institutions* (Leiden, 1966), Kap. 5, „The Origin and Nature of the Muslim Friday Worship", S. 111–125 (vorher in französischer Sprache veröffentlicht in *Annales* ESC 3 (1958): 488–500.
12. Geiger, *Judaism*, S. 68–69, zit. *Mishna Berachot*, I, 2. Vgl. *The Soncino Talmud, Berachot*, S. 48–49.
13. Siehe EI², „Ḳārūn" (von D. B. Macdonald); „Hām" und „Ilyās" (von G. Vajda). Zur Verfluchung des Ham siehe auch Lewis, *Race et couleur*, S. 67–68, 141 ff.; Ephraim Isaac, „Genesis, Judaism and the ‚Sons of Ham'", in *Slavery and Abolition* I (1980): 3–17; id. „Concept biblique et rabbinique de la malédiction de Noé", *Service International de documentation judéo-chrétienne* II (1978): 16–35.
14. Eine überaus sorgfältige Überprüfung des Materials hat H. Z. (J. W.) Hirschberg vorgenommen in seinem Buch *Israel be-Arav* (Tel-Aviv, 1946).
15. Zum allgemeinen Hintergrund siehe Sidney Smith, „Events in Arabia in the 6th century A. D.", *Bulletin of the School of Oriental and African Studies* 16 (1954): 425–468; und Janos Harmatta, „The Struggle for the Possession of Southern Arabia between Aksum and the Sasanians", in *IV Congresso Internazionale di Studi Etiopici*, I (Rom, 1974), S. 95–106, insbesondere S. 103 ff. zur Rolle des jemenitischen jüdischen Königs Ḏū Nuwās, über die durch die Entdeckung und Entzifferung von zwei wichtigen himyaritischen Inschriften aus den Jahren 518–519 n. Chr. jetzt viel mehr bekannt ist.
16. Zu Jüdisch-Arabisch siehe Joshua Blau, *Dikduk ha-'Aravit ha-Yehudit shel yeme ha-benayyim* (Jerusalem, 1961); id. *Judaeo-Arabic Literature; Selected Texts* (Jerusalem, 1980); id. *The Emergence and Linguistic Background of Judaeo-Arabic* (Jerusalem, 1981).
17. Zu möglichen Verbindungen zwischen rabbinischem und islamischem Gesetz siehe Goitein, *Studies*, Kap. 6, „The Birth-Hour of Muslim Law", S. 126–134; id. „The Interplay of Jewish and Islamic Laws", *Jewish Law in Legal History and the Modern World*, Hrsg. Bernard S. Jackson (Leiden, 1980), S. 61–77; Hava Lazarus-Yafeh, „Bayn halakha ba-yahudut le-halakha ba-Islam: ʿal kama hevdelim ʿiqariyim u-mishniyim", in *Tarbiz* 51 (1982): 207–225; Robert Brunschvig, „Herméneutique normative dans le Judaïsme et dans l'Islam", in *Atti della Accademia Nazionale dei Lincei*, Reihe 8, *Rendiconti, class. Sci mor. stor. fil* 30 (1975) Rom, 1976): 1–20; id., „Vœu ou serment: Droit comparé du Judaïsme et de l'Islam", in *Hommage à Georges Vajda* (Louvain, 1980), S. 125–134.
18. Kurzer erläuternder Essay siehe G. Vajda, „Le ‚Kalām' dans la pensée religieuse juive du Moyen Age", *Revue de l'Histoire des Religions* (1973), S. 143–160.

19. N. Wieder, „Hashpa'ot Islamiyot 'al ha-pulhan ha-Yehudi“, *Melila* 2 (1946): 37–120.
20. Siehe L. A. Mayer, *L'Art juif en terre d'Islam* (Genf, 1959).
21. Siehe Mordechai A. Friedman, „Polygyny in Jewish Tradition and Practice: New Sources from the Cairo Geniza“, *Proceedings of the American Academy for Jewish Research* 49 (1982): 33–68.
22. Siehe beispielsweise Ibn Isḥāq, *Sīrat Rasūl Allāh,* Hrsg. F. Wüstenfeld (Göttingen, 1858–1860), S. 684ff.; englische Übersetzung von A. Guillaume, *The Life of Muhammad* (London, 1955), S. 461ff. Die Art, wie moderne Wissenschaftler, muslimische und westliche, das Schicksal der Banū Qurayẓa behandeln, kann als Kriterium für Einstellung und Präferenzen genommen werden. Auf einen interessanten Aspekt verweist Professor Rudi Paret in seinem Buch *Mohammed und der Koran* (Stuttgart, 1957), S. 112: „Was endlich die Massakrierung der Banū Quraiẓa angeht, so ist zu bedenken, daß die Gepflogenheiten in der damaligen Kriegführung in mancher Hinsicht brutaler waren, als wir das im Zeitalter der Genfer Konvention gewohnt sind. Mohammed muß aber mit dem Maßstab seiner eigenen Zeit gemessen werden.“
23. Siehe EI[1], „Taḳīya“ (von R. Strothmann).
24. Koran V, 6: „Die Speisen der Schriftbesitzer (was Juden oder Christen bereiteten) sind euch erlaubt.“ In der Praxis beschränkte sich das gewöhnlich auf die Juden. Zur osmanischen Regelung siehe Düzdağ, *Seyhülislâm Ebussuûd,* S. 91. Aus den Registern der osmanischen Kadis geht hervor, daß es bei den Muslimen gang und gäbe war, Fleisch bei jüdischen Schlächtern zu kaufen (siehe Amnon Cohen, *Jewish Life under Islam: Jerusalem in the 16th Century,* im Druck).
25. Zu den in jüngster Zeit unternommenen Versuchen, den Kämpfen des Propheten mit den Juden eine neue, weiterreichende Bedeutung beizumessen, siehe S. 167.
26. Moshe Perlmann, „The Medieval Polemics between Islam and Judaism“, in *Religion in a Religious Age,* Hrsg. S. D. Goitein (Cambridge, Mass., 1974), S. 106. Zu Polemik allgemein siehe M. Steinschneider, *Polemische und apologetische Literatur in arabischer Sprache zwischen Muslimen, Christen und Juden* (Leipzig, 1877); I. Goldziher, „Über muhammadanische Polemik gegen Ahl al-Kitāb“, *Zeitschrift der Deutschen Morgenländischen Gesellschaft* 32 (1878): 341–387.
27. Al-Bāqillānī, *Al-Tamhīd,* Hrsg. al-Ḫudayrī und Abū Riḍā (Kairo, 1366/1947), S. 131–148; Hrsg. R. J. McCarthy (Beirut, 1957), S. 160–190; abgehandelt von Robert Brunschvig, „L'Argumentation d'un théologien musulman du Xe siècle contre le Judaïsme“, in *Homenaje a Millas-Vallicrosa* I (Barcelona, 1954), S. 225–241.
28. Ibn Ḥazm, *Al-radd* 'alā *ibn al Naġrīla al-Yahūdī wa-rasā'il uhrā,* Hrsg. Iḥsān 'Abbās (Kairo, 1380/1960); abgehandelt in M. Perlmann, „Eleventh Century Andalusian Authors on the Jews of Granada“, *Proceedings of the American Academy for Jewish Research* 18 (1949): 271–284; und E. García Gomez, „Polémica religiosa entre Ibn Hazm y Ibn al-Nagrila“, *al-Andalus* 4 (1936: 1 bis 28. In einer von Yāqūt (*Iršād al-Arīb,* V, Hrsg. D. S. Margoliouth [London, 1911], S. 114) überlieferten Geschichte heißt es, der Damaszener Histori-

ker Ibn ʿAsākir habe seine Vortragsreihe über die Frühzeit des Kalifats unterbrochen, um eine Abhandlung „zur Verdammung der Juden und über ihre Verurteilung zu ewigem Höllenfeuer" zu diktieren. Davon ist offenbar kein Exemplar erhalten geblieben.

29. Der Standpunkt, daß sämtliche Religionen gleichermaßen falsch seien, wird, wie nicht anders zu erwarten, vom Autor nicht als seine eigene Meinung vertreten, sondern als abscheulicher Irrtum einem Gegner in den Mund gelegt. Das bekannteste Beispiel bietet ein Brief, der angeblich von einem ismailitischen Führer des 10. Jahrhunderts geschrieben wurde und von sunnitischen Autoren als exemplarisch für ismailitische Agitation zitiert wird. Siehe ʿAbd al-Qāhir al-Baġdādī, *Kitāb al-Farq bayn al-Firāq* (Kairo, ohne Jahr), S. 281; englische Übersetzung in A. S. Halkin, *Moslem Schisms and Sects* (Tel-Aviv, 1935), S. 136–137. Zu einer eher epigrammatischen Fassung, die später ebenfalls in Europa die Runde machte, siehe Niẓām al-Mulk, *Siyāsat-nāme,* Hrsg. Schefer (Paris, 1891), Kap. 47, S. 197; französische Übersetzung (Paris, 1893), S. 288; englische Übersetzung von Hubert Darke, *The Book of Government* (London, 1960), S. 236. Deutsche Übersetzung von K. E. Schabinger von Schowingen, *Nizamulmulk, Siyasatnama. Gedanken und Geschichten,* Freiburg 1960, S. 322. Ähnliche Gefühle kommen in manchen Vierzeilern von ʿUmar Ḫayyām zum Ausdruck. Der mehr positive Standpunkt, daß alle Religionen wahr seien, wird in sufischen Schriften vertreten. Zu Beispielen siehe Goldziher, *Introduction,* S. 151–152. Zu einigen Aspekten des muslimischen Menschenbildes siehe auch S. D. Goitein, „The Concept of Mankind in Islam", in *History and the Idea of Mankind,* Hrsg. W. Wager (New Mexico, 1971), S. 72–91.

30. Ibn Ṣāʿid al-Andalusī, *Kitāb Ṭabaqāt al-Umam* (Kairo, ohne Jahr), S. 131 bis 136; eine weitere Veröffentlichung von Cheikho in *Machriq* (Beirut, 1912); französische Übersetzung von Régis Blachère, *Livre des Catégories des Nations* (Paris, 1935), S. 155–161.

31. Siehe Franz Rosenthal, „The Influences of the Biblical Tradition in Muslim Historiography", in *Historians of the Middle East,* Hrsg. Bernard Lewis und P. M. Holt (London, 1962), S. 35–45.

32. Karl Jahn, *Die Geschichte der Kinder Israels des Rašīd ad-Dīn* (Wien, 1973), (Einleitung, Text, Übersetzung und Kommentar); vgl. id. „Die Geschichte der Kinder Israels in der islamischen Historiographie", *Anzeiger der phil. hist. Klasse der Österreichischen Akademie der Wissenschaften* 109 (1972): S. 67 bis 76.

33. W. F. Fischel, „Ibn Khaldūn: On the Bible, Judaism and the Jews", in *Ignace Goldziher Memorial Volume,* II (Jerusalem, 1956), S. 147–171; id., „Ibn Khaldun and Josippon", in *Homenaje a Millas-Vallicrosa,* I (Barcelona, 1954), S. 587–589.

34. Goitein, *Mediterranean Society,* I, S. 211; id., „Jewish Society", JWH, S. 175 ff.

35. Text publiziert von L. Ginzberg, *Genizah Studies in Memory of D. Solomon Schechter* (New York, 1928), S. 310–312; abgehandelt von B. Lewis, „On That Day: A Jewish Apocalyptic Poem on the Arab Conquests", in *Mélanges d'Islamologie: Volume dédié à la mémoire de Armand Abel* (Leiden, 1974),

S. 197–200; vgl. id., „An Apocalyptic Vision of Islamic History“, *Bulletin of the School of Oriental and African Studies* 13 (1950): 308–338.

36. Siehe EI², „Abū ʿĪsa“ (von S. M. Stern); *Encyclopaedia Judaica,* s. v. (von Zvi Avneri).
37. Zit. in S. W. Baron, *A Social and Religious History of the Jews,* VIII, S. 342, Anm. 91. Vgl. *Judah Halevi's Kitab al Khazari,* 2. Aufl. Übers. Hartwig Hirschfeld (London, 1931), S. 69.
38. Moshe Perlmann, Hrsg. *Saʿd b. Manṣur Ibn Kammūna's Examination of the Inquiries into the Three Faiths* (Berkeley und Los Angeles, 1969), S. 102.
39. Siehe EI², „Kaʿb al-Aḥbār“ (von M. Schmitz).
40. Siehe EI², „Abū ʿUbayda“ (von H. A. R. Gibb) und „Abū Ḥanīfa al-Nuʿmān“ (von J. Schacht).
41. Siehe EI², „Ibn Killis“ (von M. Canard).
42. Ibn Abī ʿUṣaybiʿa, *Kitāb ʿUyūn al-Anbāʾ fi Ṭabaqāt al-Aṭibbāʾ*, I (Kairo, 1299/1883), S. 260, in der Biographie von Ibn al-Tilmīḏ; zur Biographie von Abu'l-Barakāt desselben Autors siehe S. 278–280. Siehe ferner EI², „Abu'l-Barakāt“ (von S. Pines).
43. Siehe Goitein, *Mediterranean Society,* II, S. 302 ff.
44. Samaw'al al-Maġribī, *Ifḥām al-Yahūd,* Übers. und Hrsg. Moshe Perlmann (New York, 1964).
45. Ibn al-Qiftī, *Ta'rīḫ al-Ḥukamā,* Hrsg. J. Lippert (Leipzig, 1903), S. 317–319.
46. Ibn Ḥağar, *Al-Durar al-Kāmina, III (Haiderabad, 1349), S. 232–233; al-Maqrīzī; Kitāb al-Sulūk,* II/3, Hrsg. Muṣṭafā Ziyāda (Kairo, 1958), S. 189–190; al Nuwayrī, *Nihāyat al'arab,* XXX, S. 122–123; Dawlatshah, *The Tadhkirat ash-Shuʿ*arāʾ, Hrsg. E. G. Browne (London, 1901), S. 330; Walter J. Fischel, „Azarbaijan in Jewish History“, *Proceedings of the American Academy for Jewish Research* 32 (1953): 18–19.
47. Siehe beispielsweise den Ausschluß, den die Kaufmannsgilde von Fez über von islamisierten Juden abstammende Handwerker und Kaufleute verhängt hat; Einzelheiten in *Enquête sur les corporations musulmanes d'artisans et de commerçants au Maroc* von Louis Massignon, Nachdruck aus *Revue du Monde Musulman* (1925), S. 221–224. Manche der Almohaden-Herrscher haben konvertierten Juden und ihren Nachfahren sogar bestimmte Einschränkungen in bezug auf Kleidung und Eheschließung mit Angehörigen alter muslimischer Familien auferlegt. Siehe Hirschberg, *A History of the Jews in North Africa,* I, S. 201 ff.
48. Aus dem 1172 geschriebenen Brief des Maimonides an die Juden im Jemen. Englische Übersetzung in Stillman, *The Jews of Arab Lands,* S. 241; Text in *Iggeret Teman,* Hrsg. A. Halkin (New York, 1952), S. 94; vgl. S. D. Goitein, *Interfaith Relations in Medieval Islam* (New York, 1973), S. 27.
49. Zur „Beschuldigung“ wegen jüdischer Abstammung siehe I. Goldziher, *Muhammedanische Studien,* I (Halle, 1889), S. 203–205; englische Übersetzung, *Muslim Studies,* I (London, 1967), S. 186–188.
50. Siehe EI², „ʿAbdallāh b. Sabāʾ“ (von M. G. S. Hodgson). Zu früheren Erörterungen siehe I. Friedlander, „ʿAbd Allāh ibn Sabāʾ“, in *Zeitschrift für Assyriologie* (1909), S. 296–327; (1910), S. 1–47; G. Levi Della Vida, „Il Califfato di

Ali secondo il Kitāb Ansāb al-Ašrāf di al-Balādurī", in *Rivista degli Studi Orientali* (1912), S. 495, Anm. 2.

51. Siehe EI², „Ibn al-Rāwandī" (von P. Kraus [G. Vajda]).
52. Siehe EI², „ʿAbd Allāh b. Maymūn" (von S. M. Stern). Zu seiner angeblichen jüdischen Herkunft siehe B. Lewis, *The Origins of Ismailism* (Cambridge, England, 1940; Nachdruck New York, 1975), S. 67–69.
53. *Torlak* bedeutet ungezähmtes Fohlen, in übertragenem Sinne also ungestümer junger Mensch. Einige frühe Quellen sprechen von „einem *torlak* namens Hu Kemal". Zu diesem Aufstand siehe F. Babinger, „Scheich Bedr ed-Din", *Der Islam* 2 (1921): 1–106; Abdülbaki Gölpınarlı, *Simavna kadısı oğlu Şeyh Bedreddin* (Istanbul, 1966); J. v. Hammer, Geschichte des Osmanischen Reiches, I, (Pest 1827), S. 375; Ismail Hakki Uzunçarşılı, *Osmanlı Tarihi*, I (Ankara, 1961), S. 363–364, 531–532, 565.
54. Goitein, *Jews and Arabs*, S. 73.
55. Amnon Cohen, *Jewish Life*.

III. Spätes Mittelalter und frühe Neuzeit

1. Zu den Auswirkungen, die das Auftauchen der Steppenvölker für das muslimische Staatswesen mit sich brachte, siehe Lewis, *Islam in History*, S. 179 bis 198.
2. Eine kritische bibliographische Übersicht über wissenschaftliche Veröffentlichungen zur Geschichte all dieser Gemeinden bis etwa 1670 findet sich in dem Artikel von Mark R. Cohen, „The Jews under Islam", zit. in Kap. 1, Anm. 1. Zu einer umfassenden, klassifizierten Bibliographie über Nordafrika siehe Robert Attal, *Les Juifs d'Afrique du Nord: Bibliographie* (Jerusalem, 1973). Bibliographisches und dokumentarisches Material ist ferner in zwei israelischen Zeitschriften zu finden, die sich mit Geschichte und Kultur der Juden in islamischen Ländern befassen: *Sefunot* (1956–) und Pe 'amim (1979–), die beide vom Ben-Zvi Institut in Jerusalem publiziert werden. Die Universität von Haifa hat ebenfalls den ersten Band einer Reihe mit gesammelten Studien veröffentlicht, die sich mit „Erforschung und Monographien von Sephardim und Juden aus islamischen Ländern" befassen wird (*Mikkedem Umiyyam*, I [Haifa, 1981]). Zum allgemeinen Überblick über die Geschichte der Juden in islamischen Ländern vom Ende des Mittelalters bis Mitte des 19. Jahrhunderts, mit dokumentarischem und bibliographischem Anhang, siehe Yosef Tobi, Jacob Barnai und Shalom Bar-Asher, *Toldot ha-Yehudim be-artzot ha-Islam*, Hrsg. Shmuel Ettinger (Jerusalem, 1981). Die Darstellung der osmanischen Juden bei Graetz basiert zwar ausschließlich auf jüdischen und europäischen Quellen, hat aber dennoch Informationswert behalten. Die Geschichte von Baron hat bereits die islamischen Gebiete im späteren Mittelalter abgehandelt; Band 18, der sich mit den Osmanen befaßt, erschien, als dieses Buch schon in der Herstellung war.
3. Diese Responsen wurden von einigen früheren Wissenschaftlern intensiv genutzt, vor allem von Joseph Nehama, *Histoire des Israélites de Salonique*, 5 Bde. (Saloniki und Paris, 1935–1939); I. S. Emmanuel, *Histoire des Israélites*

de Salonique, I (Paris, 1936); S. Rozanes, *Divrê Yemê Yisrael be-Togarma* (= *Korot ha-Yehudim be-Turkiya ve-artzot ha-Qedem)*, Bd. I[2] (Tel-Aviv, 1930); Bde. 2–5 (Sofia, 1934–1938); Bd. 6 (Jerusalem, 1945); und unlängst in einer Artikelserie von J. Hacker. Zur Bibliographie von Responsen-Sammlungen siehe Boaz Cohen, *Kuntres ha-Teshuvot* (Budapest, 1930; Neuauflage Westmead, 1970). Allgemein siehe Jacob M. Landau, „Hebrew Sources for the Socio-Economic History of the Ottoman Empire", *Der Islam* 54 (1977): 205 bis 212, mit weiteren bibliographischen Angaben.

4. Eine kuriose Ausnahme bildet die Handschrift einer frühen türkischen anonymen Chronik, in hebräischer Schrift; Ugo Marazzi, Tevarih-i Al-i Osman: *Cronaca anonima ottomana in transcrizione ebraica* (Neapel, 1980).
5. Die beiden Werke sind: 1.) Eliyahu Kapsali, *Seder Eliyahu Zuta*, 2 Bde., Hrsg. Aryeh Shmuelevitz u. a. (Jerusalem, 1975–1977); einige Auszüge wurden wesentlich früher veröffentlicht von M. Lattes, *De Vita et scriptis Eliae Kapsalii* (Padua, 1869); 2.) Joseph ha-Kohen, *Sefer Divrê ha-Yamim lemalkhê Tsarefat u-malkhê bêt Ottoman ha-Toger*, gedruckt 1554 in Sabbioneta, Neuauflage 1733 in Amsterdam und 1859 in Lemberg. Eine englische Übersetzung von C. H. F. Bialloblotsky (*The Chronicles of Rabbi Joseph ben Joshua ben Meir the Sephardi*, 2 Bde. [London, 1836]) ist hoffnungslos ungenau. Zu diesen (und anderen) jüdischen historiographischen Werken siehe Moritz Steinschneider, *Die Geschichtsliteratur der Juden* (Frankfurt, 1905), S. 93–94, 102.
6. R. D. Barnett, „The Correspondence of the Mahamad of the Spanish and Portuguese Congregation of London during the Seventeenth and Eighteenth Centuries", in *Translations of the Jewish Historical Society of England* 20 (1964): 1–50, insbesondere S. 23ff.
7. Zu Beispielen für Studien, die ganz oder teilweise auf diesen Archiven basieren, siehe A. C. Wood, *A History of the Levant Company* (London, 1935; Nachdruck 1964); Paolo Preto, *Venezia e i Turchi* (Florenz, 1975); Erik Årup, *Studier i Engelsk og Tysk Handelshistorie* (Kopenhagen, 1907); André Raymond, *Artisans et commerçants au Caire au XVIIIe siècle*, 2 Bde. (Damaskus, 1973–1974); Robert Mantran, *Istanbul dans la seconde moitié du XVIIe siècle* (Paris, 1962); A. H. de Groot, *The Ottoman Empire and the Dutch Republic: A History of the Earliest Diplomatic Relations, 1610–1630* (Leiden-Istanbul, 1978). Diese und andere ähnliche Werke erhellen die Rolle, die Juden in den osmanisch-europäischen Beziehungen häufig im Handel und gelegentlich in der Diplomatie spielten.
8. Eine ausgezeichnete Einführung in die Reiseliteratur bietet Shirley Howard Weber, *Voyages and Travels in Greece, the Near East and Adjacent Regions, Made Previous to the Year 1801* (Princeton, 1953); id., *Voyages and Travels in the Near East Made During the XIX Century* (Princeton, 1952). Für jüdische Reisende sind die früheren Arbeiten von J. Eisenstein und anderen weitgehend überholt durch die Bibliographien und Sammlungen von Abraham Ya'ari.
9. Siehe beispielsweise die Chroniken von Raşid, anno 1077 (1666–1667) über die Hinrichtung eines Juden und einer Türkin wegen Unzucht; 1128 (1716) über die Hinrichtung von drei Juden, weil sie einen türkischen Jungen geschlagen haben; Çelebizade, 1139 (1726–1727) über den Abriß von jüdischen Behau-

sungen, um Platz zu schaffen für die Yeni Cami Moschee; 1159 (1746) über die Hinrichtung mehrerer Juden wegen tätlicher Bedrohung eines Türken.

10. Zu allgemeinen Berichten der Archive siehe EI², „Başvekalet arşivi" (von B. Lewis); Paul Dumont, „Les Archives ottomans de Turquie", in *Les Arabes par leurs archives (XVIe–XXe siècles)*, Hrsg. Jacques Berque und Dominique Chevallier (Paris, 1976), S. 229–243; S. J. Shaw, „Archival Sources for Ottoman History: The Archives of Turkey", *Journal of the American Oriental Society* 80 (1960): 1–12; Midhat Sertoğlu, *Muhteva bakımından Başvekâlet Arşivi* (Ankara, 1955); Attilâ Çetin, *Başbakanlık Arşivi Kılavuzu* (Istanbul, 1979); J. Reychman und A. Zajączkowski, *Handbook of Ottoman Turkish Diplomatics* (Den Haag-Paris, 1968). Zu den *Tapu*-Serien siehe Ö. L. Barkan, „Les grands recensements de la population et du territoire de l'Empire ottoman", *Revue de la faculté des sciences économiques de l'Université d'Istanbul* 2 (1940): 21–34, 168–179; id., „Essai sur les données statistiques des registres de recensement dans l'Empire ottoman au XVe et XVIe siècles", *Journal of the Economic and Social History of the Orient* (1957), S. 36–39; id., „Daftar-i Khāḳānī, in EI².

11. Ömer Lûtfi Barkan, „Quelques observations sur l'organisation économique et sociale des villes ottomanes des XVIe et XVIIe siècles", in *Recueils Société Jean Bodin, La Ville,* II (Brüssel, 1955), S. 295.

12. Mark Alan Epstein, *The Ottoman Jewish Communities and Their Role in the Fifteenth and Sixteenth Centuries* (Freiburg, 1980).

13. B. Lewis, „Judaeo-Osmanica", in *Thought and Action: Essays in Memory of Simon Rawidowicz on the 25th Anniversary of his Death,* Hrsg. A. A. Greenbaum und Alfred L. Ivry (1983), S. I–VIII.

14. Amnon Cohen, *Yehudê Yerushalayim ba-mea ha-shesh' esreh lefi te'udot Turkiyot shel bet ha-din ha-Shar'i* (Jerusalem, 1976). Zu dieser Art von Dokumentation, nach den Registern von Bursa, siehe Halil İnalcık, „Osmanlı İdare, Sosyal ve Ekonomik Tarihiyle ilgili Belgeler", *Belgeler: Türk Tarih Belgeleri Dergisi* 10 (1980): 1–91, insbesondere Dokumente 2, 9, 24, 46, 75, 89, 107, 115, 118, 134, 151, 156. Sämtliche in dieser Studie veröffentlichten 190 Dokumente wurden zwischen Februar 1484 und Januar 1486 abgefaßt. Zu Regesten, ohne Text, aus den Registern von Ankara vom März 1583 bis Februar 1584 siehe Halit Ongan, *Ankara'nın I Numarali Şer'iye Sicili* (Ankara, 1958), insbesondere die Nummern 107, 654, 997, 1112, 1114. Beispiele aus Sofia in Galab D. Galabov, *Die Protokollbücher des Kadiamtes Sofia,* Hrsg. H. W. Duda (München, 1960); Index, s. v. „Jude".

15. Eine Anzahl von Artikeln zu verschiedenen Aspekten der osmanischen jüdischen Geschichte finden sich in *Christians and Jews in the Ottoman Empire,* 2 Bde., Hrsg. Benjamin Braude und Bernard Lewis (New York, 1982). Der Anhang enthält eine kurze klassifizierte Bibliographie. Hier und ebenso in den relevanten Abschnitten der Artikel von Mark Cohen sind die Schriften der frühneuzeitlichen Chronisten aufgeführt wie Franco, Rozanes und Galante; die Studien der zweiten Generation über rabbinische Responsen (z. B. Goodblatt, Emmanuel und Zimmels); und neuere wissenschaftliche Monographien, die auf türkischen Archiven basieren (Heyd, Ankori, Amnon Cohen, Epstein etc.). Zu erwähnen wären noch etliche Artikel von Haim Gerber

zum wirtschaftlichen Leben der osmanischen Juden, speziell in Bursa, die sowohl auf türkischen wie auf rabbinischen Quellen fußen. Siehe vor allem *Sefunot* I (1980); *Zion* 14 (1980); *Michael* 7 (1982) und auf englisch *JQR* 71 (1981).

16. Braude und Lewis, *Christians and Jews,* I, S. 11–12, 117ff. (von J. R. Hacker); Barkan, „Osmanlı İmparatorluğunda bir iskân ve Kolonizasyon metodu olarak sürgünler", *Istanbul Üniversitesi İktisat Fakültesi Mecmuasi,* II (1949 bis 1950): 524–561; 13 (1951–1952): 56–78; 15 (1953–1954): 209–236; id., „Les déportations dans l'Empire ottoman" *Revue de la faculté des sciences économiques de l'Université d'Istanbul* 2 (1949–1950): 67–131; Halil İnalcik, „Ottoman Methods of Conquest", *Studia Islamica* 2 (1954), insbesondere S. 122ff.; id., EI², „Istanbul", Epstein, Index. Studie, mit Dokumenten, über Deportationen nach und von Manisa in Anatolien, siehe M. Çağatay Uluçay, „Sürgünler", *Belleten* 15 (1951): 507–592. Mehrere von Uluçays Dokumenten beziehen sich auf die Deportation oder Begnadigung jüdischer Verbrecher (z. B. S. 519, 532, 543, 554, 587, 591).
17. Jüdisches Beweismaterial in Kapsali, *Seder Eliyahu Zuta,* I, S. 81ff.; vgl. Rozanes, *Divrê Yemê,* I, S. 21–22, und Galante, *Histoire des Juifs d'Istanbul,* I (Istanbul, 1941), S. 3–5.
18. Topkapı Palast Archive D 9524. Dieses Dokument wurde offenbar auszugsweise erstmals am 26. Juli 1948 in der türkischen Zeitung *Vatan* veröffentlicht. Das bildete die Grundlage für die Textanalyse von Alfons Maria Schneider, „Die Bevölkerung Konstantinopels im XV. Jahrhundert", *Nachrichten der Akademie der Wissenschaften in Göttingen: Phil. Hist. Klasse* 9 (1949): 240ff.; eine zweite, nach dem Original und ausführlicher, stammt von Ekrem Hakki Ayverdi, *Fatih devri sonlarında Istanbul mahalleleri, şehrin iskânı ve nüfusu* (Ankara, 1958), S. 80–81. Siehe ferner Halil İnalcık, EI², s. v. „Istanbul", S. 238–239; und Robert Mantran, „Règlements fiscaux ottomans: La police des marchés de Stamboul au début du XVIᵉ siècle", *Cahiers de Tunisie* 14 (1956): 238, Anm. 68.
19. Arnold von Harff, *Die Pilgerfahrt des Ritters A. v. H. ... in den Jahren 1496 bis 1499 vollendet,* Hrsg. E. von Groote (Köln, 1860); englische Übersetzung von Malcolm Letts (London, 1946), S. 244; Cristóbal de Villalon (zugeschr.), *Viaje de Turquia* (Madrid, 1905, S. 146 (der Autor war tatsächlich nicht Villalon, sondern Andrés Laguna; siehe Marcel Bataillon, *Le Docteur Laguna: Auteur du Voyage en Turquie* (Paris, 1958), S. 712–735); *The Travels of John Sanderson in the Levant, 1584–1602,* Hrsg. Sir William Foster (London, 1931), S. 82–83; Uriel Heyd, „The Jewish Communities of Istanbul in the Seventeenth Century", *Oriens* 6 (1953): 299–314; Epstein, *Ottoman Jewish Communities,* S. 178–188.
20. Siehe beispielsweise S. D. Goitein, „ʿEduyot qedumot min ha Geniza ʿal qehillat Saloniki", *Sefunot* 2 (1971–1978): 11–33.
21. Lewis, „Judaeo-Osmanica", S. V–VI; id., *Notes and Documents from the Turkish Archives* (Jerusalem, 1952), S. 25–28; Epstein, *Ottoman Jewish Communities,* a. a. O. Siehe ferner Heath W. Lowry, „Portrait of a City: The Population and Topography of Ottoman Selânik (Thessaloniki) in the year 1478", *Diptykha* (Athen) 2 (1980–1981): 234–292.

22. Dokumente aus den *Mühimme*-Registern, herausgegeben und übersetzt in Lewis, *Notes and Documents,* S. 28–34. In einem hervorragenden Artikel („Te'udot Turkiyyot 'al Yehudê Tsefat ba-me'a ha-16", *Yerushalayim* 2/5 [1955]: 128–135) veröffentlichte Uriel Heyd die Texte von fünf weiteren Dokumenten aus den *Mühimme*-Registern wie folgt: (1) 981/1573, Strafumsiedlung nach Zypern; (2) 986/1579, Umsiedlung fallengelassen; (3) 986/1578, Bestätigung; (4) 987/1579 (Befehl nach Zypern), Genehmigung der Ansiedlung jener Juden, die auf dem Weg von Saloniki nach Safed festgehalten wurden; (5) 992/1584 (Befehl nach Damaskus) verlangt eine Untersuchung der Synagoge in Safed. (Einige übersetzt in Heyd, *Ottoman Documents on Palestine 1552–1625* [Oxford, 1960], S. 167–169.)
23. *Tarih-i Peçevi,* I (Istanbul, 1280/1863–1864), S. 99.
24. Joseph ha-Kohen (1496–1575), *Divrê ha-Yamim le-Malkhê Tsarefat u-vêt Ottoman he-Toger,* II (Amsterdam, 1733), S. 76; Biąlloblotsky, *Chronicles,* II (London, 1835–1836), S. 58. A. Galante, *Turcs et Juifs* (Istanbul, 1932), S. 28 bis 29; id., *Türkler ve Yahudiler* (Istanbul, 1947), S. 17.
25. Demetrius Cantemir, *A History of the Growth and Decay of the Ottoman Empire (1300–1683),* aus dem Lateinischen ins Englische übersetzt von N. Tindal (London, 1734), S. 281, Anm. 10; Galante, *Türkler,* S. 18.
26. Braude und Lewis, *Christians and Jews,* S. 24ff.; siehe auch die Beiträge von Benjamin Braude und Mark A. Epstein in diesem Band. Zur Struktur des Rabbinats im Osmanischen Reich siehe die auf rabbinischen Quellen basierende Studie von Leah Bornstein in Hirschberg, *East and Maghreb,* S. 223 bis 258.
27. B. Lewis, „The Privilege Granted by Mehmed II to His Physician", *Bulletin of the School of Oriental and African Studies* 14 (1952): 554. Kritische, mit Anmerkungen versehene Edition des hebräischen Textes dieses Responsums siehe *Melila* (Manchester) 5 (1955): 169–176.
28. Lewis, „The Privilege", a. a. O.
29. İzzet (Kumbaracızade), *Hekim-Başı odası, ilk eczane, Baş-Lala kulesi* (Istanbul, 1933); Uriel Heyd, „Moses Hamon, Chief Jewish Physician to Sultan Süleyman the Magnificent", *Oriens* 16 (1963): 156–157; Eleazar Birnbaum, „Hekim Yâqub, Physician to Sultan Mehemmed the Conqueror", *Harofe Haivri: The Hebrew Medical Journal* 1 (1961): 222–250. Laut einem um 1607 bis 1608 verfaßten Dokument bestand der Ärztestab im Palast aus einundvierzig Juden und einundzwanzig Muslimen. Mitte des 17. Jahrhunderts hatten sich Anzahl wie Verteilung auf vier Juden und vierzehn Muslime reduziert.
30. Heyd, „Moses Hamon", S. 168–169.
31. Metin And, *A History of Theatre and Popular Entertainment in Turkey* (Ankara, 1963–1964).
32. Siehe B. Lewis, *The Emergence of Modern Turkey,* 2. Aufl. (London, 1968), S. 41–42, 46–47, 50–52, wo weitere Quellen zitiert werden.
33. Die Beziehung zwischen Juden und Janitscharen ist von frühen ebenso wie von neueren Historikern abgehandelt worden. Siehe beispielsweise Franco, *Essai,* S. 130, 133–134, 139; S. A. Rozanes, *Korot ha-Yehudim be-Turkiya uve-artzot ha-Qedem* (Jerusalem, 1945), S. 13ff.; A. Galante, *Histoire des juifs d'Istanbul,* II (Istanbul, 1942), S. 55ff.; Lûtfi, *Tarih-i Lûtfi,* I (Istanbul,

1290–1328), S. 245–246; II, S. 203–204; İsmail Hakkı Uzunçarşılı, *Osmanlı Devleti Teşkilâtından Kapıkulu Ocakları, I, Acemi Ocağı ve Yeniçeri Ocağı* (Ankara, 1943), S. 406–410, 495; Robert W. Olson, „Jews in the Ottoman Empire and Their Role in Light (sic) of New Documents", *Tarih Enstitüsü Dergisi* (Istanbul) 7–8 (1976–1977): 119–144; vgl. id. in *Jewish Social Studies* 42 (1979): 75–88. Zur Wollstoffbelieferung der Janitscharen siehe Halil Sahillioğlu, „Yeniçeri çuhası we II Bayezid'in son yıllarında yeniçeri Çuha Muhasebesi", *Güney-Doğu Avrupa Araştırmaları Dergisi* 2–3 (1973–1974): 415–467.

34. *Navigations* (Antwerpen, 1576), S. 246.
35. Vicente Roca, *Historia en la qual se trata de la origen y guerras que han tenido los Turcos* ... (Valencia, 1556), fol. li verso; zitiert in *The Turks in MDXXXIII: a series of drawings made in that year at Constantinople by Peter Coeck of Aelst ... reproduced ... in facsimile with an introduction by Sir William Stirling Bart* (London und Edinburgh, 1873), S. 50.
36. Franz Kobler, Hrsg., *Letters of Jews* ..., I (London, 1953), S. 283–285. Vgl. H. Graetz, *Geschichte der Juden,* VIII (Leipzig, 1875); S. 211f. und S. 423 bis 425. Der hebräische Text wurde von A. Jellinek veröffentlicht (*Kuntres Gezerat 4856* (= 1095–96) ... zur Geschichte der Kreuzzüge [Leipzig, 1854], S. 14ff.). Graetz datiert den Brief um 1454.
37. Samuel Usque, *A Consolaçam as Tribulações de Israel,* III, Hrsg. Mendes Remedio (Coimbra, 1906), liii; vgl. englische Übersetzung von Martin A. Cohen, *Consolation for the Tribulations of Israel* (Philadelphia, 1965), S. 231.
38. F. von Pastor, Geschichte der Päpste, VI (Freiburg, 1925), S. 518 Graetz, *Geschichte der Juden,* IX (Leipzig, 1877), S. 42–43, 349ff. Über Gracia Mendes und Joseph Nasi gibt es eine umfangreiche moderne Literatur, meist etwas romantisch verklärt. Zu türkischen Dokumenten siehe Saffet, „Yosef Nasi", in *Tarih-i Osmani Encümeni Mecmuası, 3. Jahrg. (1328), S. 982–993; id.,* „*Doña Gracia Mendes*", *ibid., S. 1158–1160;* A. Galante, *Don Joseph Nassi, duc de Naxos, d'après de nouveaux documents* (Istanbul, 1913).
39. Beispiele in Binswanger, *Untersuchungen,* S. 160ff. u. a. a. O.
40. John Sanderson, *Travels,* S. 202; Joseph P. de Tournefort, *A Voyage into the Levant,* II (London, 1718), S. 74; französischer Text in id., *Voyage d'un botaniste,* II, Hrsg. Stéphane Yerasimos (Paris, 1982), S. 92.
41. Michele Febure (zugeschr.), *Teatro della Turchia* (Venedig, 1681), S. 314–315; vgl. Mantran, *Istanbul,* S. 60–62. Der Autor dieses Buches war tatsächlich ein französischer Kapuziner namens Jean-Baptiste de Saint-Aignan (siehe Clemente da Terzorio, „Il vero autore del *Teatro della Turchia e Stato Presente della Turchia*", *Collectanea Franciscana* 3 (1933): 384–395; vgl. Paolo Preto, *Venezia e i Turchi* (Florenz, 1975), S. 293–294.
42. A. Ubicini, *Lettres sur la Turquie,* II (Paris, 1854), S. 377ff.
43. B. Lewis, „A Letter from Little Menachem", in *Studies in Judaism and Islam Presented to Shelomo Dov Goitein* (Jerusalem, 1981), S. 181–184.
44. Siehe J. H. Mordtmann, „Die jüdischen Kira im Serail der Sultane", *Mitteilungen des Seminars für orientalische Sprachen zu Berlin* 32/II (1929), S. 1–38; weitere Einzelheiten in Orhan Burian, *The Report of Lello: Third English*

Ambassador to the Sublime Porte (Ankara, 1952) und Sanderson, *Travels*, S. 85, 185, 188, 201–204.

45. Siehe Attilio Milano, *Storia degli Ebrei Italiani nel Levante* (Florenz, 1949).
46. Ǧabartī, *ʿAǧāʾib*, I, S. 21 ff. Ǧabartī bringt den Text eines zeitgenössischen ,,Gedichts", das den Untergang des Juden bejubelt.
47. Raymond, *Artisans et commerçants au Caire*, S. 88, 452, 459–464, 487–488, 498–499, 625–626, 746–747.
48. A. C. Wood, *A History of the Levant Company* (London, 1964), S. 155–156, 214–215.
49. Die beste Darstellung seiner Laufbahn und seiner Bedeutung in der jüdischen Geschichte findet sich in dem großen Werk von G. Scholem, *Sabbetai Ṣevi: The Mystical Messiah 1626–1676* (London, 1973; hebräisches Original Tel Aviv, 1957), türkische Quellen werden zitiert von İbrahim Alâettin Gövsa, *Şabatay Sevi* (Istanbul, ohne Jahr), insbesondere S. 46–52, und Abraham Galante, *Nouveaux Documents sur Sabbetai Sevi* (Istanbul, 1935). Als Diskussionsbeitrag siehe Geoffrey L. Lewis und Cecil Roth, ,,New Light on the Apostasy of Sabbetai Zevi", *JQR* 52 (1963): 219–225.
50. Knappe Darstellung siehe EI², ,,Dönme" (von M. Perlmann). Aus türkischer Sicht siehe Selahattin Galip, *Belgelerle Türkiye'de Dönmeler ve Dönmelik* (Istanbul, 1977).
51. Texte herausgegeben von Heyd, ,,ʿAlilot", *Sefunot* 5 (1961): 137–149; vgl. Yaakov Barnaʾi, ,,ʿAlilot dam ba-Imperiya ha-Ottomanit ba-meʾot ha-15-19", in *Sinʾat Yisraʾel le-doroteha* (Jerusalem, 1980), S. 211–216.
52. Stillman, *The Jews of Arab Lands*, S. 78–79.
53. Ibid., S. 281–286.
54. Diese Vorschrift blieb bis zur französischen Besetzung bestehen. Siehe Leven, *Alliance*, I, S. 348–372 sowie Briefzitate bei David Littmann in *Wiener Library Bulletin* 29, 37/38 (1976): 12 ff.
55. Stillman, *The Jews of Arab Lands*, S. 84.
56. Einzelheiten in W. J. Fischel, *Jews in the Economic and Political Life of Mediaeval Islam* (London, 1937), S. 120 ff.
57. Zu Juden unter der Herrschaft der Safawiden siehe W. J. Fischel, ,,Toldot yehudê Paras biyemê shoshelet ha-Safavidim", *Zion* 2 (1936–1937: 273–293; id., ,,Ha-Yehudim be-Iran ba-meot ha-16-19", *Peʾamim* 6 (1980): 5–31; Amnon Netzer, ,,Redifot ushemadot be-toldot Yehudê Iran ba-mea ha-17", ibid., S. 33–56. Für einen kurzen Überblick über die Literatur zur Geschichte der Juden in Persien und Zentralasien siehe Mark R. Cohen, ,,The Jews", S. 187 und Bibliographie.
58. W. Bacher, ,,Les Juifs de Perse au XVIIᵉ et au XVIIIᵉ siècle", *REJ* 103 (1906): 248. Zu diesen Ereignissen siehe auch Ezra Spicehandler, ,,The Persecution of the Jews of Isfahan under Shah ʿAbbas II (1642–1666)", *Hebrew Union College Annual* 46 (1975): 331–356; Vera B. Moreen, ,,The Persecution of Iranian Jews during the Reign of Shah ʿAbbas II (1642–1666)", ibid., 52 (1981): 275 bis 309 (unter Heranziehung und Untersuchung einer Anzahl von jüdischen, muslimischen und christlichen Quellen).
59. Jean de Thevenot, *Travels ... into the Levant* (London, 1687), S. 110.
60. Siehe I. Markon, ,,Otličitelʾ ni Znak dlja Evreev v Persii", *Zapiski Vostočnago*

Otdelenja Imperatorskago Russkago Archeologiskago Obščestva 23 (1915): 364–365. Das Tragen eines aufgenähten Merkmals an der Oberbekleidung wird von abendländischen und jüdischen Reisenden bestätigt.

61. Zur jüdisch-persischen Literatur siehe W. J. Fischel, „Israel in Iran", in *The Jews, their History, Culture and Religion,* 3. Aufl., II, Hrsg. L. Finkelstein (New York, 1960), S. 1149–1190.
62. M. Zand, „Bukhara", in *Encyclopaedia Judaica Yearbook* (Jerusalem, 1976), S. 183–192.

IV. Das Ende der Tradition

1. Stillman, *The Jews in Arab Lands,* S. 367, zit. FO 174/10, im Public Record Office.
2. Siehe Sir Joshua Hassan, *The Treaty of Utrecht and the Jews of Gibraltar* (London, 1970); A. B. M. Serfaty, *The Jews of Gibraltar under British Rule* (Gibraltar, 1933).
3. Zur Damaskus-Affäre siehe Stillman, *The Jews of Arab Lands,* S. 105–106, 393–402; und A. J. Brawer in *Encyclopaedia Judaica,* V, S. 1249–1252, wo eine vollständige Bibliographie gegeben wird. Einschlägige wissenschaftliche Studien fußen fast ausschließlich auf jüdischen und westlichen Dokumenten. Zu einem zeitgenössischen Bericht eines syrischen arabischen Christen siehe Miḫāʾīl Mišāqa, *Al-Ǧawāb ʿala iqtirāḥ al-Aḥbāb,* Hrsg. A. J. Rustum und Abū Šaqra (Beirut, 1955), S. 132–136.
4. Heyd, „ʿAlilot", *Sefunot* 5 (1961): 137–149. Zu Ausnahmen von der Norm siehe Galante, *Histoire des Juifs d'Istanbul,* II, S. 125, wo *REJ* 17 (1888) über einen angeblichen Zwischenfall in Sanaa, Jemen, im Jahre 1633 zitiert wird; id., *Histoire des Juifs d'Anatolie,* I (Istanbul, 1937), S. 183, 185, über einen kleineren Zwischenfall in Izmir im Jahre 1774.
5. Zu Ritualmordbeschuldigungen siehe J. Landau, *Jews in Nineteenth-Century Egypt* (New York, 1969, Index; Franco, *Essai,* S. 220–233; Leven, *Alliance,* I, S. 387–392; A. Galante, *Histoire des Juifs d'Anatolie, les Juifs d'Izmir (Smyrne)* (Istanbul, 1937), S. 183–199; id., *Histoire des Juifs d'Istanbul,* II, S. 125 bis 136; id., *Documents officiels turcs,* S. 157–161, 214–240; id., *Encore un nouveau recueil de documents concernant l'histoire des Juifs de Turquie: Études scientifiques* (Istanbul, 1953), S. 43–45; Barnaʾi, „ʿAlilot dam". Einen antijüdischen Aufruhr im persischen Urmia schildert Charles Stuart, *Journal of a Residence in Northern Persia* (London, 1854), S. 325–326: „Vergangenen Monat wurde ein persisches Kind tot vor dem Haus eines Juden in Urmia aufgefunden. Es war offensichtlich eines natürlichen Todes gestorben, aber die Öffentlichkeit in ihrem blinden Vorurteil bezichtigte den Juden des Mordes, und der Pöbel verlangte danach, jeden in Urmia ansässigen Angehörigen dieses Volkes zu massakrieren. Man ersuchte den Landesherrn um Genehmigung, diese Verbrechen zu begehen; er untersagte den blutrünstigen Fanatikern, auch nur einen einzigen Juden anzutasten, aber in ihrer Ungeduld hatten sie bereits vor Rückkehr des Boten den beschuldigten Mann ermordet und danach seinen Leichnam verbrannt. Die restlichen Juden entgingen zwar dem

Tod, wurden jedoch zur Entrichtung einer stattlichen Geldbuße gezwungen. Ich habe nichts davon gehört, daß den Mördern irgendeine Strafe auferlegt worden wäre." Solche Beschuldigungen und Verfolgungen sind nicht ungewöhnlich, weder im Osten noch im Westen. Es gibt allerdings keinerlei Hinweis, daß die Falschanklage einen Ritualmord unterstellte.

6. Zu einem Fall in Schiras im Jahre 1910 siehe die Berichte von M. Nataf in *BAIU*, 3. Reihe, 35 (1910): 179–191, zit. in D. Littman, „Jews under Muslim Rule: The Case of Persia", *The Wiener Library Bulletin* 32 (1979), 49/50: 12 bis 14. In den Standardwerken über Nordafrika werden keine derartigen Fälle erwähnt. Die Berichte in den Akten der *AIU* über die Ritualmordbezichtigung in Damaskus im Jahre 1890 sind besonders ausführlich und informativ.
7. Beispiele siehe Stillman, *The Jews in Arab Lands*, S. 399–400, 403–405; und Landau, *Jews in ... Egypt*, a. a. O.
8. Harold Temperley, *England and the Near East: The Crimea* (London, 1936), S. 443–444, zit. FO/427, Palmerston an Ponsonby, Nr. 33 vom 7. Februar 1841 und FO 78/535, Bericht von Rose Nr. 28 vom 29. März 1843. Siehe ferner F. S. Rodkey, „Lord Palmerston and the Regeneration of Turkey, 1830–1841", *Journal of Modern History* 2 (1930): 215–216.
9. Paul Goodman, *Moses Montefiore* (Philadelphia, 1925), S. 96, zit. Louis Loewe, *Diaries of Sir Moses and Lady Montefiore* (London, 1890), S. 388.
10. Elie Kedourie, „The Alliance Israélite Universelle, 1860–1960", *Jewish Journal of Sociology* 7 (1967): 94. Zwei Hauptwerke zur Geschichte der *Alliance* wurden anläßlich ihres fünfzig- und hundertjährigen Bestehens veröffentlicht von Narcisse Leven, *Alliance Israélite Universelle, cinquante ans d'histoire*, 2 Bde. (Paris, 1911–1920) und von André Chouraqui, *Cent ans d'histoire: L'Alliance Israélite Universelle et la renaissance juive contemporaine (1860 bis 1960)*, (Paris, 1965). Zu den islamischen Ländern siehe insbesondere Leven, I, S. 147–170, 340–396; 2, S. 72–272; und Chouraqui, S. 101–128. In jüngster Zeit hat Paul Dumont eine bedeutende Artikelreihe zur Geschichte der Juden in der Spätphase des Osmanischen Reiches veröffentlicht, die hauptsächlich auf den Archiven der *Alliance* basiert. Siehe vor allem seine Arbeit „Jewish Communities in Turkey during the Last Decades of the Nineteenth Century in the Light of the Archives of the Alliance Israélite Universelle" in Braude und Lewis, *Christians and Jews*, I, S. 209–242; „Une source pour l'étude des communautés juives de Turquie: Les archives de l'Alliance Israélite Universelle", *Journal Asiatique* 267 (1979): 101–135; „La structure sociale de la communauté juive de Salonique à la fin du dix-neuvième siècle", *Revue Historique* 263 (1980): 351–393. Über Material aus den Archiven der *Alliance* zu Nordafrika und Persien siehe David Littmans Artikel in *The Wiener Library Bulletin* 27 (1975): 65–76; 29 (1976): 1–19; 32 (1979): 2–15; vgl. id., „Quelques aspects de la condition de dhimmi juifs d'Afrique du Nord avant la colonisation", *Yod: Revue des Études Hébraiques et juives modernes et contemporaines* 2 (1976): 1–32; id., „Les Juifs en Perse avant les Pahlevi", *Les Temps Modernes* 34 (1979): 1910–1935. Viele wertvolle Informationen finden sich im Bulletin der *Alliance*, zit. als *BAIU*.
11. Vgl. Kommentare von Elie Kedourie, „The Alliance Israélite Universelle".
12. Charles MacFarlane, *Constantinople in 1828*, I (London, 1829), S. 115–116.

13. G. Beauclerk, *Journey to Morocco* (London, 1828), S. 280.
14. Miss (Julia) Pardoe, *The City of the Sultan; and Domestic Manners of the Turks, in 1836,* II (London, 1837), S. 361–363.
15. H. E. Wilkie Young, „Notes on the City of Mosul", zusammen mit Depesche Nr. 4, Mossul, 28. Januar 1909, in F. O. 195/2308; veröffentlicht in *Middle Eastern Studies* 7 (1971): 229–235 (zit. S. 232).
16. Arminius Vambery, *The Story of My Struggles* (London, ohne Jahr), S. 395.
17. (Lord) George N. Curzon, *Persia and the Persian Question,* I (London, 1892), S. 510–511; vgl. I, S. 165–166, 333, 380, 567, II, S. 240, 244, 493. Der weitaus informativste unter den jüdischen Reisenden ist Jakob Eduard Polak, *Persien: Das Land und seine Bewohner* (Leipzig, 1865). Polak, der längere Zeit als Leibarzt des Schahs und als Lehrer an der Medizinischen Fakultät in Teheran verbracht hat, schrieb außerdem einen gesonderten Artikel über die Juden. Die Geschichte der Juden im Persien des 19. Jahrhunderts ist wenig erforscht, und für die Zeit vor der Ankunft der Vertreter der *Alliance* existieren kaum Dokumente. Die vorhandenen Studien stützen sich in der Hauptsache auf jüdische und europäische Reisende, ergänzt durch örtliche mündliche Überlieferung. Neben den oben zitierten Artikeln von Littman wären noch zu erwähnen W. J. Fischel, „The Jews of Persia, 1795–1940", *Jewish Social Studies* 12 (1950); Hanina Mizrahi, *Toldot Yehudé Paras u-meshore-rêhem* (Jerusalem, 1966); Ḥabīb Levi, *Tārīḫ-i Yahūd-i Irān,* III (Teheran, 1960). Die *AIU*-Berichte aus Persien, wo die Schulleiter aus verschiedenen Gründen mehr in öffentliche Angelegenheiten hineingezogen wurden als ihre Kollegen im Osmanischen Reich und in Nordafrika, sind besonders instruktiv.
18. John MacGregor, *The Rob Roy as the Jordan: A Canoe Cruise in Palestine, Egypt, and the Waters of Damascus* (London, 1869; 8. Aufl., 1904), S. 356.
19. Zur Vertreibung der Juden aus Dschidda siehe M. Abir, „Jewish Communities in the Arabian Peninsula between the End of the 18th and the Middle of the 19th Centuries", *Sefunot* 10 (1966): 635 ff. (zit. J. L. Burckhardt, *Travels in Arabia* [London, 1829], S. 15, und J. R. Wellsted, *Travels in Arabia* [London, 1838], S. 210). Zu Tetuan siehe Stillman, *The Jews of Arab Lands,* S. 308, und id., „Two Accounts of the Persecution of the Jews of Tetuan in 1790" *Michael: On the History of the Jews of the Diaspora 5* (1978): 130–142 (zit. österreichische und arabische Quellen). Zu Bagdad siehe Stillman, *The Jews of Arab Lands,* S. 347, und Abir, „Jewish Communities", S. 636. Zu Safed siehe Stillman, *The Jews of Arab Lands,* S. 340 ff., und Artikel von M. Abir und I. Ben-Zvi in *Sefunot* 7 (1963). Zu Meschhed siehe Benjamin, *Eight Years in Asia and Africa,* S. 195 ff.; Curzon, *Persia and the Persian Question,* S. 165 bis 166; J. Wolff, *Narrative of a Mission to Bokhara in 1843–1845,* I (London, 1845), S. 238–239; und II, S. 172 ff. Zu dem Massaker in Baboe siehe Curzon, I, S. 380, und A. H. Mounsey, *Journey through the Caucasus* (London, 1875), S. 273–282. Bei dieser Gelegenheit verteilte die *Alliance* erstmals Hilfsgüter in Persien, mit Unterstützung des britischen Vertreters.
20. Renzo De Felice, *Ebrei in un paese arabo: Gli ebrei nella Libia contemporanea tra colonialismo, nazionalismo arabo e Sionismo (1835–1970)* (Bologna, 1978), S. 19 ff.
21. Vgl. oben, S. 64–65.

22. Siehe beispielsweise den Appell, den die Juden von England dem Schah unterbreiteten, als er 1873 London besuchte; Text in Littman, *Wiener Library Bulletin* (1979), S. 5–7. Der Schah erhielt ähnliche Petitionen in Paris, Berlin, Wien, Amsterdam, Brüssel, Rom und Istanbul (*BAIU*, 1873 [2], S. 93–113).
23. Es gibt wenig ausführliche Studien über die Geschichte der Juden im Vorderen Orient und in Nordafrika im 19. und 20. Jahrhundert. Ägypten wird am umfassendsten behandelt von J. M. Landau, *Jews in Nineteenth-Century Egypt* (New York, 1969) und Gudrun Krämer, *Minderheit, Millet, Nation? Die Juden in Ägypten 1914–1952* (Wiesbaden, 1982). Mit den Juden in Libyen hat sich ein hervorragender italienischer Historiker befaßt, Renzo De Felice, *Ebrei in un paese arabo*, s. Anm. oben. André N. Chouraqui, *Between East and West: A History of the Jews of North Africa* (Philadelphia, 1968), beschäftigt sich hauptsächlich mit der neuzeitlichen Periode. Die umfangreiche moderne Literatur über Nordafrika ist aufgeführt in Robert Attal, *Les Juifs d'Afrique du Nord: Bibliographie* (Jerusalem, 1973). Zu einer allgemeinen Bibliographie des modernen Zeitalters siehe *Asian and African Jews in the Middle East, 1860–1971*, Hrsg. H. J. Cohen und Zvi Yehuda (Jerusalem, 1976).
24. Siehe Franco, *Essai*, S. 130–135; Rozanes, *Ḳorot*, S. 13 ff.; Galanté, *Histoire des Juifs d'Istanbul*, II, S. 55–58; Ahmed Lûtfi, *Tarih-i Lûtfi*, I (Istanbul, 1290 bis 1328/1873–1910), S. 245–246; II, S. 203–204.
25. Siehe oben, S. 126–128.
26. Galante, *Documents officiels turcs*, S. 7–27; id., *Histoire des Juifs d'Istanbul*, I, S. 76 ff.; Rozanes, *Ḳorot*, S. 27 ff.
27. Attilio Milano, *Storia degli Ebrei*, S. 169 ff.
28. Siehe J. Fraenkel, Hrsg., *The Jews in Austria* (London, 1967), S. 327–346.
29. Şinasi, *Külliyat*, IV (Ankara, 1960), S. 43–46 (Erstdruck in der Zeitung *Tasvir-i Efkâr*, Nr. 52 vom 4 Rağab 1279/26. Dezember 1862); vgl. Franco, S. 164 bis 166 und 278; Rozanes, *Ḳorot*, S. 70 ff.; Galante, *Histoire des Juifs d'Istanbul*, I, S. 130–131.
30. Antijüdische Zwischenfälle werden gegen Ende des Jahres 1908 aus dem Irak und Syrien gemeldet, in diplomatischen Berichten sowie in der arabischen Presse (z. B. *al-Muqattam*, Nr. 5933 vom 1. Oktober 1908 und Nr. 5973 vom 19. November 1908). Vgl. Neville Mandel, „Turks, Arabs and Jewish Immigration into Palestine, 1882–1914" in *St. Antony's Papers-Number 17, Middle Eastern Affairs Number 4*, Hrsg. Albert Hourani (Oxford, 1965), S. 94–95; id., *The Arabs and Zionism before World War I* (Berkeley und Los Angeles, 1976), S. 66 ff.
31. Elie Kedourie, „Young Turks, Freemasons and Jews", *Middle Eastern Studies* 7 (1971): 89–104, nachgedruckt in id., *Arab Political Memoirs and Other Studies* (London, 1974), S. 243–272. Lewis, *Emergence*, S. 211–212; E. E. Ramsaur, *The Young Turks: Prelude of the Revolution of 1908* (Princeton, N. J., 1957), S. 103–109. Zu Jungtürken und Juden siehe ferner Kandemir in *Yakın Tarihimiz*, II, S. 243–244; und Feroz Ahmad, „Unionist Relations with the Greek, Armenian and Jewish Communities of the Ottoman Empire 1908 to 1914", in Braude und Lewis *Christians and Jews*, I, S. 425–428.
32. Feroz Ahmed, *The Young Turks: The Committee of Union and Progress in Turkish Politics, 1908–1914* (Oxford, 1969), S. 28, 155.

33. Dumont, *Journal Asiatique* (1979), S. 112. Der von Dumont zitierte Bericht ist einer von zahlreichen ähnlichen, die aus verschiedenen Zentren eingingen als Anwort auf einen Fragebogen, den die Hauptgeschäftsstelle der *Alliance* in Paris verschickt hatte.
34. Benjamin, *Eight Years in Asia and Africa,* S. 211–213. Ähnliche Schilderungen von den Lebensbedingungen der Juden in Persien geben auch andere jüdische Reisende, z. B. Ephraim Neimark, *Masa' be-eretz ha-Kedem,* Hrsg. A. Ya'ari (Jerusalem, 1946), S. 72–97; David d'Beth Hillel, *Travels from Jerusalem ... to Madras* (Madras, 1832); J. E. Polak, *Persien, das Land und seine Bewohner* (Leipzig, 1865).
35. *BAIU,* Nr. 28, 2. Reihe (1903), S. 115–128, insbesondere S. 123. Zur Berufsverteilung der Juden von Kashan im Jahre 1907 siehe Bericht in *BAIU,* Nr. 32, 3. Reihe (190): 68–81.
36. Siehe S. 192, Anm. 6.
37. Die detaillierteste Untersuchung arabischer antisemitischer Literatur findet sich in Y. Harkabi, *Arab Attitudes to Israel* (Jerusalem, 1971; hebräische Originalausgabe, Tel Aviv, 1968). Siehe auch Sylvia G. Haim, „Arabic Anti-Semitic Literature", *Jewish Social Studies,* Bd. 17, Nr. 4 (1955): 307–312; Dafna Alon, *Arab Racialism* (Jerusalem, 1969); Yehoshua Ben-Hananya, „Sifrut ʿAravit anti-tsiyonit", *Hashiloah,* 43 (1935): 272–279; Yehoshaphat Harkabi, „Laʿanti-shemiyat ha-ʿaravit me-hadash", in *ʿSin'at Yisrael le-Doroteha,* S. 247–259; Norman A. Stillman, „New Attitudes toward Jews in the Ottoman and Modern Periods", in Salo W. Baron und George S. Wise, Hrsg., *Violence and Defense in the Jewish Experience* (Philadelphia, 1977), S. 191 bis 203; Moshe Ma'oz, „The Image of the Jew in Official Arab Literature and Communication Media", *World Jewry and the State of Israel,* Hrsg. Moshe Davis (New York, 1977), S. 33–51. Ein typisches Beispiel für diese Gattung bietet ʿAbdallah al-Tells 400 Seiten starkes Buch, *The Menace of World Jewry to Islam and Christendom,* 1964 in Kairo erschienen. Eine sehr lobende Kritik von Muḥammad ʿAbdallāh al-Sammān brachte die hervorragende ägyptische literarische Zeitschrift *Al-Risāla* vom 7. Januar 1965, S. 54–56. Solche Veröffentlichungen bleiben nicht auf die arabischen Länder beschränkt, sondern sind auch in anderen islamischen Staaten zu finden. Siehe zum Beispiel eine pakistanische Publikation in englischer Sprache, *Jewish Conspiracy and the Muslim World,* Hrsg. Misbahul Islam Faruqi (Karatschi, Februar 1967). Das Thema wird von Zeit zu Zeit aufgegriffen in *Patterns of Prejudice* und in *The Wiener Library Bulletin,* beide London.
38. Interview mit R. K. Karanjia vom 28. September 1958, berichtet in *Al-Ahrām,* 29. September 1958; englische Übersetzung in *President Gamal Abdel Nasser's Speeches and Press-Interviews,* 1958 (Kairo, 1959), S. 402.
39. *Deutsche National- und Soldaten-Zeitung* (München), 1. Mai 1964.
40. Interview in *Āḫir Sāʿa,* 14. November 1973. Vgl. sein Buch *Al-Fikr al-Dinī al-Isrāʾīlī Aṭwāruhu wa-maḏāhibuhu* (Kairo, 1971), S. 222–227. Zu anderen Beispielen siehe Stillman, „New Attitudes toward the Jews", S. 202–203.
41. Al-Azhar Academy of Islamic Research, *The Fourth Conference of the Academy of Islamic Research Rajab 1388/September 1968* (Kairo, 1970), arabisches Original, *Kitāb al-Muʾtamar al-Rābiʿ li-maǧmaʿ al-Buḥūṯ al-Islāmiyya,*

3 Bde. (Kairo, 1388/1968), Auswahl aus der offiziellen englischen Übersetzung in D. F. Green, *Arab Theologians on Jews and Israel* (Genf, 1976).

42. UNESCO Dokument 82 EX/8, Anhang II, S. 9, Abschnitt III, Absatz 6, und Anhang I, S. 3, Abschnitt III, Absatz (4) [sic]. Zit. in Stillman, „New Attitudes toward the Jews", S. 203–204.

43. *Al-Muṣawwar,* 4. August 1972, Übersetzung von Stillman in „New Attitudes toward the Jews", S. 197.

44. *Le Monde,* 29. Januar 1974.

45. Ali Reşat-İsmail Hakki, *Dreyfus meselesi ve esbab-i hafiyesi* (Istanbul 1315/1898–1899) (nicht gesehen); Ebüzziya, *Kütübhane-i Ebüzziya,* Nr. 66 (Istanbul 1305/1888); *„Millet-i Israiliye".* Es enthält eine einigermaßen verblüffende Passage, in der Ebüzziya schildert, wie er zu seinem Erstaunen entdeckte, daß ein französischer Jude sich als Franzose betrachtete. Zur Zeit der französischen Niederlage im Krieg gegen Preußen suchte er einen französischen jüdischen Buchhändler in Istanbul auf und fand ihn völlig gebrochen. „Folgende Unterhaltung fand statt zwischen uns: ‚Ich: Was ist denn mit Ihnen? Bedrückt Sie etwas? Der Buchhändler: Wissen Sie nicht, welches Unglück mein Land betroffen hat? Kann es einen größeren Schmerz geben? Ich (lächelnd): Aber Sie sind doch kein Franzose. Was bedeutet das schon für Sie? Der Buchhändler: Wie bitte? Wenn ich kein Franzose bin, was bin ich denn dann? Ich: Aber sind Sie nicht Jude? Der Buchhändler: Sie entschuldigen schon, mein Herr! In Frankreich ist alles französisch.'" Ebüzziya beschreibt dann seine Verlegenheit und Beschämung darüber, daß er aus Unwissenheit einen echten Patrioten gekränkt hatte (S. 57–59). Siehe ferner die späteren Ausgaben der Ebüzziya Sammlung und als Vertreter des entgegengesetzten Standpunktes Celâl Nuri, *Tarih-i İstikbal,* III (Istanbul, 1332/1913), S. 99 bis 108. Zur türkischen Einstellung gegenüber dem Zionismus Ende des 19. und Anfang des 20. Jahrhunderts siehe (Mim) Kemal Öke, *II Abdülhamid, Siyonist'ler ve Filistin Meselesi* (Istanbul 1981); id. *Syonism ve Filistin Sorunu (1880–1914)* (Istanbul, 1982); id., „The Ottoman Empire, Zionism, and the Question of Palestine", *International Journal of Middle East Studies* 14 (1982): 329–341.

46. Siehe beispielsweise Hikmet Tanyu, *Tarih Boyunca Yahudiler ve Türkler,* 2 Bde. (Istanbul, 1976) und die zahlreichen Schriften von Cevat Rıfat Atılhan, die, zusammen mit anderen Erzeugnissen dieser Art, von Öke aufgelistet worden sind. Professor Tanyu war Dekan der Theologischen Fakultät an der Universität Ankara. In den meisten dieser Schriften werden die Ritualmordbeschuldigung, die *Protokolle der Weisen von Zion* und die übrigen Stereotypen des europäischen Antisemitismus als gegeben hingenommen und als Hauptgrundlage für alle Ausführungen benutzt.

47. In Fritz Grobba, *Männer und Mächte im Orient* (Göttingen, 1967). Englische Übersetzung in *Documents on German Foreign Policy,* Reihe D, Bd. X (London und Washington, 1950 bis 1964), Nr. 403, S. 559–560, und Bd. XI, Nr. 680, S. 1151–1155. Vgl. Lukasz Hirszowicz, *The Third Reich and the Arab East* (London, 1966), (Polnische Originalausgabe [Warschau, 1963]), S. 82–84, 109–110. Vgl. Bernd Philipp Schröder, *Deutschland und der Mittlere*

Osten im Zweiten Weltkrieg (Frankfurt, 1975), S. 44–48, 53, 65–66, wo jedoch die Hinweise auf „Lösung der Judenfrage" nicht erwähnt werden.

48. Nach der Gründung des Staates Israel im Jahre 1948 waren selbst jüdische Besucher aus anderen Ländern nicht willkommen. Praktisch sämtliche unabhängigen arabischen Staaten setzten in die Formulare für Visumanträge eine Frage nach der Religionszugehörigkeit ein und verweigerten allen, die darauf mit „jüdisch" antworteten, routinemäßig das Visum. Einige verlangten sogar von westeuropäischen und amerikanischen Antragstellern Beweise dafür, daß sie keine Juden seien, und boten damit den paradoxen Fall, daß stramm islamische Regierungen von potentiellen Reisenden Taufscheine forderten. In den letzten Jahren haben einige arabische Staaten diese restriktive Politik aufgegeben und angefangen, von Fall zu Fall zu entscheiden, während andere mit aller Strenge daran festhalten.

Abbildungsnachweis

Die in dem vorliegenden Band aufgenommenen Abbildungen (nach Seite 96) befinden sich im Besitz der folgenden Personen bzw. Institutionen:

Israel Museum, Jerusalem: Abbildungen 1, 6, 7, 8, 9 und 10
Hebrew Union College, Skirball Museum, Los Angeles: Abbildungen 2, 4 und 5
Jewis Museum, London: Abbildung 3
British Library, London: Abbildung 11
Professor Myriam Ayalon, Jerusalem: Abbildungen 12 und 13
Jewish Museum of Greece, Athen: Abbildungen 16 und 17
Gennadius Library, Athen: Abbildungen 14, 15, 18, 19 und 20

Die Abbildung 16 ist entnommen aus: Recueil de cent estampes représentant differentes Nations du Levant ... Text von M. De Ferriol, Ambassadeur du Roi à La Porte, Paris 1714

Die Abbildung 20 ist entnommen aus: Georges de la Chappelle, Recueil de divers portraits des principales dames de la Porte du Grand Turc, Paris 1648

Erläuterungen zur Umschrift und zur Aussprache

Die Umschrift der arabischen und persischen Wörter und Namen folgt dem System der Deutschen Morgenländischen Gesellschaft.

Hinweise zur Aussprache:

č wie tsch (z. B. in Quatsch).
ǧ wie dsch (stimmhaft, z. B. in Dschungel, engl. George).
h immer als konsonantischer Hauchlaut, nicht Dehnungszeichen.
q als kehliger, am hinteren Gaumen gebildeter k-Laut (nicht kw!).
š wie das deutsche sch.
y wie das deutsche j.
z wie stimmhaftes s (z. B. in leise).
ʾ fester Stimmabsatz (wie z. B. in be'enden).

Türkische Termini werden entsprechend der modernen türkischen Lateinschrift wiedergegeben.

Hinweise zur Aussprache:

c wie dsch
ç wie tsch
ş wie sch
ı (ohne Punkt) wie dumpfes i

Für eine Anzahl meist häufig vorkommender Namen und Begriffe (Mohammed, Koran u. a.) sind die eingedeutschten Formen verwendet worden.

Register